政府和
社会资本合作（PPP）
合规运作与法律风险防控

李兵　著

WUHAN UNIVERSITY PRESS
武汉大学出版社

图书在版编目(CIP)数据

政府和社会资本合作(PPP)合规运作与法律风险防控/李兵著.
—武汉：武汉大学出版社,2020.7(2021.12 重印)
ISBN 978-7-307-21431-6

Ⅰ.政…　Ⅱ.李…　Ⅲ.政府投资—合作—社会资本—法律—风险管理—研究—中国　Ⅳ.D922.280.4

中国版本图书馆 CIP 数据核字(2020)第 024371 号

责任编辑:张　欣　　　责任校对:李孟潇　　　版式设计:马　佳

出版发行：**武汉大学出版社**　(430072　武昌　珞珈山)
(电子邮箱：cbs22@ whu.edu.cn　网址：www.wdp.whu.edu.cn)
印刷：武汉邮科印务有限公司
开本:720×1000　1/16　　印张:17.25　　字数:307 千字　　插页:2
版次:2020 年 7 月第 1 版　　　2021 年 12 月第 3 次印刷
ISBN 978-7-307-21431-6　　　定价:68.00 元

此书献给我的孩子，李腾云、李牧云和莫凌云。

目　　录

下编　PPP 项目合规运作 100 问答

法律文件缩略语

法律文件的全称	缩略语
中华人民共和国民法通则(1986 年 4 月 12 日公布，1987 年 1 月 1 日施行)	《民法通则》
中华人民共和国民法总则(2017 年 3 月 15 日公布，2017 年 10 月 1 日施行)	《民法总则》
中华人民共和国公司法(1993 年 12 月 29 日公布，2018 年 10 月 16 日修改通过，2018 年 10 月 16 日施行)	《公司法》
中华人民共和国行政许可法(2003 年 8 月 27 日公布，2019 年 4 月 23 日修改通过，2019 年 4 月 23 日施行)	《行政许可法》
中华人民共和国政府采购法(2002 年 6 月 29 日公布，2014 年 8 月 31 日修改通过，2014 年 8 月 31 日施行)	《政府采购法》
中华人民共和国招标投标法(1999 年 8 月 30 日公布，2017 年 12 月 27 日修改通过，2017 年 12 月 27 日施行)	《招标投标法》
中华人民共和国建筑法(1997 年 11 月 1 日公布，2019 年 4 月 23 日修改通过，2019 年 4 月 23 日施行)	《建筑法》
中华人民共和国预算法(1994 年 3 月 22 日公布，2018 年 12 月 29 日修改通过，2018 年 12 月 29 日施行)	《预算法》
中华人民共和国审计法(1994 年 8 月 31 日公布，2006 年 2 月 28 日修改通过，2006 年 2 月 28 日施行)	《审计法》

中华人民共和国民事诉讼法(1982年3月8日试行版公布，2017年6月27日修改通过，2017年7月1日施行)	《民事诉讼法》
中华人民共和国行政诉讼法(1989年4月4日公布，2017年6月27日修改通过，2017年7月1日施行)	《行政诉讼法》
中华人民共和国仲裁法(1994年8月31日公布，2017年9月1日修改通过，2018年1月1日施行)	《仲裁法》
中华人民共和国政府采购法实施条例(2015年1月30日公布，2015年3月1日施行)	《政府采购法实施条例》
中华人民共和国招标投标法实施条例(2011年12月20日公布，2019年3月2日修改通过，2019年3月2日施行)	《招投标法实施条例》
企业投资项目核准和备案管理条例(国务院令第673号，2016年11月30日发布，2017年2月1日实施)	《企业投资条例》
政府投资条例(国务院令第712号，2019年4月14日公布，2019年7月1日施行)	《政府投资条例》
建设工程质量管理条例(2000年1月30日公布，2019年4月23日修改通过，2019年4月23日施行)	《工程质量条例》
最高人民法院关于适用《中华人民共和国公司法》若干问题的规定(三)(法释〔2014〕2号，2014年2月20日修改通过，2014年3月1日施行)	《公司法司法解释三》
最高人民法院关于适用《中华人民共和国行政诉讼法》的解释(法释〔2018〕1号，2018年2月6日公布，2018年2月8日实施)	《行政诉讼法司法解释》
最高人民法院关于审理建设工程施工合同纠纷案件适用法律问题的解释(法释〔2004〕14号，2004年10月25日公布，自2005年1月1日起施行)	《施工合同司法解释一》
最高人民法院关于审理建设工程施工合同纠纷案件适用法律问题的解释(二)(法释〔2018〕20号，2018年10月29日最高人民法院审判委员会第1751次会议通过，自2019年2月1日起施行)	《施工合同司法解释二》

《中共中央关于全面深化改革若干重大问题的决定》(2013年11月15日发布)	《中共中央全面深化改革决定》
中共中央　国务院关于深化投融资体制改革的意见(中发〔2016〕18号，2016年7月5日实施)	中发〔2016〕18号
关于加强地方政府融资平台公司管理有关问题的通知(国发〔2010〕19号，2010年6月10日实施)	国发〔2010〕19号
国务院关于深化预算管理制度改革的决定(国发〔2014〕45号，2014年10月8日实施)	国发〔2014〕45号
国务院关于加强地方政府性债务管理的意见(国发〔2014〕43号，2014年9月21日实施)	国发〔2014〕43号
国务院关于创新重点领域投融资机制鼓励社会投资的指导意见(国发〔2014〕60号，2016年11月16日实施)	国发〔2014〕60号
国务院办公厅关于政府向社会力量购买服务的指导意见(国办发〔2013〕96号，2013年9月26日实施)	国办发〔2013〕96号
国务院办公厅转发财政部发展改革委人民银行关于在公共服务领域推广政府和社会资本合作模式指导意见的通知(国办发〔2015〕42号，2015年5月19日实施)	国办发〔2015〕42号
国务院办公厅关于创新农村基础设施投融资体制机制的指导意见(国办发〔2017〕17号，2017年2月6日实施)	国办发〔2017〕17号
国务院办公厅关于进一步激发社会领域投资活力的意见(国办发〔2017〕21号，2017年3月7日实施)	国办发〔2017〕21号
关于进一步激发民间有效投资活力促进经济持续健康发展的指导意见(国办发〔2017〕79号，2017年9月1日实施)	国办发〔2017〕79号
国务院办公厅关于保持基础设施领域补短板力度的指导意见(国办发〔2018〕101号，2018年10月11日实施)	国办发〔2018〕101号
政府采购非招标采购方式管理办法(财政部令第74号，2014年2月1日施行)	财政部令第74号

基础设施和公用事业特许经营管理办法(六部委令，2015年4月25日公布，2015年6月1日施行)	《特许经营办法》
基本建设财务规则(财政部令第81号，2016年4月26日公布，2017年12月4日财政部令第90号修正，2018年1月1日实施)	《建设财务规则》
政府采购货物和服务招标投标管理办法(财政部令第87号，2017年10月1日施行)	财政部令第87号
国家发展改革委关于开展政府和社会资本合作的指导意见(发改投资〔2014〕2724号，2014年12月2日实施)	发改投资〔2014〕2724号
关于促进具备条件的开发区向城市综合功能区转型的指导意见(发改规划〔2015〕2832号，2015年12月2日实施)	发改规划〔2015〕2832号
国家发展改革委关于进一步做好政府和社会资本合作项目推介工作的通知(发改投资〔2015〕805号2015年4月18日实施)	发改投资〔2015〕805号
国家发改委关于切实做好传统基础设施领域政府和社会资本合作有关工作的通知(发改投资〔2016〕1744号，2016年8月10日实施)	发改投资〔2016〕1744号
传统基础设施领域实施政府和社会资本合作项目工作导则(发改投资〔2016〕2231号，2016年10月24日实施)	发改投资〔2016〕2231号
传统基础设施领域政府和社会资本合作(PPP)项目库管理办法(试行)(2016年12月21日颁布)	传统基础设施PPP项目库管理办法
关于推进传统基础设施领域政府和社会资本合作(PPP)项目资产证券化相关工作的通知(发改投资〔2016〕2698号，2016年12月21日实施)	发改投资〔2016〕2698号
关于加快运用PPP模式盘活基础设施存量资产有关工作的通知(发改投资〔2017〕1266号，2017年7月3日)	发改投资〔2017〕1266号
国家发展改革委关于鼓励民间资本参与政府和社会资本合作(PPP)项目的指导意见(发改投资〔2017〕2059号，2017年11月28日实施)	发改投资〔2017〕2059号

政府和社会资本合作(PPP)项目专项债券发行指引(发改办财金〔2017〕730号，2017年4月25日实施)	《PPP专项债指引》
《国家发展改革委办公厅关于开展PPP项目库规范核查促进PPP持续健康发展的通知》(发改办投资〔2018〕708号)	发改办投资〔2018〕708号
关于依法依规加强PPP项目投资和建设管理的通知(发改投资规〔2019〕1098号，2019年6月21日发布，2019年7月1日实施)	发改投资规〔2019〕1098号
建设工程价款结算暂行办法(财建〔2004〕369号，2004年10月20日公布，2004年10月20日实施)	《工程结算办法》
关于推广运用政府和社会资本合作模式有关问题的通知(财金〔2014〕76号，2014年9月23日公布，2014年9月23日实施)	财金〔2014〕76号
地方政府存量债务纳入预算管理清理甄别办法(财预〔2014〕351号，2014年10月23日实施)	财预〔2014〕351号
关于印发政府和社会资本合作模式操作指南(试行)的通知(财金〔2014〕113号，2014年11月29日公布，2014年11月29日实施)	财金〔2014〕113号
关于规范政府和社会资本合作合同管理工作的通知(财金〔2014〕156号，2014年12月30日公布，2014年12月30日施行)	财金〔2014〕156号
政府采购竞争性磋商采购方式管理暂行办法(财库〔2014〕214号，2014年12月31日实施)	财库〔2014〕214号
政府和社会资本合作项目政府采购管理办法(财库〔2014〕215号，2014年12月31日实施)	财库〔2014〕215号
政府和社会资本合作项目财政承受能力论证指引(财金〔2015〕21号，2015年4月3日实施)	《财承指引》
财政部关于印发《PPP物有所值评价指引(试行)》的通知(财金〔2015〕167号，2015年12月18日实施，有效期2年)	《物评指引(试行)》
关于对地方政府债务实行限额管理的实施意见(财预〔2015〕225号，2015年12月21日实施)	财预〔2015〕225号

关于规范土地储备和资金管理等相关问题的通知(财综〔2016〕4号，2016年2月2日实施)	财综〔2016〕4号
关于进一步共同做好政府和社会资本合作(PPP)有关工作的通知(财金〔2016〕32号，2016年5月28日实施)	财金〔2016〕32号
基本建设项目建设成本管理规定(财建〔2016〕504号，2016年7月6日公布，2016年9月1日实施)	财建〔2016〕504号
关于在公共服务领域深入推进政府和社会资本合作工作的通知(财金〔2016〕90号，2016年10月11日实施)	财金〔2016〕90号
关于联合公布第三批政府和社会资本合作示范项目加快推动示范项目建设的通知(财金〔2016〕91号，2016年10月11日实施)	财金〔2016〕91号
政府和社会资本合作项目财政管理暂行办法(财金〔2016〕92号，2016年9月24日实施)	财金〔2016〕92号
财政部驻各地财政监察专员办事处实施地方政府债务监督暂行办法(财预〔2016〕175号，2016年11月24日实施)	财预〔2016〕175号
政府和社会资本合作(PPP)综合信息平台信息公开管理暂行办法(财金〔2017〕1号，2017年1月23日发布，2017年3月1日实施)	财金〔2017〕1号
关于进一步规范地方政府举债融资行为的通知(财预〔2017〕50号，2017年4月26日实施)	财预〔2017〕50号
关于坚决制止地方以政府购买服务名义违法违规融资的通知(财预〔2017〕87号，2017年5月28日实施)	财预〔2017〕87号
关于规范开展政府和社会资本合作项目资产证券化有关事宜的通知(财金〔2017〕55号，2017年6月7日实施)	财金〔2017〕55号
关于政府参与的污水、垃圾处理项目全面实施PPP模式的通知(财建〔2017〕455号，2017年7月1日实施)	财建〔2017〕455号

《关于规范政府和社会资本合作(PPP)综合信息平台项目库管理的通知》(财办金〔2017〕92号，2017年11月10日)	财办金〔2017〕92号
关于进一步加强政府和社会资本合作(PPP)示范项目规范管理的通知(财金〔2018〕54号，2018年4月24日实施)	财金〔2018〕54号
财政部关于推进政府和社会资本合作规范发展的实施意见(财金〔2019〕10号，2019年3月7日实施)	财金〔2019〕10号
政府投资项目审计规定(审投发〔2010〕173号，2010年12月31日公布，2010年12月31日实施)	审投发〔2010〕173号
关于加强中央企业PPP业务风险管控的通知(国资发财管〔2017〕192号，2017年11月17日)	国资发财管〔2017〕192号
自然资源部办公厅关于进一步规范储备土地抵押融资加快批而未供土地处置有关问题的通知(自然资办发〔2019〕3号，2019年1月9日实施)	自然资办发〔2019〕3号
产业用地政策实施工作指引(2019年版)(自然资办发〔2019〕31号，2019年4月24日实施)	《产业用地指引》
文化和旅游部　财政部关于在旅游领域推广政府和社会资本合作模式的指导意见(文旅旅发〔2018〕3号，2018年4月19日实施)	文旅旅发〔2018〕3号
证券公司及基金管理公司子公司资产证券化业务管理规定(中国证券监督管理委员会公告〔2014〕49号，2014年11月19日实施)	证监会公告〔2014〕49号
资产证券化监管问答(一)(2016年5月13日实施)	《资产证券化问答一》
财政部、人民银行、证监会《关于规范开展政府和社会资本合作项目资产证券化有关事宜的通知》(财金〔2017〕55号)	财金〔2017〕55号文
国家发展改革委、中国证监会《关于推进传统基础设施领域政府和社会资本合作(PPP)项目资产证券化相关工作的通知》(发改投资〔2016〕2698号)	发改投资〔2016〕2698号文
上海证券交易所、深圳证券交易所及机构间私募产品报价与服务系统各自发布的“政府和社会资本合作(PPP)项目资产支持证券挂牌条件确认指南”	PPP资产证券化挂牌指南

引　言

一

我国PPP实践自2014年发轫以来，已经历了五个年头。在这五年里，2014年为启动年、2015年和2016年为推广扩张年，2017年是规范年，2019年是运营年，总体上已形成了一个相对完整的发展周期。截至2019年6月末，我国财政部管理库入库项目9036个，在地域上覆盖31个省(自治区、直辖市)及新疆生产建设兵团2570个行政区和19个行业领域，涉及总投资额已超过13.6万亿元，PPP模式已和我国经济社会发展息息相关。

不经意间，随着PPP模式在全国的铺展实施，“PPP”已成为可以通行于我国发达与欠发达地区、大多数市区县州、政府及有关主管职能部门、公共服务产业有关央地国企和民企的热门词汇；PPP有关制度规则和重诺守约、按效付费、风险合理分配、全生命周期长期合作等理念也在一遍遍宣导、培训、贯彻、实践中成为相关参与人的认知常识。

当然，这五年里，有关PPP的质疑、争议、探索、创新从未停止过，政府传统投资模式受限情况下由PPP机制所激发的经济社会发展愿景和希望，与由公共服务各行业领域项目投资、建设、运营全生命周期运作的复杂性和相关专业精细要求以及未来长达十几年或数十年实施所无法预见的风险所引发的担忧和焦虑，相互交织碰撞、此消彼长，由此也描绘出了PPP参与人的众生相。

构建和完善PPP模式交易机制、价值追求、基本规则和合规边界需要一个过程，而且PPP与中国国情、各地区域情的嫁接融合与新生也不可能一蹴而就。不少早期项目是前PPP时代“重建设、轻运营”思维延续的成果，再加之早期PPP规则不成熟、未形成体系，项目参与方又着急“上马”，未对项目全生命周期有缜密的考量和细致的安排，项目教训多于经验。

目前阶段对PPP发展的基调定位是“边规范、边发展”，无论是从完善规范角度、还是从持续发展角度看，我国这五年的 PPP 实践，已经为中国式政府和社会资本合作提供了足够多的样本，需要对背后的矛盾和规律进行客观理性的梳理、总结和提炼。

二

就单个 PPP 项目运作本身而言，经过 2017 年的规范清理，项目关注点已然在从项目实施方案、物有所值评价、财政承受能力论证和立项入库向政府和社会资本合作合同、项目持续合规性转移；项目运作法律风险已然成为 PPP 各参与方风险意识中的首要风险，对相应法律风险认知和应对专业化、精细化的要求也越来越高。正是基于此，本书着眼于法律观察视角，选择将主题定为"政府和社会资本合作合规运作与法律风险防控"。

本书阐述和探讨的是 PPP 项目持续性和系统性的合规管理。合规管理的基础核心法律文件是 PPP 实施方案和 PPP 合同。实施方案系 PPP 项目的起点，是 PPP 模式评估论证的基础；PPP 合同是经政府和社会资本双方有效签署且产生法律约束力的的文件，是 PPP 落地运作实施的依据，是 PPP 项目持续性和系统性合规管理的起点。

PPP 项目涉及范围广、周期长，需要在规范要求上预留足够多的灵活性和包容性，其规制的特点以负面清单为主。本书对于 PPP 合规管理的阐述即建立在我国已构成的一系列负面清单的基础之上。

三

PPP 所涉及的基础设施、公共服务，投资规模大，与公众民生关系紧密，公益属性强。如果操作不当，不仅会造成项目和公共服务不符合预期，也会使公众对政府履行公共服务职责和承诺产生质疑，中国 PPP 实践的试错容错空间是有限的。

就我国 PPP 模式推行而言，从指导意见、操作指南、论证评估指引至合同示范文本，从国务院、财政部、国家发改委到各级地方政府出台的规范性文件，如汗牛充栋，制度规范不可谓不健全。只是区域性各类实践主体对这些制度规范的认知、反应以及接受融合尚不甚理想，部分制度规范之间以及其与上位立法之间尚存在未理顺之处，PPP 项目实施有关项目立项、税收、采购等配套的管理制度也尚未就 PPP 模式所产生的新事物、新状况作出针对性的规定。

英国学者爱德蒙·柏克(Edmund Burke)在其《自由与传统》一书中说:“理性主义者对人类(mankind)怀有深沉的爱，但是对具体的人却很不独立，理性主义的危险之处在于，他让人带着被认为是先验的既定原则去面对经验，而这些原则根本不是以往经验的结果。”①对于中国特色PPP模式的实施特点和规律的认知和把握，我们需要些经验主义，还需要自我总结和成长成熟，不宜在遇到问题时就完全寄希望于顶层设计和统一立法。

让人欣慰的是，这些年PPP法律服务做下来，笔者深刻感受到，通过推行PPP模式欠发达地区在法治意识和法律知识水平的大幅提升和改善。某种意义上说，PPP法律服务就是一个宣传与贯彻法治的过程，从国家区域经济社会发展的大政方针到基础设施和公共事业投资建设运营有关法律政策，从地方债风险管控到公共产品供给侧改革再到政企分开的行政体制改革，从政府采购、招标投标再到项目资本金，从公司法、合同法再到民事诉讼、行政诉讼与仲裁，甚至包括政府债券、企业债券乃至基金、资产证券化等，每到一地，都反复为有关领导宣讲解释和汇报。从这个意义上讲，PPP模式确实不仅仅是公共产品供给侧改革措施，还是可以推动国家治理现代化、转变政府职能、发挥市场在公共服务领域中资源配置核心作用的举措。

随着越来越多项目建设期结束并进入运营，中国PPP故事只是刚刚开始。

---

① [英]爱德蒙·柏克．自由与传统(M)．蒋庆，王瑞昌，王天成译．北京：商务印书馆，2001.

上　编

PPP 合规运作与法律风险防控实务

第一章　PPP合规运作概述

夫道若大路然，岂难知哉？人病不求耳。

——[战国]孟轲

第一节　PPP运作合规性识别的目的和现实意义

一、PPP运作合规性的现状

政府和社会资本合作(Public-Private Partnership，简称PPP)模式自2014年发轫以来，迅速蔓延至全国各地，尤其是中西部，入管理库项目所涉各级行政区达2550个；项目领域涉及能源、交通运输、水利建设、生态建设和环境保护、市政工程、城镇综合开发、农业、林业、科技、保障性安居工程、旅游、医疗卫生、养老、教育、文化、体育、社会保障、政府基础设施和其他19个一级行业。截至2019年10月末，全国政府和社会资本合作(PPP)综合信息平台管理库累计入库项目9440个，总计投资额高达14.4万亿元。2019年5月底，PPP管理库全部项目未来30年(2019年至2048年)的财政支出责任共计16.7万亿元。而截至2018年末，我国地方政府债务18.39万亿元①；又根据国家统计局公布的数据，我国2019年上半年国内生产总值45.0933万亿元。由此可见，PPP项目有关产值在我国经济总量中有举足轻重的地位，已然成为继房地产之后中国经济发展的新引擎，已经与我们的国运相关联。

---

① 根据《有效发挥财政货币政策作用支持做好专项债券发行及项目配套融资有关工作——财政部、发展改革委、人民银行、审计署、银保监会、证监会有关负责人就中办、国办印发〈关于做好地方政府专项债券发行及项目配套融资工作的通知〉答记者问》明确：截至2018年末，我国地方政府债务18.39万亿元，地方政府债务率(债务余额/综合财力)为76.6%。加上纳入预算管理的中央政府债务14.96万亿元，两项合计，我国政府债务33.35万亿元。

截至 2019 年末，按累计项目数排序，管理库前五位是山东(含青岛)、河南、四川、广东、贵州，合计占入库项目总数的 33%；按累计投资额排序，管理库前五位是贵州、云南、四川、浙江、河南，合计占入库项目总投资额的 36.8%。PPP 项目成为拉动中西部地区基础设施与公共服务投资的主流力量。可以讲，随着 PPP 项目落地实施，我国欠发达地区可通过补齐基础设施与公共服务短板，加快区域经济发展要素流动，打破当前基于外向型经济产生的东中西纵向区域经济发展不平衡，实现跨区域横向协调发展，最终在全国范围内扩大内需和促进供给侧改革。因此，PPP 模式对我国新常态下经济换档升级的重要意义，是不言而喻的。

在笔者看来，PPP 模式能够短时间内席卷中国各地方基层，几乎呈洪流之势，绝非偶然，至少是以下几项因素重合叠加的结果：

一是各地方基层基础设施和公共服务建设需求。我国经济当前已进入结构调整和换档升级的调整期，由外向型向内需型转变，随着“长江经济带”、“京津冀”、“一带一路”等跨区域性开发战略的深入实施，基础性的基础设施和公共服务项目投资建设需求是巨大而急迫的。

二是我国城镇化提质增效之需求。随着我国城镇人口多年累积增加，城镇原有基础设施和公共服务与城镇居民需求之间的矛盾越来越大，需要新增项目并改善存量项目。

三是过去单纯依赖政府供给公共产品的模式难以为继。多年来，单纯依赖政府或政府融资平台提供公共产品的模式，已累积并导致巨大的地方债务风险。政府财政资金以及融资已远不足以继续支撑前述两个大背景下的基础设施和公共服务投资。需要借助企业在投融资、运营方面的优势，从公共产品供给侧改革着手，对企业开放基础设施和公共服务领域投资。

四是政企分开、使政府回归行政管理公共服务本位的改革需求。基础设施和公共服务投资额大、涉及公共利益，由政府持有产权并制定规则，引入企业投资建设运营，可以兼顾公共产品提供的公平与效率，一方面使政府从微观经济中抽身出来，回归行政管理本位，成为公共产品的“采购人”、“监管者”；另一方面通过市场化手段促进公共产品投融资创新和运营水平提升。以此为突破口，可以倒逼行政体制改革、财税体制改革、投融资体制改革的深入落实，促进地方融资平台公司市场化转型，最终在化解地方债风险的同时，激发出更多的市场活力。

五是基础设施和公共服务项目全生命周期管理需求。PPP 模式相较于过去的 EPC、BT 模式，更强调项目投资、建设、运营等全生命周期由项目单位负责。由此，项目单位想获得投资回报，必须兼顾节约投资成本、提高建设质量并提高项目运营效益等多重目标。相比较过去短期的、重建设环节的投资模式，这将有力地保障项目顺利实施和实现公共利益的最大化。

但也正是因为 PPP 模式与地方政府经济发展需求高度契合，且能够暂时避开既有债务沉重、财力来源有限状况带来的顾虑担忧，故而存在推动起来又过快过猛过激，项目谋划失当，在项目效益预期上过于理想化，不顾 PPP 项目周期长、投资额大之特征，延续过去“重建设、轻运营”的旧思维，混淆公共产品与商业经营、地产开发之边界，未贯彻执行《预算法》、《政府采购法》、《招标投标法》等法律法规和固定资产投资、PPP 有关规范性文件和政策规定的项目实施程序，亦未真正着眼于预算管制、项目全生命周期管理、以运营为核心和按效付费等核心诉求谨慎安排各参与方的风险分配和相应权利、责任与义务，超过“界线”、触碰“红线”、突破“底线”、罔顾“天线”的现象与问题。

有些项目假借 PPP 之名，行变相融资之实，如名为 PPP 而实为 BT 回购交易、融资平台代建或垫资施工总承包；有些项目虽有意通盘考虑项目投资、建设和运维，但嫌 PPP 项目实施程序太过繁琐复杂，将项目工程建设、融资纳入政府采购“服务”①，通过“融资+总承包(即 F+EPC)”模式或者按创新的“建养一体化”模式等，将应按 PPP 模式实施的项目，变换称谓，规避“两评一案”、“列入中长期财政预算”等 PPP 项目实施有关程序。还有些项目采取一个项目部分 PPP、部分 BT 或者部分 PPP、部分 EPC 模式，将不同法律关系胡乱交叉掺合。还有些项目包装只着眼 PPP 政策，而对于实施过程中涉及的合同、担保、公司、土地和规划、建设工程管理、特许经营、招标采购、行政许可、证券基金、固定资产投资、国有资产管理以及诉讼、仲裁等有关法律法规考虑较少，违法之处较多。凡此种种乱象，不一而足。

上述行为背离 PPP 之理念、边界、程序、规则，使得项目贪大求快、只顾短期利益，存在大量的合规性风险，尽管完成采购并签约“落地”，但实施起来困难重重，时时处处有被问责出库、项目提前终止的风险。

二、PPP 合规运作的重要意义

PPP 模式本质上是一种针对基础设施和公共服务项目供给的创新的制度

---

① 此处的“服务”非《政府采购法》、《政府采购法实施条例》以及《政府购买服务管理办法(暂行)》(财综〔2014〕96 号)中规定作为采购对象中的除工程、货物之外的具体服务事项，而是从学术探讨意义和“公共产品”语境下的广义的服务，是相对于资产而言的。PPP 模式适用的基础设施和公共服务包含了资产和基于资产功能性的有关服务。

安排，即对于基础设施和公共服务而言，相较于过去由政府或政府平台公司直接投资和垄断运营的传统模式，转为由政府和引入的社会资本在特定规则下协同合作，由政府将基础设施和公共服务有关投资建设运营等项目全生命周期事项整体外包给社会资本，明确产出标准，通过绩效激励机制实现社会资本合理回报。PPP 模式只有在一定的边界、规则、程序中进行，才能与变相违规融资的非 PPP 模式区别开，才能保障在公共产品提供上实现兼顾公平与效率之目标。因此，PPP 规则制度无疑是实现 PPP 模式良好理念、解决假伪 PPP 或传统政府直接投资之问题弊端以及真正通过 PPP 模式实现公共服务供给侧改革和化解并优化政府债务的基础保障。合规性风险的核心在于 PPP 在运作实施过程中，没有遵守 PPP 模式既有适用的规范性文件的规定，背离国家推行 PPP 模式、革新传统政府投资模式之弊端的诉求和理念。从表现形式上，可归纳为以下五个层面：

一是未遵守 PPP 专项规范性文件，包括违反国务院、财政部、国家发改委、住建环保、人民银行以及所属地方政府及有关主管职能部门针对 PPP 模式颁布的专项规范性文件禁止性规定。如《国务院办公厅转发财政部发展改革委人民银行关于在公共服务领域推广政府和社会资本合作模式指导意见的通知》(国办发〔2015〕42 号)、《关于推广运用政府和社会资本合作模式有关问题的通知》(财金〔2014〕76 号)、《国家发展改革委关于开展政府和社会资本合作的指导意见》(发改投资〔2014〕2724 号)等。

二是未遵守 PPP 运作有关的一般性规范性文件，如合同、预算税收、担保、公司及合伙企业组织、土地和规划管理、建设工程管理、特许经营、招标采购、行政许可、证券基金、固定资产投资、国有资产管理、地方债管控以及诉讼仲裁等有关法律、行政法规、规章以及其他规范性文件。这部分规范性文件涉及面广，多数在 PPP 推行之前已经颁布实施，且效力层级多数高于 PPP 专门的规范性文件。从目前来看，由于有关项目参与主体法律意识不强且中介机构中专业律师事务所的缺失或未被足够重视，导致项目在包装运作时常常忽略这一类规范文件，这也是 PPP 项目运作发生合规性风险的重点区域。

三是未遵守 PPP 项目所属行业规范及政策文件。对于部分专业性较强的公共服务项目，如基础教育学校、公立医院 PPP 项目，被以基础设施 PPP 实施方案以及合同模版生搬硬套，结果导致项目涉及违法违规操作而被叫停，其重要原因是对 PPP 项目所属教育、医疗行业规范没有研究透彻。如对于医院 PPP 项目，要想将项目公司与医院之间的交易、尤其是供应链运营或非核心医疗部分回报补偿机制设计好并得到有效执行，需要熟悉基本的《医疗机构管理条例》、《医院财务制度》(财社〔2010〕306 号)、《国务院办公厅关于完善公立医院药品集中采购工作的指导意见》(国办发〔2015〕7 号)、《卫生部关于进一步加强医疗器械集中采购管理的通知》(卫规财发〔2007〕208 号)、《关于进一步鼓励和引导社会资本举办医疗机构的意见》(国办发〔2010〕58 号)以及关于医院治理结构、医院会计、医疗机构评审有关规范和政策。再如，对于基础教育项目，要想设计好项目配套经营性项目，需要了解《国家发展改革委教育部关于规范中小学服务性收费和代收费管理有关问题的通知》(发改价格〔2010〕1619 号)以及所属省、市相关管理规定，了解学校教学楼、行政楼、文体场馆设施、学生宿舍、学生食堂、教师周转宿舍、公租房、停车场等资产运营管理制度。当然，还有公路项目管理、综合管廊管理、污水处理项目管理、片区开发等诸多细分行业管理规范，都需要在包装 PPP 项目前作充分的了解和掌握。

四是未遵守 PPP 合同约定的权利义务。PPP 合作中除特许经营和政府监管内容外，基本为民商事交易关系，由各方当事人自主协商、达成合意以后签署合同，订明投资、建设、运营、绩效考核、按效付费和移交、提前终止等有关事项安排和各方权利、义务以及责任。PPP 合同呈体系化、内容繁杂、周期长。在民法自治理论下，这些合同条款已经签署生效，即对各方当事人产生法律约束力，即各方当事人通过合同在前述法律规范之外，又针对项目具体情况和特点构建起了一整套、全流程的规则体系。如一方违反合同约定，则面临承担违约责任、赔偿责任等法律后果。PPP 模式适用范围广、各项目特色不一，无法通过简单的、统一的抽象立法指导项目具体实施、尤其是各种细节问题，必须把 PPP 合同视为 PPP 项目最重要且核心的规则之一。这里不仅是强调社会资本方信守合同，也强调政府方践诺守信，如李克强总理在 2017 年 3 月 5 日作政府工作报告时所提出的要求："深化政府和社会资本合作，完善相关价格、税费等优惠政策，政府要带头讲诚信，决不能随意改变约定，决不能'新官不理旧账'。"

五是 PPP 项目适用法律政策变化和项目规划、合同调整。多数 PPP 项目合作期限长达 10 年至 30 年，不仅跨项目基础资产养护期、部分资产使用寿命，还跨了政府领导班子任期和法律政策立法和调整周期。该合作期限内，可能存在项目规划调整、产出标准调整、合作期限延长、财政预算和支出政策调整以及 PPP 合同再谈判磋商与签署补充协议等变数。政策调整如《湖北省乡镇生活污水工作指南》(鄂建文〔2017〕21 号)要求全省乡镇生活污水处理厂出水排放执行《城镇污水处理厂污染物排放标准》(GB18918-2001)一级 A 标准，而此前执行的标准为一级 B 标准，《收费公路管理条例(修订草案)》要求新建一、二级公路和独立桥梁、隧道不得收费等。合同调整则如材料调差、污水处理费调价等。

相对于前述静态的合规性风险，这类风险是动态的，是基于客观的、不可预见的情况而产生的风险。这也是 PPP 项目因周期长所特有的一种合规性风险，对 PPP 项目持续实施具有重要意义，需要重视预防。

这类风险的内容又可分为两个层面，一是政府方因政府换届、部门调整或负责人变更，颁布了影响 PPP 项目实施的政策或对 PPP 合同主张修改、解除等，二是因本级政府无法控制和预见的法律、行政法规修改、政策调整所导致的 PPP 合同无法继续履行、需要变更修改的情况。根据《基础设施和公用事业特许经营管理办法》第 34 条和第 36 条有关规定，实施机构应当按照特许经营协议严格履行有关义务，为特许经营者建设运营特许经营项目提供便利和支持，提高公共服务水平。行政区划调整，政府换届、部门调整和负责人变更，不得影响特许经营协议履行。因法律、行政法规修改，或者政策调整损害特许经营者预期利益，或者根据公共利益需要，要求特许经营者提供协议约定以外的产品或服务的，应当给予特许经营者相应补偿。2016 年 11 月 4 日公布的《中共中央、国务院关于完善产权保护制度依法保护产权的意见》“七、完善政府守信践诺机制”也指出，一方面大力推进法治政府和政务诚信建设，地方各级政府及有关部门要严格兑现向社会及行政相对人依法作出的政策承诺，认真履行在招商引资、政府与社会资本合作等活动中与投资主体依法签订的各类合同，不得以政府换届、领导人员更替等理由违约毁约，因违约毁约侵犯合法权益的，要承担法律和经济责任。另一方面，因国家利益、公共利益或者其他法定事由需要改变政府承诺和合同约定的，要严格依照法定权限和程序进行，并对企业和投资人因此而受到的财产损失依法予以补偿。对因政府违约等导致企业和公民财产权受到损害等情形，进一步完善赔偿、投诉和救济机制，疏通投诉和救济渠道。

从上述 PPP 运作实施当中的合规性风险各层面看，对 PPP 合规运作的各项具体要求纷繁复杂，涉及全流程各个环节，还来自政府以及政府有关诸多职能部门。再加之近些年来也出现了关于 PPP 规范性文件立法及执法口径不一的情况，不少地方已因此将 PPP 模式视为风险重灾区，将推行 PPP 项目视为畏途。笔者认为，PPP 合规性风险的主要来源为 PPP 项目涉及的规范性要求专业面广且深、呈体系化，部分要求是在实践中不断探索试错过程中再一一总结归纳出来，之前透明度不够，不少地方参与主体对 PPP 理念、运作规范要求的了解和接受还需要一个过程。

然而，我国遍及全国的 PPP 实践至今已有 5 年，各地方对于 PPP 运作已经积累了一定的经验，对规范 PPP 模式的认知也在不断深化成熟，中国 PPP 实践已初步成型。相应地，项目运作实施的合规性标准体系也基本明确建立起来，需要各类实务人员和专业人士加紧总结归纳，形成成文的体系化成果并进一步贯彻适用，提高我国 PPP 运作规范性和效率。

总而言之，PPP 合规性风险应当被视为 PPP 项目最基础的风险，也是首要风险，无论对于政府方，还是社会资本方，一切项目实施目的的实现首先应当建立项目合规运作基础之上。在基础设施和公共服务上贪多求快，而未对项目合规性风险充分研究，甚至罔顾合规性风险的思想，应当摒弃。合同合规运作符合政府与社会资本各方的最大共同利益，只有实现合规运作，项目才能顺利和可持续实施，各方诉求也只有在一定规则之下才能得到保障。

第二节　我国合规 PPP 的交易实质和基本特征

一、我国合规 PPP 的交易实质

关于 PPP 概念、内涵、本质的学术探讨成果较多，本书系从法律关系意义上探讨 PPP 模式的实质。《关于在公共服务领域推广政府和社会资本合作模式指导意见的通知》(国办发〔2015〕42 号)作为早期的且代表国务院办公厅、财政部和国家发改委一致意见的 PPP 专门规范性文件，对 PPP 的定义是“政府采取竞争性方式择优选择具有投资、运营管理能力的社会资本，双方按照平等协商原则订立合同，明确责权利关系，由社会资本提供公共服务，政府依据公共服务绩效评价结果向社会资本支付相应对价，保证社会资本获得合理收益”。根据该定义，PPP 模式最核心的法律关系是由社会资本提供公共服务，政府依据公共服务绩效评价结果向社会资本支付对价。

基础设施和公用事业特许经营，作为 PPP 模式前身和基础，其相关制度安排也有助于我们准确把握 PPP 的交易实质。经国务院同意，国家发展和改革委员会、财政部、住房和城乡建设部、交通运输部、水利部、中国人民银行以 2015 年第 25 年令联合颁布的《基础设施和公用事业特许经营管理办法》规定，基础设施和公用事业特许经营，是指政府采用竞争方式依法授权中华人民共和国境内外的法人或者其他组织，通过协议明确权利义务和风险分担，约定

其在一定期限和范围内投资建设运营基础设施和公用事业并获得收益，提供公共产品或者公共服务。即基础设施和公用事业特许经营的核心交易内容是：社会资本通过投资建设运营基础设施和公用事业提供公共产品或公共服务，并由此获得到收益。

基于此，在我国，PPP 于法律关系意义上的实质是政府与社会资本就公共服务的买卖关系，而非借贷关系。两者的核心区别在于，前者系基于特定服务内容为标的的价值与使用价值的交换，而后者是资金借用并约定到期还本付息的交易，利益回报是固定的且不考量特定标的物的质量和数量。我国推行规范 PPP 的首要规范即强调，PPP 投资回报必须是基于公共产品的质量和数量获得，而非政府方的固定回报或兜底承诺，将规范运作 PPP 与政府方违规变相融资相对立。任何方式的政府方在 PPP 项目中的“变相融资”、“明股实债”、“固定回报”、“兜底承诺”、“政府回购”等行为，都是不符合 PPP 规范要求的。

如前所述，正是因为在传统政府直接投资模式下所累积的沉重政府债务负担需要化解，才大力推行 PPP 模式。虽然公共产品买卖也会形成政府债务，但那是在公共产品达到一定标准和相应支付条件均满足的情况下，才基于合同约定形成的政府债务，而非基于借贷关系确定的偿还支付义务。相比较由政府融资形成的债务而言，一是要考察公共产品产出绩效，如此则项目投资建设运营的风险由社会资本承担，二是能够实现跨建设、运营期的项目全生命周期管理，相应付费期限也拉长，三是社会资本对项目的投资不是政府兜底的债务性投资，而是与项目实施风险捆绑的权益性投资。

当然需要清醒的认识到，因多年来各地依赖政府直接投资和管理基础设施和公用事业模式形成的思维惯性，基于基础设施和公用事业项目建设的融资需求仍然是不少地方政府的本能反应。规范实施的 PPP 项目，不回避政府融资诉求。由社会资本负责项目投融资以及在项目运营期分期按绩效考核结果付费，这本身也是一种项目融资安排。只是 PPP 项目不是把融资作为首要目的，其首要目的是提高公共产品供给质量和效率。

二、我国 PPP 合规运作的基本特征

在前述 PPP 交易实质下，我们再探讨法律意义上的规范运作的 PPP 的几个基本特征。

一是从 PPP 适用范围上看，应当是政府负有提供义务的公共产品，即纳

入 PPP 项目的事项应当具有“公共产品”①属性。

根据《预算法》规定，不具有公益属性的商业项目不属于各预算科目列支范围。《国务院办公厅关于政府向社会力量购买服务的指导意见》(国办发〔2013〕96 号)规定，对应当由政府直接提供、不适合社会力量承担的公共服务，以及不属于政府职责范围的服务项目，政府不得向社会力量购买。财办金〔2017〕92 号文进一步明确，不属于公共服务领域且政府不负有提供义务的和因涉及国家安全或重大公共利益等不适宜由社会资本承担的项目，不适宜采用 PPP 模式实施。因此，PPP 适用对象限于政府职责范围内公共服务事项，与之相对应的商业性项目，则不应包含在 PPP 合作范围内。

二是项目投资建设运营由社会资本主导并承担相关风险。PPP 作为替代传统政府直接投资的创新模式，其出发点之一即是向市场打开基础设施和公用事业的投资、建设和运营，发挥有投资、运营优势的社会资本的资源和长处，提升公共服务供给质量和效率。因此，PPP 规则强调，由社会资本负责项目投资、建设、运营事务，即便与政府出资代表成立专门的项目公司具体承办项目，也要求维持社会资本的控股地位。政府退出微观事务，不再过多干预经济事务，而加强宏观监控和项目绩效考核。由此，在 PPP 运作实施过程中，如果不能保障社会资本的控制地位，项目投资建设运营实际由政府方管控，相应风险又回转至政府一方的，属于违规行为。

三是 PPP 模式应以运营为核心。项目运营是 PPP 模式不可或缺的核心环节，项目在建设期内没有付费，进入运营期才启动政府运营补贴和使用者付费程序，而且付费应当完全与运营绩效考核结果挂钩。财政部《政府和社会资本合作模式操作指南(试行)》(财金〔2014〕113 号)明确 PPP 模式应当立足于项目设计、融资、建造、运营、维护至终止移交的完整周期即全生命周期考量，规定的相关项目运作方式均包含运营。《关于规范政府和社会资本合作(PPP)综合信息平台项目库管理的通知》(财办金〔2017〕92 号)规定，对于新申请纳入项目管理库的项目，如果仅涉及工程建设，无运营内容的，不得入库。投资和运营能力是 PPP 项目社会资本的核心能力。如果 PPP 项目没有运营期和运营内容，则无法兑现“运营补贴”，也无法实现中长期的代际平衡，更无法体现发挥企业运营管理优势并实现政企之间回归本位的分工协作。

① 按照经济学家萨缪尔森的理论研究范式，此处的公共产品参照西方经济学里的相关定义，相对于私人产品而言，指能为绝大多数人共同消费或享用的产品或服务，具有消费或使用上的非竞争性和受益上的非排他性的基本特征。

四是强调预算管控。PPP 项目必须经识别程序，通过项目识别才准许按 PPP 模式实施。在项目识别阶段，需要就项目实施方案反应的政府支出责任，进行物有所值评价和财政承受能力论证，并编制专门的报告提交审核批准。在获得确认和批准以后，在此基础上，再编制采购文件、PPP 合同，并要求后者与实施方案中确定的政府支出责任保持一致。PPP 项目签约落地后，再根据实施方案、物有所值评价报告、财政承受能力论证报告确认的政府支出事项列入预算，并按程序报政府、同级人大批准。之后，在 PPP 履约过程中，非经法定事由，不得突破实施方案、物有所值评价、财政承受能力论证确认的政府支出责任。这就是 PPP 项目项下政府支出的财政预算管控机制。《预算法》明确规定，政府的全部收入和支出都应当纳入预算。经人民代表大会批准的预算，非经法定程序，不得调整。各级政府、各部门、各单位的支出必须以经批准的预算为依据，未列入预算的不得支出。同时，PPP 规范性文件明确的 PPP 项目项下政府支出责任的上限为本区域一般公共预算的 10%，这是 PPP 项目推行的“红线”，是务必遵守的硬性约束。《财政部关于推进政府和社会资本合作规范发展的实施意见》(财金〔2019〕10 号)指出：建立 PPP 项目支出责任预警机制，对财政支出责任占比超过 7%的地区进行风险提示，对超过 10%的地区严禁新项目入库；对于财政支出责任占比超过 5%的地区，不得新上政府付费项目。

如果相关政府债务没有列入预算，不仅使政府在作支出安排时受限，还会构成因地方政府违法违规举债而产生的隐性债务。① 中共中央办公厅于 2018 年 3 月发布《关于人大预算审查监督重点向支出预算和政策拓展的指导意见》指出，积极稳妥化解累积的地方政府债务风险，坚决遏制隐性债务增量，决不允许新增各类隐性债务。

由此，规范 PPP 项目项下的政府支出必须严格执行预算管控原则。

---

① 所谓隐性债务，是指政府及其部门、融资平台公司、国有企业、事业单位等以非政府债券方式举借(包括各种融资方式)的，用于公益性项目的、最终需由财政性资金偿还的债务，以及签订协议约定未来财政支出责任事项的金额。即违法违规举债、变相举债所形成的，而又没有纳入政府债务限额管理的地方政府债务。这类隐性债务无法在地方政府收支预算上反映，是地方债风险严控对象。习总书记在 2017 年 7 月召开的全国金融工作会议上，提出“各级地方党委和政府要树立正确政绩观，严控地方政府债务增量，终身问责，倒查责任”，同年 7 月召开的中央政治局会议也强调“要积极稳妥化解累积的地方政府债务风险，有效规范地方政府举债融资，坚决遏制隐性债务增量”。

第二章　我国 PPP 合规运作立法

法律的生命不在于逻辑，而在于经验。对时代需要的感知，流行的道德和政治理论，对公共政策的直觉，不管你承认与否，甚至法官和他的同胞所共有的偏见对人们决定是否遵守规则所起的作用都远远大于三段论。法律包含了一个民族许多世纪的发展历史。它不能被当作由公理和推论组成的数学书。

——[美]奥利弗·温德尔·霍姆斯(Oliver Wendell Holmes, Jr.)

第一节　我国 PPP 合规运作立法综述

一、我国 PPP 合规运作立法体系

PPP 合规运作是一项系统工作，相应的规范性不仅仅限于 PPP 专项规范性文件。笔者从法律专业角度，以我国截至目前已颁布的 PPP 专项规范性文件为核心，同时结合 PPP 模式推行之宏观背景和实施全流程所涉及的各相关立法规范分层次汇总整理如下：

1. PPP 运作基本规范

PPP 专项规范性文件在奠基层面主要有：经国务院同意，国家发展和改革委员会、财政部、住房和城乡建设部、交通运输部、水利部、中国人民银行以 2015 年第 25 年令联合颁发的《基础设施和公用事业特许经营管理办法》和国务院办公厅转发的财政部、国家发改委和中国人民银行联合颁发的《关于在公共服务领域推广政府和社会资本合作模式指导意见的通知》(国办发〔2015〕42 号)。

在执行层面，财政部、国家发改委以及住建部、交通部等行业主管部门都颁布有相关专门的规范性文件。

截至目前，财政部出台的专门规范性文件涵盖 PPP 操作指南、PPP 项目识别中的物有所值评价和财政承受能力论证指引、社会资本采购、PPP 合同管理、PPP 财政管理、PPP 项目信息披露与项目库管理、PPP 示范项目管理、PPP 项目规范发展等项，主要文件包括：《关于推广运用政府和社会资本合作模式有关问题的通知》(财金〔2014〕76 号)、《政府和社会资本合作项目政府采购管理办法》(财库〔2014〕215 号)、《关于印发政府和社会资本合作模式操作指南(试行)的通知》(财金〔2014〕113 号)、《关于规范政府和社会资本合作合同管理工作的通知》(财金〔2014〕156 号)、《政府采购竞争性磋商采购方式管理暂行办法》(财库〔2014〕214 号)、《政府和社会资本合作项目财政承受能力论证指引》(财金〔2015〕21 号)、《政府和社会资本合作项目物有所值评价指引(试行)》(财办金〔2015〕167 号)、《关于在公共服务领域深入推进政府和社会资本合作工作的通知》(财金〔2016〕90 号)、《关于联合公布第三批政府和社会资本合作示范项目加快推动示范项目建设的通知》(财金〔2016〕91 号)、《政府和社会资本合作项目财政管理暂行办法》(财金〔2016〕92 号)、《政府和社会资本合作(PPP)综合信息平台信息公开管理暂行办法》(财金〔2017〕1 号)、《关于规范政府和社会资本合作(PPP)综合信息平台项目库管理的通知》(财办金〔2017〕92 号)、《关于规范开展政府和社会资本合作项目资产证券化有关事宜的通知》(财金〔2017〕55 号)、《关于进一步加强政府和社会资本合作(PPP)示范项目规范管理的通知》(财金〔2018〕54 号)、财政部关于推进政府和社会资本合作规范发展的实施意见》(财金〔2019〕10 号)等。

国家发改委以传统基础设施为关注点，颁布了关于 PPP 实施导则、PPP 合同、存量项目 PPP 改造、鼓励民间资本参与 PPP 项目、PPP 项目融资、PPP 项目推介和项目库管理、投资和建设规范管理等事项的一系列规定，主要文件包括《关于开展政府和社会资本合作的指导意见》(发改投资〔2014〕2724 号)、《国家发展改革委关于进一步做好政府和社会资本合作项目推介工作的通知》(发改投资〔2015〕805 号)、《传统基础设施领域政府和社会资本合作(PPP)项目库管理办法(试行)》、《关于切实做好传统基础设施领域政府和社会资本合作有关工作的通知》(发改投资〔2016〕1744 号)、《传统基础设施领域实施政府和社会资本合作项目工作导则》(发改投资〔2016〕2231 号)、《关于推进传统基础设施领域政府和社会资本合作(PPP)项目资产证券化相关工作的通知》(发改投资〔2016〕2698 号)、《关于加快运用 PPP 模式盘活基础设施存量资产有关工作的通知(发改投资〔2017〕1266 号)、《关于鼓励民间资本参与政府和社会资本合作(PPP)项目的指导意见》(发改投资〔2017〕2059 号)、《政府和社会资本合作(PPP)项目专项债券发行指引》(发改办财金〔2017〕730号)、《关于依法依规加强PPP项目投资和建设管理的通知》(发改投资〔2019〕1098号)等。

2. PPP运作配套规范

有关部门颁布的PPP运作有关配套规范,如国务院国有资产监督管理委员会《关于加强中央企业PPP业务风险管控的通知》(国资发财管〔2017〕192号)和中国资产评估协会《PPP项目资产评估及相关咨询业务操作指引》(中评协〔2016〕38号)等。

3. 推广PPP模式规范

住建部、农业部、文旅部、环保部、交通部等诸多职能部门颁布的关于推广PPP模式的规范性文件,包括《国家发展改革委、财政部、水利部关于鼓励和引导社会资本参与重大水利工程建设运营的实施意见》(发改农经〔2015〕488号)、《财政部、国土资源部、住房城乡建设部、中国人民银行、国家税务总局、银监会关于运用政府和社会资本合作模式推进公共租赁住房投资建设和运营管理的通知》(财综〔2015〕15号)、《财政部、环境保护部关于推进水污染防治领域政府和社会资本合作的实施意见》(财建〔2015〕90号)、《交通运输部关于在收费公路领域推广运用政府和社会资本使用模式的实施意见》(财建〔2015〕111号)、交通部办公厅《收费公路政府和社会资本合作操作指南(试行)》(交办财审〔2015〕192号、2017年修订)、《国家发展改革委、国家林业局关于运用政府和社会资本合作模式推进林业建设的指导意见》(发改农经〔2016〕2455号)、《国家能源局关于在能源领域积极推广政府和社会资本合作模式的通知》(国能法改〔2016〕96号)、《财政部、住房城乡建设部、农业部、环境保护部关于政府参与的污水、垃圾处理项目全面实施PPP模式的通知》(财建〔2017〕455号)、《财政部、农业部关于深入推进农业领域政府和社会资本合作的实施意见》(财金〔2017〕50号)、《财政部、民政部、人力资源社会保障部关于运用政府和社会资本合作模式支持养老服务业发展的实施意见》(财金〔2017〕86号)、《文化和旅游部、财政部关于在旅游领域推广政府和社会资本合作模式的指导意见》(文旅旅发〔2018〕3号)等。

笔者作为专注PPP项目业务的执业律师,一直关注和学习PPP规范性文件,前述规定的纷繁出台一度让人应接不暇。除此之外,山东、江苏、湖南、河南、四川、云南等各省、自治区、直辖市以及下属的市、区颁布的PPP有关地方性规范性文件更是多如牛毛、不可胜数。如此多的部门和地方政府在如此多的行业领域下达推广PPP模式的规范性文件,在我国立法史上都是一个现象特例。

二、我国 PPP 合规运作立法的历史沿革和总体特点

近 5 年来，PPP 模式经历了由培育推广、爆发再到规范清理的发展周期，其间穿插着的 PPP 规范立法也层出不穷。在当前强调 PPP 持续合规管理的背景下，厘清我国 PPP 规范立法之逻辑脉络，对于我们全面理解 PPP 规范，并由此深入了解 PPP 模式在中国的实践特点和深刻把握我国 PPP 规范运作的核心原则，具有重要意义。

(一)我国 PPP 合规运作立法的历史沿革

自 2013 年起，针对 PPP 模式的立法一直在持续，相关规范性文件呈现出较为清晰的历史沿革脉络，笔者依据相关内容大概梳理如下：

(1)前 PPP 时期，随着《关于加强土地储备与融资管理的通知》(国土资发〔2012〕162 号)、《关于加强地方政府融资平台公司管理有关问题的通知》(国发〔2010〕19 号)、《国务院关于加强地方政府性债务管理的意见》(国发〔2014〕43 号)、《国务院关于深化预算管理制度改革的决定》(国发〔2014〕45 号)等大量关于地方债管控、土地资金使用以及税收管理权限、强化预算管控的规范性文件的出台，过去实施的会导致增加政府负担的平台公司融资、BT、不规范招商引资以及地方政府税收优惠承诺被限制，提出疏堵结合，修明渠、堵暗道，推广使用政府与社会资本合作模式即 PPP 模式，鼓励社会资本通过特许经营等方式，参与城市基础设施等有一定收益的公益性事业投资和运营。

(2)2014 年至 2015 年，主要是为 PPP 模式建章立制和培育推广时期。代表性立法成果如《国务院关于创新重点领域投融资机制鼓励社会投资的指导意见》(国发〔2014〕60 号)、《关于在公共服务领域推广政府和社会资本合作模式指导意见的通知》(国办发〔2015〕42 号)和《关于推广运用政府和社会资本合作模式有关问题的通知》(财金〔2014〕76 号)、《国家发展改革委关于开展政府和社会资本合作的指导意见》(发改投资〔2014〕2724 号)等。这段时期树立了向社会资本开放基础设施和公用事业领域的 PPP 理念，厘清了 PPP 模式下政府实施机构、社会资本以及项目公司各主要参与主体的资格和权利、义务和责任，制定了 PPP 模式涉及识别、准备、采购、执行、移交五大环节和项目发起、筛选等十九个小步骤的全流程操作指南，编制了物有所值评价和财政承受能力论证指引，编制了 PPP 通用合同指南。住建部、交通部、文旅部、环保部等多个职能部门在各自主管行业领域推广实施 PPP 模式。

（3）2016 年至 2017 年，随着 PPP 项目的迅猛增长，产生了大量违规操作乱象，PPP 模式在推广方向上出现了偏差，过于注重新增项目，社会资本推崇央企，地方政府借 PPP 名义违规融资。此时期的立法主要围绕着完善 PPP 模式精细化管理规范、推动示范项目建设、存量项目 PPP 改造、鼓励民间资本参与、项目信息披露、区别 PPP 项目与违规融资、PPP 项目管理库入库项目核查出库、PPP 项目再融资等方面展开，PPP 模式推行进入规范期。

（4）2018 年至今，PPP 模式推行渐趋理性，新增项目减少，PPP 项目管理上一方面进行核查清淤，即将不适宜按 PPP 模式实施的项目转变合作模式、提前终止 PPP 合同；另一方面注重优质 PPP 项目的运营、绩效考核和再融资等安排。相关规范性文件围绕进一步规范 PPP 项目实施、列举 PPP 项目负面清单、强调执行 PPP 投资建设程序规范而展开，同时也关注社会资本准入、项目产出绩效考核和项目再融资。

总而言之，在上述五年里，PPP 管理库入库项目总投资额快速增长，2017 年末已达 10 万亿元①，2019 年 5 月末增加至 13.6 万亿元，PPP 模式在规范管理上经历了理念培育、鼓励推广、规范管控，相应项目推行也由萌芽、高潮到目前的理性推广期，这是一个较为完整的规范发展周期。

面对 PPP 乱象丛生，PPP 规范又政出多门且繁杂不一的局面，不少人呼吁尽快从国务院、甚至人大立法层面出台统一明确的 PPP 规范。2017 年国务院也确实将之列入国务院 2017 年立法工作计划。当年 7 月，国务院法制办、国家发展改革委、财政部起草的《基础设施和公共服务领域政府和社会资本合作条例（征求意见稿）》及其说明向社会公布，征求各界意见。2018 年，该条例后再次列入国务院立法工作计划，至今尚未出台正式文件。

（二）我国 PPP 合规运作立法的总体特点

从上述规范性文件的出台和发展脉络中，笔者归纳 PPP 有关规范立法存在以下总体特点：

一是财政部与国家发改委两个部门对 PPP 模式规范管理职责有重复之处。

---

① 截至 2015 年底，国家发改委公布 PPP 项目 2522 个，计划总投资约 4.24 万亿元。而根据财政部统计口径，截至 2016 年 1 月 31 日，按照《关于规范政府和社会资本合作综合信息平台运行的通知》（财金〔2015〕166 号）要求，经各省级财政部门对全国上报的 9283 个项目进行审核，6997 个纳入财政部 PPP 综合信息平台项目库，总投资需求 81322 亿元。财政部 PPP 项目库到 2017 年 9 月才划分储备库和管理库。

尽管在两部门立法上是分别针对公共服务和传统基础设施领域，但财政部规范中的公共服务包括能源、交通运输、市政工程、农业、林业、水利、环境保护、保障性安居工程、医疗卫生、养老、教育、科技、文化、体育、旅游等15类领域的由财政支持领域，国家发改委规范中的传统基础设施包括：能源、交通运输、水利、环境保护、农业、林业以及重大市政工程等7大领域。从我国 PPP 实践上看，公共服务领域与传统基础设施并没有明确的划分界线，财政部门和发改部门均是 PPP 项目的主管部门。从行业领域看，国家发改委立法中的7大传统基础设施领域又均在财政部立法中的公共服务领域中。

在此基础上，财政部与国家发改委又分别建立 PPP 项目库，分别出台了 PPP 通用合同指南，分别就 PPP 模式实施基本规则和程序制定了操作指南和工作导则，分别就 PPP 资产证券化出台了规范意见。①

两个部门立法对适格项目实施机构以及社会资本的范围界定不完全一致，财政部界定项目实施机构包括政府或其指定的有关职能部门或事业单位，而国家发改委对项目实施机构的范围界定为“相应的行业管理部门、事业单位、行业运营公司或其他相关机构”。两个部门立法对 PPP 社会资本采购的规定甚至存在相互抵牾之处：财政部《关于在公共服务领域深入推进政府和社会资本合作工作的通知》(财金〔2016〕90 号)规定，对于涉及工程建设、设备采购或服务外包的 PPP 项目，已经依据政府采购法选定社会资本合作方的，合作方依法能够自行建设、生产或者提供服务的，根据《招标投标法实施条例》第九条规定，合作方可以不再进行招标。结合政府采购法以及财政部出台的 PPP 采购管理规则规定，PPP 社会资本采购包括招标投标、竞争性磋商、竞争性谈判等方式，其中竞争性磋商、竞争性谈判是政府采购行为独有的方式，不属于

---

① 比如财政部颁布的《关于印发政府和社会资本合作模式操作指南(试行)的通知》(财金〔2014〕113 号)与国家发改委的《传统基础设施领域实施政府和社会资本合作项目工作导则》(发改投资〔2016〕2231 号)，财政部颁布的《关于规范政府和社会资本合作合同管理工作的通知》(财金〔2014〕156 号)附《PPP 项目合同指南(试行)》与国家发改委颁布的《关于开展政府和社会资本合作的指导意见》(发改投资〔2014〕2724 号)附件 2：《政府和社会资本合作项目通用合同指南(2014 年版)》，财政部颁布的《关于规范政府和社会资本合作(PPP)综合信息平台项目库管理的通知》(财办金〔2017〕92 号)与国家发改委颁布的《传统基础设施领域政府和社会资本合作(PPP)项目库管理办法(试行)》，财政部会同证监会、中国人民银行颁布的《关于规范开展政府和社会资本合作项目资产证券化有关事宜的通知》(财金〔2017〕55 号)与国家发改委会同证监会颁布的《关于推进传统基础设施领域政府和社会资本合作(PPP)项目资产证券化相关工作的通知》(发改投资〔2016〕2698 号)等。

招标投标方式。而《招标投标法实施条例》第九条规定相应不再招标的情形是指“已通过招标方式选定的特许经营项目投资人依法能够自行建设、生产或者提供”，明确限于通过“招标方式”采购的社会资本才适用《招标投标法实施条例》第九条规定不再进行二次招标。国家发改委《传统基础设施领域实施政府和社会资本合作项目工作导则》(发改投资〔2016〕2231 号)又再次强调，PPP 社会资本采购包括公开招标、邀请招标、两阶段招标、竞争性谈判等方式，拟由社会资本方自行承担工程项目勘察、设计、施工、监理以及与工程建设有关的重要设备、材料等采购的，必须按照《招标投标法》的规定，通过招标方式选择社会资本方。实务中，不少项目是通过竞争性磋商方式选择的社会资本，这种情况下，涉及施工建设的，能否依据《招标投标法实施条例》第 9 条免于二次招标，按财政部和国家发改委规定得出的是完全两个不同的结论。

二是 PPP 规范在效力位阶上基本未上升到法律、行政立法层面，甚至与上位法存在冲突。

PPP 规范多数为财政部、国家发改委及其与其他中央部门联合颁布的规范性文件。即便是作为基础性规范的《基础设施和公用事业特许经营管理办法》和《关于在公共服务领域推广政府和社会资本合作模式指导意见的通知》也仅是经国务院同意和由国务院办公厅转发方式颁布。截至目前，全国人大以及国务院尚未出台 PPP 专门的法律和行政法规。

同时，部分规范性文件与上位法和之前颁布的规范性文件存在冲突，如前述关于 PPP 社会资本采购可免于二次招标的规定与作为行政法规的《招标投标法实施条例》规定存在冲突。

三是前后规范变更较快，在执行适用时甚至溯及既往。

比如关于政府性基金预算能否对接 PPP 项目的问题。《关于联合公布第三批政府和社会资本合作示范项目加快推动示范项目建设的通知》(财金〔2016〕91 号)规定，PPP 项目的资金来源与未来收益及清偿责任，不得与土地出让收入挂钩。PPP 项目的资金来源与未来收益及清偿责任，不得与土地出让收入挂钩。而为鼓励地方积极盘活存量资源、资产等吸引社会资本参与，财政部于 2017 年 7 月 7 日以财金函〔2017〕85 号答复称，10%“上限”控制的仅是需要从一般公共预算中安排的支出责任，并不包括政府从其他基金预算或以土地、无形资产等投入的部分。部分项目根据此答复，将地方政府土地基金预算作为 PPP 项目政府付费资金来源之一，以此解决一般公共预算对 PPP 项目政府支出指标不足的难题。再后来为防止滥用政府性基金预算、一女多嫁，2019 年 3 月颁布实施的《关于推进政府和社会资本合作规范发展的实施意见》(财金

〔2019〕10 号）规定，新签约项目不得从政府性基金预算、国有资本经营预算安排 PPP 项目运营补贴支出。

再如项目建设成本与绩效考核挂钩问题，之前没有明确要求，后于 2017 年颁布的《关于规范政府和社会资本合作（PPP）综合信息平台项目库管理的通知》（财办金〔2017〕92 号）明确规定，项目建设成本不参与绩效考核，或实际与绩效考核结果挂钩部分占比不足 30%，固化政府支出责任的，不得入库。再后来于 2019 年颁布的《关于推进政府和社会资本合作规范发展的实施意见》（财金〔2019〕10 号）规定，要求建立完全与项目产出绩效相挂钩的付费机制。在具体执行贯彻过程中，不少地方将上述规定实施前已签约的项目提出来，责令按新规要求整改。

上述规范调整是针对 PPP 推行过快过滥之时弊，但从立法和 PPP 项目实施角度看，一方面维持 PPP 可持续实施需要增加规范政策的稳定性，以增强项目参与方对项目实施前景的预期，另一方面在执行规定过程中，应坚持法不溯及既往的原则，对原来没有明确规定的事项预留一定空间。

四是 PPP 运作相关配套性规定尚待作出适应性修订。

PPP 模式的推行对于过去政府投资项目、固定资产投资和建设管理以及基础设施与公共事业项目运营管理、招标和政府采购、争议解决等相关既有规则的突破，其顺利实施还需要就这些规则作适应 PPP 模式的修订。比如 PPP 模式下，需要明确相关立项、项目采购程序是按政府投资项目还是企业投资项目有关规定或新的规则实施，再如针对综合性开发 PPP 项目的可行性研究报告无法按原来单体项目的可行性研究报告要求的深度和程序出具，需要制定更为灵活的规则。在现有《仲裁法》《行政诉讼法》和《民事诉讼法》下，PPP 合同争议需要区分行政争议还是民事争议，以便适用不同的争议解决程序，如果区分不清，相关争议就会陷入性质上的学术法理辩论而影响解决效率，需要就 PPP 合同争议解决程序作出进一步的明确规定。同时，还需要针对 PPP 项目资产权属归政府、特许经营权归企业的特点，修订完善或制定项目建设工程管理、土地和规划管理等规则。

PPP 项目复杂，涉及专业广、周期长，属于典型的“一管就死、一放就乱”的事项，必须保留一定的包容度、灵活度和调整空间。这也是为什么从国内外 PPP 规范立法实践来看，没有多少国家和地区针对 PPP 全流程实践制订出可以“一劳永逸”的统一的详尽的立法。笔者认为，中国的 PPP 实践带有浓厚的区域特色，相关经验模式尚待改进之中，诸多实践问题还在探讨最为合理的解决方案，相关配套规定也未完成适应性修改，中国 PPP 实践目前尚未成熟到可以提炼出详尽的规则普遍推广。这一时期的立法规范重点，笔者认为有二：一是结合 PPP 实践经验，梳理过去已颁布的规范性文件，使之相互一致、呈体系化，便于统一指导实践；二是可以进一步总结实践经验教训，制定指导性意见或指引指南，引导 PPP 项目规范运作。

第二节　我国 PPP 合规运作负面清单

2015 年以来，PPP 模式推广迅猛。部分地方泛化滥用 PPP 或借 PPP 变相融资等不规范操作，地方政府隐性债务重新又借“假伪 PPP”项目抬头。2017 年 7 月底，财政部召开“进一步推进 PPP 规范发展工作座谈会”，指出当前 PPP 模式存在支出责任“固化”、支出上限“虚化”、运营内容“淡化”、适用范围“泛化”等四个方面的突出问题，切中时弊。对此，提出了四项规范性要求：严控“红线”，即强化财政承受能力论证 10%“红线”的硬性约束，统一执行口径，加强信息公开；守住“底线”，即严禁各类借 PPP 名义变相举债行为，审慎开展完全政府付费项目，对于不包含运营内容、无绩效考核机制、社会资本不实际承担项目建设运营风险的项目，不得安排财政资金；搭好“天线”，即全面了解掌握本地区 PPP 项目总体情况，对于项目总量、财政支出责任总额及占比、规范实施情况等，做到“心中有数”；明确“界线”，即对于不属于公共服务的纯商业化项目，以及仅涉及建设、无运营内容的纯工程项目，要准确界定。由此开启并奠定了后期持续性规范运用 PPP 项目的框架基调。

2017 年 12 月，财政部颁布《关于规范政府和社会资本合作（PPP）综合信息平台项目库管理的通知》（财办金〔2017〕92 号），以 PPP 综合信息平台项目库为抓手，将 PPP 综合信息平台项目库按项目成熟度分为储备库和项目库，储备库内的项目旨在孵化和推介，管理库内的项目则要接受严格监管，确保全生命周期规范运作。财办金〔2017〕92 号围绕着管理库管理，针对此前 PPP 不规范操作，构建了入库标准条件，对已入库项目和未来入库项目均作出了系统化的要求。由此拉开了通过建立“负面清单”对管理库项目进行核查整改出库的规范化管理序幕。笔者结合国家此后至今出台的多部规范性文件，整理归总 PPP 合规运作有关要求和不合规的表现形式，形成 PPP 合规运作全面的负面清单。

一、PPP 项目合规运作基本要求

根据《财政部关于推进政府和社会资本合作规范发展的实施意见》（财金

〔2019〕10 号）有关规定，PPP 项目合规运作应当满足以下基本要求：

（一）项目属性和合作期限合规，并依法完成项目识别论证

本项合规要求系指在 PPP 项目识别阶段，需要拟采取 PPP 模式的项目合作内容和政府与社会资本总体合作期限达到 PPP 规范要求，是否依法完成项目论证，具体包括：

（1）纳入 PPP 合作对象内的项目属于公共服务领域的公益性项目。首先，政府应当具有提供职责；其次，项目为公益属性，内容属于公共服务领域；最后，确认合作项目中不包含商业经验、土地收储及商业开发等 PPP 规范禁止纳入 PPP 项目的内容。

（2）合作期限原则上在 10 年以上。合作期限即政府与社会资本合作完成 PPP 项目投资、建设运营的期限，实务中有自签约 PPP 合同之日起，也有自项目开工之日起，还有自项目公司成立且与政府实施机构签署项目合同之日起。合作期限一般包含建设期和运营期。根据财政部财金〔2014〕113 号文和财金〔2014〕156 号所附的《PPP 项目合同指南（试行）》以及发改投资〔2014〕2724 号所附的《政府和社会资本合作项目通用合同指南（2014 年版）》等文件，PPP 合作期限，一般根据政府所需要的公共产品或服务的供给期间、项目资产的经济生命周期以及重要的整修时点、项目资产的技术生命周期、财政承受能力、项目的投资回收期、项目设计和建设期间的长短以及现行法律法规关于项目合作期限的规定确定。就合作期限规范而言，《基础设施和公用事业特许经营管理办法》规定的基础设施和公用事业特许经营期限最长不超过 30 年，可以酌情延长。在此基础上，一般项目的合作期限原则上不少于 10 年，含特许经营期的项目合作期限一般为 20 年到 30 年。对于已建成运营的项目，通过委托运营方式实施 PPP 的，合作期限不少于 8 年，通过委托管理合同方式实施 PPP 的，合作期限不少于 3 年。

（3）按规定履行物有所值评价、财政承受能力论证程序。相关规范依据主要有《PPP 物有所值评价指引（试行）》的通知（财金〔2015〕167 号）和《政府和社会资本合作项目财政承受能力论证指引》的通知（财金〔2015〕21 号）。

PPP 项目中的物有所值（Value for Money，VfM）评价目标是：相对于政府传统的由政府直接投资运营公共服务项目的方式而言，采用 PPP 模式是否更有效率。具体由地方各级财政部门要会同行业主管部门，基于可行性研究报告和项目实施方案，根据有关政策法规要求，开展物有所值定性评价和定量评价，并共同对物有所值评价报告进行审核。其中，定性评价重点关注项目采用

PPP 模式与采用政府直接投资模式相比能否增加供给、优化风险分配、提高运营效率、促进创新和公平竞争等。定量评价主要通过对 PPP 项目全生命周期内政府支出成本现值与公共部门比较值进行比较，计算项目的物有所值量值，判断 PPP 模式是否降低项目全生命周期成本。

经审核未通过的，可以调整项目实施方案重新提请本级财政部门和行业主管部门审核。二次审核不能通过的，不适宜采取 PPP 模式实施。审核通过的，由同级财政部门依据项目实施方案和物有所值评价报告组织编制财政承受能力论证报告，财政承受能力评估包括财政支出能力评估以及行业和领域平衡性评估。财政部门(或 PPP 中心)识别和测算单个项目的财政支出责任后，汇总年度全部已实施和拟实施的 PPP 项目，进行财政承受能力评估。每一年度全部 PPP 项目需要从预算中安排的支出责任，占一般公共预算支出比例应当不超过 10%。确认通过财政承受能力论证的，由财政部门出具财政承受能力论证报告审核意见。

物有所值评价和财政承受能力论证均通过后，项目实施机构应相关审核结果修改完善项目实施方案，报本级人民政府审核，经审核同意后，由项目实施机构按照政府采购管理相关规定，依法组织开展社会资本方采购工作。

(二)项目风险分配合规

PPP 项目风险分配应当遵照社会资本负责项目投资、建设、运营并承担相应风险，政府承担政策、法律等风险的框架进行，具体风险细项结合项目实际情况补充完善，但不得突破上述分配原则。如果应由社会资本承担的项目投资、建设、运营风险未由社会资本承担，或后期通过签署补充协议或其他安排导致有关风险回转给政府一方，则构成违规。

对 PPP 项目风险分配的落实是依赖于 PPP 合同对相关事项权利、义务和责任的约定，因此，判断项目风险分配是否合规，除了要审查项目实施方案所作的风险分配安排之外，重点是核查 PPP 合同中涉及项目风险有关各方权利、义务和责任的约定。

在由政府出资代表和社会资本投资人共同合资组建 PPP 项目公司的情况下，落实本项合规要求时，应注意两项相关联的机制设计。

一是强调项目投资、建设、运营风险承担方的社会资本是指社会资本投资人和项目公司。这两方主体在法律上均为独立法人，能够独立承担民事责任。从本项合规要求的实质上看，应当是强调相关风险由社会资本投资人承担，社会资本投资人可以通过项目公司具体负责项目投资、建设、运营，但毕竟项目公司为新成立的公司，在资金、人力、资源上难以胜任或承担风险的能力有限，而根据《公司法》规定，社会资本投资人又仅以投资额为限对项目公司的债务承担有限责任。如此一来，如果项目公司的注册资本远远低于项目资本金，此时仅要求项目公司承担项目全部的投资、建设和运营责任，对于项目后期持续实施风险极大，通过要求社会资本投资人承担补充责任的方式进行防范是有必要的。

二是应当在项目公司层面实质上维持社会资本在项目公司中的控制地位。一方面，PPP 规范要求，政府出资代表对项目公司股权出资比例不得超过 49%，另一方面在项目公司决策管理机制上，也应体现社会资本投资人控制地位，涉及公共利益、公共安全的重大事项由各方一致表决同意的除外。换言之，政府出资代表在项目公司中的一票否决权不宜过多过细，应当符合与股权比例相当且维持社会资本实际控制股东地位的原则要求。

（三）按效付费机制合规

本项合规性要求建立完全与项目产出绩效相挂钩的付费机制，不得通过降低考核标准等方式，提前锁定、固化政府支出责任。

如前所述，按效付费是 PPP 模式的本质特征，是 PPP 模式区别于借贷关系即政府固定回报、政府回购、政府兜底承诺的重要因素。要实现按效付费，需要在 PPP 运作中至少完成下列行为：

（1）需要基于项目产出要求和标准，设置全面细致的项目产出绩效考核体系与评价机制；

（2）需要将上述项目产出绩效考核结果与 PPP 模式下向社会资本方支付合理回报挂钩；

（3）前两项目内容为 PPP 社会资本采购的实质性内容，已经明确后，非法定事由，政府与社会资本不得再通过签署补充协议或其他方式降低考核标准，提前锁定、固化政府支出责任。实务中违规降低考核标准的行为也多种多样，有减少考核范围、减少对关键核心部分的考核评分比重、降低考核结果与付费挂钩的系数等。

（四）项目资本金安排合规

本项合规要求在适用时，需要把控的要点有二：

一是项目资本金符合国家规定比例。

根据《国务院关于固定资产投资项目试行资本金制度的通知》（国发〔1996〕

35 号）规定，对各种经营性投资项目，包括国有单位的基本建设、技术改造、房地产开发项目和集体投资项目，试行资本金制度，投资项目必须首先落实资本金才能进行建设。项目资本金是投资项目总投资中，项目法人除融资资金外的自有资金。

国家对项目资本金占项目总投资的比例有下限规定，作为资本金基数的总投资，为投资项目的固定资产投资与铺底流动资金之和，具体核定时以经批准的动态概算为依据。依据《关于调整和完善固定资产投资项目资本金制度的通知》(国发〔2015〕51 号)规定：城市轨道交通项目资本金比例不低于 20%，港口、沿海及内河航运、机场项目资本金比例不低 25%，铁路、公路项目资本金比例不低于 20%。保障性住房和普通商品住房项目的资本金比例不低于 20%。国发〔2015〕51 号文不完全列举的其他项目的资本金比例不低于 20%。城市地下综合管廊、城市停车场项目，以及经国务院批准的核电站等重大建设项目，可以在规定最低资本金比例基础上适当降低。2019 年 11 月 27 日，国务院再次颁布《关于加强固定资产投资项目资本金管理的通知》(国发〔2019〕26 号)，将港口、沿海及内河航运项目，项目最低资本金比例由 25% 调整为 20%。机场项目最低资本金比例维持 25%不变，其他基础项目维持 20%不变。同时指出，对于公路(含政府收费公路)、铁路、城建、物流、生态环保、社会民生等领域的补短板基础设施项目，在投资回报机制明确、收益可靠、风险可控的前提下，可以适当降低项目最低资金比例，但下调不得超过 5 个百分点。

二是项目公司股东以自有资金按时足额缴纳资本金。

本项合规性要求的要点有二：第一，强调系项目公司股东的自有资金作为项目资本金来源，第二，强调股东按时足额缴纳。

根据《国务院关于固定资产投资项目试行资本金制度的通知》(国发〔1996〕35 号)和《关于加强固定资产投资项目资本金管理的通知》(国发〔2019〕26 号)规定，项目资本金对投资项目来说是非债务性资金，即项目法人不承担这部分资金的任何利息和债务。项目资本金由投资人一次认缴，并根据批准的建设进度在项目建设期内按比例逐年到位。

部分项目的 PPP 合同对项目资本金的到位安排在上述法定的在建设期内建设进度到位的框架下可作进一步细化。社会资本应按法定和约定的到位安排按时足额到位项目资本金。

(五)项目 PPP 合同签约主体合规

本项合规性要求强调 PPP 合同政府方签约主体应为县级及县级以上人民政府或其授权的机关或事业单位。换言之，PPP 合同政府一方签约主体要么是政府本身，要么是已经政府授权的项目实施机构。

本项合规性要求主要防范由政府或政府授权项目实施机构之外的主体签署 PPP 合同，尤其是地方政府融资平台公司。

需要特别说明的是，即便是项目实施机构签约，其签约行为在法律上为代理签约，签约的相关法律后果由本级政府承担。这就是为什么 PPP 合同要求经本级政府批准后才能生效的原因。

(六)项目入库以及信息披露合规

本项合规性要求 PPP 项目应按规定纳入全国 PPP 综合信息平台项目库，及时充分披露项目信息，主动接受社会监督。需要说明的是：

(1)全国 PPP 综合信息平台项目库本着能进能出的原则管理。PPP 项目纳入项目库，并不意味着财政部确认该项目能够完全且持续地合法合规运作。如果发现项目存在违规行为，会被要求整改、问责，以至项目出库处理。

(2)《政府和社会资本合作(PPP)综合信息平台信息公开管理暂行办法》(财金〔2017〕1 号)规定，依照该办法公开的 PPP 项目信息，可以在财政部政府和社会资本合作中心官方网站上公开查询。PPP 项目政府采购信息应当在省级以上人民政府财政部门指定的政府采购信息发布媒体上同步发布。

《关于进一步规范地方政府举债融资行为的通知》(财预〔2017〕50 号)再次强调指出，就 PPP 项目，地方政府及其所属部门应当重点公开 PPP 项目决策主体、政府方和社会资本方信息、PPP 项目内容、财政承受能力论证、社会资本方采购信息、项目回报机制、合同期限、绩效评价等内容。

二、PPP 合规运作负面清单

PPP 项目适用范围广，具体运作方式多样，不易也不宜统一明确合规性标准，但明确有关不合规的情形并要求整改预防，即通过“负面清单”管理，比较契合我国当前 PPP 规范管理之规律，以下选择现有重要 PPP 规范立法中已明确的负面清单逐一进行汇总整理。

(一)财金〔2016〕91 号规定 PPP 项目不得与土地开发相关联

根据《关于联合公布第三批政府和社会资本合作示范项目加快推动示范项目建设的通知》(财金〔2016〕91 号)等相关规定，PPP 项目不应包含土地开发，也不得与土地出让收入挂钩。具体要求分解如下：

(1)在实施建设用地供应时，不得直接以 PPP 项目为单位打包或成片供应土地。PPP 项目用地应当依据区域控制性详细规划确定的各宗地范围、用途和规划建设条件，符合《划拨用地目录》的，可以划拨方式供应；不符合《划拨用地目录》的，除公共租赁住房和政府投资建设不以营利为目的、具有公益性质的农产品批发市场用地可以作价出资方式供应外，其余土地均应以出让或租赁方式供应，实务中常见的以租赁方式供应为主。

(2)PPP 项目主体或其他社会资本，除通过规范的土地市场取得合法土地权益外，不得违规取得未供应的土地使用权或变相取得土地收益。根据《物权法》《土地管理法》《招标拍卖挂牌出让国有土地使用权规定》(国土资源部令第 39 号)等规范性文件，就经营性土地，应当依法通过招标、拍卖、挂牌方式出让取得。经营性土地的出让与 PPP 项目社会资本采购为两个独立事项。为提高效率，财政部《关于联合公布第三批政府和社会资本合作示范项目加快推动示范项目建设的通知》(财金〔2016〕91 号)规定，将通过竞争方式确定项目投资方和用地者的环节合并实施，即 PPP 项目社会资本采购与土地出让合并通过公开招标方式一次选定社会资本和土地受让人，具体程序尚待有关部门出台相关配套规范进行明确。国土资厅发〔2016〕38 号《产业用地政策实施工作指引》也规定，可将通过竞争方式确定项目投资主体和用地者的环节合并实施的限于三种情形，一是采用政府和社会资本合作方式实施项目建设时，相关用地需要有偿使用的；二是通过招标方式确定新建铁路项目投资主体和土地综合开发权中标人的；三是政府将收回和征收的历史遗留损毁土地复垦并用于旅游项目建设的。

除这些合法途径和方式外，PPP 项目主体不得违规取得未供应的土地使用权或土地收益。

(3)PPP 项目主体或其他社会资本不得作为项目主体参与土地收储和前期开发等工作，不得借未供应的土地进行融资。所谓土地收储指由市、县人民政府国土资源管理部门为实现调控土地市场、促进土地资源合理利用目标，依法取得土地，进行前期开发、储存以备供应土地的行为；土地前期开发工作则包括与储备宗地相关的道路、供水、供电、供气、排水、通讯、照明、绿化、土地平整等基础设施建设行为。

财政部、国土部、中国人民银行、银监会联合发布的《关于规范土地储备和资金管理等相关问题的通知》(财综〔2016〕4 号)明确规定，土地储备机构承担的依法取得土地、进行前期开发、储存以备供应土地等工作主要是为政府部门行使职能提供支持保障，不能或不宜由市场配置资源。因此，上述规定范围内的土地收储和前期开发工作依法应由土地储备机构实施，不能由 PPP 项目社会资本参与。

同时，对于已经收储尚未供应的土地，收储机构可以进行一些短期融资操作。但基于上述禁止性规定，PPP 项目社会资本方既然不得参与 PPP 收储和前期开发，当然也无权利用尚未供应的土地融资。本项禁止性规定也包括禁止收储机构借尚未供应的土地为 PPP 项目社会资本融资提供担保。

(4)PPP 项目政府付费的资金来源与未来收益及清偿责任，不得与土地出让收入挂钩。

根据《国有土地使用权出让收支管理办法》(财综〔2006〕68)规定，从 2007 年 1 月 1 日起，土地出让收支全额纳入地方基金预算管理，收入全部缴入地方国库，支出一律通过地方基金预算从土地出让收入中予以安排，未列入预算的各类项目一律不得通过土地出让收入支出，实行彻底的“收支两条线”。因此，土地出让收入对应的支出严格执行封闭的地方基金预算管理，严格按相应预算确认的支出项和支出比例、金额规定执行。土地基金预算支出项中可能与 PPP 项目有关联。如“土地一级开发支出”含因出让土地涉及的需要进行的相关道路、供水、供电、供气、排水、通讯、照明、土地平整等基础设施建设支出，“城建支出”含完善国有土地使用功能的配套设施建设支出以及城市基础设施建设支出，具体包括城市道路、桥涵、公共绿地、公共厕所、消防设施等基础设施建设支出。在符合预算管理的情况下，可能作为 PPP 政府付费资金的一部分来源。但如果强制性将土地出让收入直接与 PPP 项目政府付费建立挂钩机制，则构成违规行为。

《政府和社会资本合作项目财政承受能力论证指引》(财金〔2015〕21 号)规定本区域全部 PPP 项目项下的每一年度全部 PPP 项目需要从预算中安排的支出责任，占一般公共预算支出比例应当不超过 10%。由此，PPP 项目政府付费资金来源主要应为一般性公共预算收入。根据我国预算管理制度，土地出让收支属于政府基金预算，而一般公共预算是指财政部对以税收为主体的财政收入，安排用于保障和改善民生、推动经济社会发展、维护国家安全、维持国家机构正常运转等方面的收支预算。两个预算独立运作，本不相干。2017 年 7

月7日以财金函〔2017〕85号答复称：上述PPP支出不超过一般公共预算支出10%“上限”控制的仅是需要从一般公共预算中安排的支出责任，并不包括政府从其他基金预算或以土地、无形资产等投入的部分……政府性基金预算在符合政策的前提下可用于PPP项目。由此，不少地方借机违反政策将土地出让收支相应的政府基金预算对接PPP项目项下的政府付费，规避PPP项目政府支出上限管控，这一做法显然是违规的。

（二）财预〔2017〕50号文的“四个不得”

财政部、发改委、司法部、人民银行、银监会、证监会等六部委联合下发《关于进一步规范地方政府举债融资行为的通知》（财预〔2017〕50号），其基调是规范PPP，而不是叫停PPP。该份规范性文件的核心原则是强调由社会资本独立承担项目投资风险，严禁地方政府通过不规范的PPP项目以及投资PPP项目的政府投资基金等方式违法违规变相举债。对地方政府及其所属部门参与PPP项目，明确提出了“四不得”原则，结合实务逐一分析如下。

（1）“不得以任何方式承诺回购社会资本方的投资本金”在实务中主要表现为：政府方不得就社会资本投资设定任何回购安排，如承诺收购社会资本方在项目公司中的股权或在非政府原因导致PPP合同提前终止时，以补偿名义使社会资本方收回投资本金。

（2）“不得以任何方式承担社会资本方的投资本金损失”在实务中主要表现为：在非因政府方原因导致社会资本方投资本金出现损失时，政府不得承诺对社会资本方投资损失进行补偿。如，在非因政府方原因导致PPP合同提前解除时，对社会资本方投资本金损失进行补偿；再如，为了确保社会资本方能够优先收回投资本金，作为劣后分配收益和优先承担亏损一方。

（3）“不得以任何方式向社会资本方承诺最低收益”是指，在项目回报机制或涉及政府财政支出责任方面，应当设置政府采购款的支付条件，应强调与社会资本提供公共服务产品的绩效考核结果挂钩，并设置了全面而明确的考核标准和挂钩机制，禁止设置可能导致政府方承担固定回报、兜底承诺、明股实债等法律责任的合同条款或交易架构。

（4）对于政府方通过股权投资基金方式参与PPP项目的，“不得对有限合伙制基金等任何股权投资方式额外附加条款变相举债”。在实务中主要表现为，通过“有限合伙”协议、结构化安排或其他附加条款，使政府方成为普通合伙人（GP），对PPP项目风险承担无限连带责任，或者作为劣后级分配和优先承担亏损一方，以吸引财务性投资资金、变相融资。

上述“四个不得”反复使用“不得以任何方式”，包括一切明显的或隐晦的方式，确定无疑地强调，对上述四个方面进行合规性评判时不应含糊，推行 PPP 应当排除一切相关嫌疑。上述“四个不得”将成为今后 PPP 规范运作的红线，在 PPP 实施方案、合同或其他涉及政府方义务责任的法律文件中均不得触犯。

（三）财办金〔2017〕92 号文规定的不得入库和必须退库的情形

根据财政部《关于规范政府和社会资本合作（PPP）综合信息平台项目库管理的通知》（财办金〔2017〕92 号）及其官方解读文件，笔者结合有关实务表现形式，就财办金〔2017〕92 号规定的不得入库和应予退库的情形分别解析整理。

1. 关于不得入 PPP 综合信息平台项目库的情形

（1）不适宜采用 PPP 模式实施。

①强调 PPP 模式的对象应当是政府负有提供义务的公共服务领域的事项，不属于公共服务领域或政府不负有提供义务的，不宜采用 PPP 模式。

财办金〔2017〕92 号特别列举了商业地产开发和招商引资项目等两类项目。PPP 的公益性决定其不能包容商业地产开发。而实务中，有不少项目涉及房建或配套基础设施开发，需要将 PPP 项目中的房建或基础设施建设与相应的维护养护及运营与商业地产开发区别开。首先应看用地性质，公益性项目的用地基本为划拨用地，商业地产开发项目的用地一般为出让地。再看项目开发内容，商业地产开发是通过销售房屋、出租房屋获得投资回报，而公益性项目的房建多数为公益性，不作销售获利，也有部分经营性房屋设施是发挥和维持项目公益性功能所必要的，如景区内的驿站、文旅项目中的展览中心、接待中心，以及产业园类项目中的保障房、孵化器等。在这一点上，需要明确其是纯商业运作，还是为扶持产业之必要设置的经营性配套安排，后者才具有公益性。对于“招商引资项目”实务中也存在相当多的争议，如某片区综合开发类 PPP 项目，在合作内容中安排了“产业发展服务”内容，即为入园区的企业提供产业辅导、政策咨询等服务，还按落地投资额的一定比例收取一定的产业发展服务费。这类服务是针对入园企业的一系列配套服务，体现对入园企业的扶持、辅导以及培育，并非以营利为目的的纯商业行为，与项目招商引资进行商业开发不是一个范畴。

②因涉及国家安全或重大公共利益等，不适宜由社会资本承担的。涉及国安全或重大公共利益的，诸如军工项目等，在项目发起之初即会由有关部门进行确认，这一点在实务中分歧较少，不必赘述。

③仅涉及工程建设，无运营内容的。

本项在实务中的理解和执行过程存在较多歧义，所谓“无运营内容”应否理解为专指项目没有经营性收入内容？此处的“运营”是否包括不涉及使用者付费的“运维养护”？湖南省财政厅出台《关于实施 PPP 和政府购买服务负面清单管理的通知》（湘财债管〔2018〕7 号）规定“一、政府和社会资本合作（PPP）负面清单”仅涉及工程建设而无实际运营内容、无现金流，完全由政府付费的，如市政道路建设、公路建设、广场、绿化（风光）带等工程建设，不得运用 PPP 模式。从其关于“无现金流、完全由政府付费”的界定和所列举的项目类型不难看出，该规范性文件将纯政府付费项目剔除在可采取 PPP 项目范围之外。

然而，根据此前国家发改委和财政部有关规范性文件，PPP 项目按回报机制不同分为公益性、准经营性和经营性三类项目，对应的回报机制是政府付费、可行性缺口补助和使用者付费，并没有将政府付费项目排除在可采取 PPP 模式的项目范围之外。政府付费类项目在全国 PPP 项目还占有一定比重，直到 2019 年末，纯政府付费类项目 3393 个、投资额 3. 3 万亿元，分别占管理库项目总体的 35. 9%和 23. 2%。

由此，对于“运营”的理解应该包括不涉及使用者付费的运维养护。至于湖南上述地方政策只是从区域债务防控角度，自该地方规范实施之日起湖南省不再接纳不涉及使用者付费的项目进入项目库，并没有从根本否定将 PPP 模式应用于纯政府付费项目。从全国看，直到《财政部关于推进政府和社会资本合作规范发展的实施意见》（财金〔2019〕10 号）于 2019 年 3 月颁布后，才对于财政支出责任占比超过 5%的地区，要求不得新上政府付费项目。

④其他不适宜采用 PPP 模式实施的情形。

（2）没有依法完成项目前期准备工作。

本项负面清单项下的“项目前期”是指项目入库之前需要依法完成的前期的立项、确权以及论证识别程序。相应不规范表现形式具体有：

①涉及建设内容的，没有按固定资产投资管理有关规定履行相关立项审批手续。这里的立项手续主要指发改部门对项目可行性研究报告的批复文件，包括依法应经核准备案的项目。

②涉及国有资产权益转移的存量项目未按规定履行相关国有资产审批、评估手续。这一项适用的情形限于存在国有资产权益转移，如果仅是国有资产出租，产权没有转让的，不涉及按国有产权转让程序履行有关审批、评估手续。

③未通过物有所值评价和财政承受能力论证。只有通过了物有所值评价和

财政承受能力论证，才能确认相对于政府传统投资而言，采取 PPP 模式可以获得更好的效益。需要特别提出的是，对于完全依靠使用者付费且不涉及政府财政支出的项目，是否还有必要进行物有所值评价和财政承受能力论证以及如何进行物有所值评价和财政承受能力论证，还是需要进一步探索的课题。

(3)未建立按效付费机制。

①通过政府付费或可行性缺口补助方式获得回报，但未建立与项目产出绩效相挂钩的付费机制的。在实务中适用本条规范要求时，应注意挂钩范围和挂钩机制。

首先应挂钩的“回报”不仅是运营回报还有建设回报，如果仅强制运营回报挂钩，而项目建设成本或可用性付费没有挂钩，则涉及提前锁定政府支出责任。

其次，挂钩的对象是项目产出绩效，即与提供公共服务的绩效挂钩，通常要求与运营或运维养护绩效挂钩，实务中也有大量项目设置了建设期绩效考核，而对 PPP 项目而言，一方面建设期内不涉及政府付费，而涉及政府付费的运营期又不需要进行建设期绩效考核，另一方面如只在竣工验收时进行建设期考核，无法与运营期考核实现同频安排，为相应的挂钩机制设计也带来了难题，再者实务中大量建设期考核与建设工程竣工验收以及违约责任设置内容重复，加重了社会资本方的责任与负担。

最后，需要设置切实有效的挂钩机制，实务中应用最广的是考核系数关联法，即将考核结果分值量化，低于一定分数，就扣减一定比例的政府付费。考核系数作为绩效激励应当适中合理设置。过大则不利于调动社会资本的积极性，过小则可能导致按效付费机制形同虚设。

②政府付费或可行性缺口补助在项目合作期内未连续、平滑支付，导致某一时期内财政支出压力激增的。即对合作期内的政府付费作安排时应当尽量维持政府均匀承担付费责任，但这里并非要求绝对的每个付费期政府应付费用金额完成相等。

③项目建设成本不参与绩效考核，或实际与绩效考核结果挂钩部分占比不足 30%，固化政府支出责任的。PPP 的交易实质是社会资本提供公共服务，政府方按效付费。而公共服务是建立在具有正常使用功能的基础资产之上的。对于社会资本投资形成的建设成本，要求融入公共服务一并与绩效考核挂钩，如此才能将建设工程质量、维持可用性以及持续性公共服务要求统一起来。

2. 对于入库项目应当作退库处理的情形

(1)存在前述不得入库情形之“不适宜采用 PPP 模式实施的”情形。

(2)存在前述不得入库情形之“没有依法完成项目前期准备工作的”情形。

(3)未按规定开展“两个论证”。

①已进入采购阶段但未开展物有所值评价或财政承受能力论证的，即“先上车后买票”的情况。根据《关于推广运用政府和社会资本合作模式有关问题的通知》(财金〔2014〕76号)、《关于印发政府和社会资本合作模式操作指南(试行)的通知》(财金〔2014〕113号)①等有关规范性文件，应由财政部门(PPP中心)对项目实施方案进行物有所值和财政承受能力验证，通过验证的，由项目实施机构报本级政府审核，通过政府审核后方可确定PPP项目社会资本采购标的，方能编制针对性的完善的采购文件进行社会资本采购；未通过验证的，可在实施方案调整后重新验证；经重新验证仍不能通过的，不再采用PPP模式。

②虽已开展物有所值评价和财政承受能力论证，但评价方法和程序不符合规定的。

对于物有所值评价和财政承受能力论证，财政部颁布了《政府和社会资本合作项目财政承受能力论证指引》(财金〔2015〕21号)和《PPP物有所值评价指引(试行)》(财金〔2015〕167号)②。物有所值评价之目的在于确认采用PPP模式比政府传统投资模式③实施基础设施及公共服务项目是否更有效率。物有所值由项目本级财政部门会同行业主管部门组织专家小组实施。实务中多是由主管部门委托第三方专业咨询机构编制文本进行评审论证，评审专家小组由不少于7名专家组成，至少包括工程技术、金融、项目管理、财政和法律专家各一名。

物有所值评价包括定性和定量两方面，定性评价指标包括全生命周期整合程度、风险识别与分配、绩效导向与鼓励创新、潜在竞争程度、政府机构能力、可融资性等六项基本评价指标。定量评价是在假定采用PPP模式与政府传统投资方式产出绩效相同的前提下，通过对PPP项目全生命周期内政府方净成本的现值(PPP值)与公共部门比较值(PSC值)进行比较，判断PPP模式

---

① 财金〔2014〕113号于2014年11月29日起实施，有效期为3年，2017年11月28日有效期届满，但至今未有新的规范性文件出台。

② 财金〔2015〕167号文自2015年12月18日实施，有效期2年，在2017年12月17日有效期届满后至今尚未出台新的物有所值评价指引规范性文件。

③ 政府传统投资模式是指政府及其所属机构直接负责项目设计、投融资、建设和运营维护等工作(含委托他人执行其中部分工作)，并承担项目主要风险，一般不奉行全生命周期管理理念的采购模式。

能否降低项目全生命周期成本。通过物有所值定性分析的项目，可列入当地 PPP 项目目录，进行物有所值定量分析；未通过物有所值定性分析的，不宜采用 PPP 模式。

在通过物有所值定量分析后，财政部门对部分政府付费或政府补贴的项目，识别和测算单个项目的财政支出责任后，汇总年度全部已实施和拟实施的 PPP 项目，进行财政承受能力评估。财政承受能力评估包括财政支出能力评估以及行业和领域平衡性评估。根据当前规定，每一年度全部 PPP 项目需要从预算中安排的支出责任，占一般公共预算支出比例应当不超过 10%。这是我国目前对 PPP 项目支出所设定的上限，不得突破。

实践中，存在缺失必备的物有所值评价体系或财政承受能力论证有关基础数据失真，比如每年财政增长预测、年度折现率取值等，均没有统一的可靠的数据来源，这也使得财金〔2015〕21 号文第 16 条规定的“当年运营补贴支出数额”的公式在实践中难以使用，当前有不少项目已将年度折现率与合理利润率合并考量。

（4）不宜继续采用 PPP 模式实施。

相对于前述不得入库情形里的“不宜采用 PPP 模式实施的”情形，本项负面清单是强调在入库时满足规范要求，而在入库以后发生的规定情形导致项目不宜继续按 PPP 模式实施的。具体包括：

①项目入库之日起一年内无任何实质性进展的。所谓实质性进展系指入库以后，应当依法开展的项目社会资本采购、工程投资建设等项目实质性进展事项，对于工期短或无建设内容的，还涉及运营进展。从程度上看，是限于在指定期限内“无任何实质性进展”。实务中有不少项目在发起时未冷静分析其必要性，是头脑发热、跟随潮流或者谋求补贴，就先入库再看情况执行，也有项目设置采购条件过高或未能选定合适的社会资本参与。但无论如何，对于已入库项目，其项下政府支出责任已经财政承受能力论证进入本区域 PPP 项目有关政府支出的指标范围。在全部 PPP 项目年度预算支出不得超过政府一般公共预算支出的 10% 比例的总上限下，如果推动不力，显然会造成指标浪费，无谓挤占其他 PPP 项目的启动或实施空间。

②尚未进入采购阶段但所属本级政府当前及以后年度财政承受能力已超过 10% 上限的。PPP 项目财政承受能力论证要求的是本区域每一年度全部 PPP 项目需要从预算中安排的支出责任，占一般公共预算支出比例应当不超过 10%。由于本区域的 PPP 项目入库、退库和执行调整是动态的，入库前确定的某一时点的本区域全部 PPP 项目今后各年度政府支出责任只是暂时的，相

应的，财政承受能力论证结论也不是绝对的。此情形下，如何在动态监控本区域全部 PPP 项目支出额度是个比较复杂的问题。根据本项负面清单要求，通过财政承受能力论证后入库，在入库到社会资本采购资格预审挂网之前这段时期内，如果结合当前全部已 PPP 项目实施情况，本级政府当前及以后年度财政承受能力已超过 10%上限的，该已入库项目也应停止。

⑤项目发起人或实施机构已书面确认不再采用 PPP 模式实施的。实务中有不少原在进行 PPP 识别论证时不够严谨客观，到项目入库执行以后，实际情况较之预期发生了很大变化，需要调整规划，如增减项目，或改变项目内容、建设地点等。如果相对于项目已批复的可行性研究报告，调整超过 10%或对建设内容、建设地点发生重大变化的，需要重新走程序，原 PPP 社会资本采购相应的项目标的之基础也就发生了较大变化，基本需要重新进行社会资本采购，否则有规避招标投标程序之嫌疑。如此一来，不少项目在进入 PPP 执行环节后，由发起人或实施机构确认，不再按 PPP 模式实施。这类项目自然也应允许退出 PPP 项目库。

(5)不符合规范运作要求。

①未按规定转型的融资平台公司作为社会资本方的。

PPP 模式的一个核心追求是发挥市场在基础设施和公共服务项目全生命周期内的资源配置作用，调动和发挥市场化主体在投融资、设计、建设、运营上的优势。其中第二个“P”即“Private”本意也是指市场化的私人资本。对于未实现市场化转型的地方政府融资平台公司，不在社会资本的应有之义中。

同时，推行 PPP 模式所要解决的问题本身就包括原来长期依赖地方融资平台公司进行基础设施和公用事业项目投资，累积了大量的地方债务风险难以化解。因此不宜再让其作为 PPP 项目中的社会资本。否则对于地方基础设施和公共事业投资建设又回到了过去依赖平台公司、累积地方债务的老路上了，这不是 PPP 的初衷。

根据《财政部关于印发政府和社会资本合作模式操作指南(试行)的通知》(财金〔2014〕113 号)和《关于在公共服务领域推广政府和社会资本合作模式的指导意见》(国办发〔2015〕42 号)有关规定，判断平台公司是否已实现市场化转型，主要标准包括：是否已经建立现代企业制度、实现市场化运营，是否在其承担的地方政府债务已纳入政府财政预算、得到妥善处置并明确公告今后不再承担地方政府举债融资职能，以及是否还在银监部门的平台公司名单中，等等。

②实质性按建设-移交(BT)方式实施的。

《关于制止地方政府违法违规融资行为的通知》(财预〔2012〕463 号)第 2 条"切实规范地方政府以回购方式举借政府性债务行为"明确规定：除法律和国务院另有规定外，地方各级政府及所属机关事业单位、社会团体等不得以委托单位建设并承担逐年回购(BT)责任等方式举借政府性债务。对符合法律或国务院规定可以举借政府性债务的公共租赁住房、公路等项目，确需采取代建制建设并由财政性资金逐年回购(BT)的，必须根据项目建设规划、偿债能力等，合理确定建设规模，落实分年资金偿还计划。

③采购文件中设置歧视性条款、影响社会资本平等参与的。

结合《政府采购法》、《招标投标法》以及关于保障中心企业、民营企业权益的规范性文件，实务中有以下情形会构成在社会资本采购时设置歧视性条款：

i. 就同一采购项目向供应商提供有差别的项目信息；

ii. 设定的资格、技术、商务条件与采购项目的具体特点和实际需要不相适应或者与合同履行无关；

iii. 以特定行政区域或者特定行业的业绩、奖项作为加分条件或者中标、成交条件；

iv. 对供应商采取不同的资格审查或者评审标准；

v. 限定或者指定特定的专利、商标、品牌或者供应商；

vi. 非法限定供应商的所有制形式、组织形式或者所在地；

vii. 在确定社会资本方资格时，不得设置超过项目实际需要的注册资本金、资产规模、银行存款证明或融资意向函等条件，不得设置与项目投融资、建设、运营无关的准入条件。

viii. 将投标人的注册资本、资产总额、营业收入、从业人员、利润、纳税额等规模条件作为资格要求或者评审因素，也不得通过将除进口货物以外的生产厂家授权、承诺、证明、背书等作为资格要求，对投标人实行差别待遇或者歧视待遇。

ix. 除合法合规的投标保证金外，不得以任何其他名义设置投标担保要求，比如要求投标人在投标之前先在本地平台公司银行账户汇入一定资金作为担保。

④未按合同约定落实项目债权融资的。

社会资本未能按约完成融资交割，会导致项目建设存在资金不足风险。尽管 PPP 合同对此约定了违约责任，但为了保障项目持续实施，按本项负面清单规定，项目因此将被清理出库。需要特别说明的是，这项主要针对的是因社会资本一方过错导致的无法按约落实项目融资的情形，考虑社会资本融资能力有限，不足以履行合同义务，进而导致项目无法持续实施。对于因政府方原因导致的，在不至于到不能纠正或无法补救的情况下，可以另行酌情考虑。

⑤未依法缴纳项目资本金

在法律规范层面上，对项目资本金的缴纳要求是在签署 PPP 合同时，一次全部认缴，在项目建设期内根据建设进度逐步实缴到位。PPP 合同在此基础上还可以作进一步的约定安排。

⑥以债务性资金充当资本金

根据《国务院关于固定资产投资项目试行资本金制度的通知》(国发〔1996〕35 号)规定，项目资本金是项目总投资中，由投资者认缴的出资额，系投资人自有资金，对投资项目来说是非债务性资金，项目法人不承担这部分资金的任何利息和债务。因此，PPP 项目项下的资本金应由投资人以自有资金出资。在把握本项负面清单适用口径时，应执行穿透原则①。根据《关于规范金融企业对地方政府和国有企业投融资行为有关问题的通知》(财金〔2018〕23 号)规定，国有金融企业向参与地方建设的国有企业(含地方政府融资平台公司)或 PPP 项目提供融资，应按照“穿透原则”加强资本金审查，确保融资主体的资本金来源合法合规，融资项目满足规定的资本金比例要求。若发现存在以“名股实债”、股东借款、借贷资金等债务性资金作为项目资本金的，国有金融企业不得向其提供融资。这一项规定与国发〔1996〕35 号规定，即要求项目资本金是项目公司自有资金，来自股东的权益性出资。然而，对投资人即项目公司股东用于资本金出资的资金，也要求应当是其自有资金。这就是项目公司和其股东两层穿透，且在两个层面均不允许以债务性资金进行项目资本金出资。只是在实践中，由于项目公司一般为新成立的且是为项目专门成立的公司，其自有资金方便核查；而对于股东层面的自有资金的核查难以实现，因为股东成立较早、投融资项目多，所累积的资金难以区分是自有资金还是债务融资金。

⑦社会资本中选后由第三方代持股权的

首先，项目经合法采购程序选定社会资本以后，中选社会资本应当按招标

① 财政部金融司司长、PPP 工作领导小组办公室主任王毅于 2017 年 11 月 1 日在第三届 PPP 论坛上讲话指出，要坚持“穿透管理、公开透明”的原则。任何投资项目、任何金融活动，自己要投入一定的自有资金，再进行适度的融资，这是必须守住的底线。不能让政府的各种公共性基金作为资本金，更不要让社会资本用借款作为资本金，然后再用银行资金做运营。

投标文件和 PPP 合同自行履行项目投融资义务，不得自行指定其关联企业、子公司、基金等第三方代为履行出资义务。实务中，因社会资本出表要求，为达到项目公司债务不与母公司合并之效果，有部分社会资本在成交中选以后以股权融资方式，将基金或其关联企业作为名义股东承担项目公司股权出资义务，而后者不在中选社会资本范围。这明显构成规避社会资本公开采购的违法行为，应予整改纠正。其次，本项负面清单明确的是由“第三方”即中选社会资本之外的其他法律主体代持股的行为。那么，如果是中选社会资本联合体成员，只承揽项目施工或设计任务，不承担投融资责任的，在实质上也构成内部代持股权的行为，此种行为背离了社会资本投资人应承担项目投融资责任的本义，变相规避社会资本采购，也应引起高度注意和防范。

(6)政府违法违规为项目举债担保。

PPP 模式下，政府不承担项目融资风险，也不能为项目融资提供任何形式的担保，这是 PPP 模式能否有效化解地方债的关键所在，因此严禁政府方违法违规为 PPP 项目举债担保。在表现形式上包括以下四项：

①由政府或政府指定机构回购社会资本投资本金或兜底本金损失的。

②政府向社会资本承诺固定收益回报的。

③政府及其部门为项目债务提供任何形式担保的。

④存在其他违法违规举债担保行为的。

(7)未按规定进行项目信息公开。

就 PPP 项目信息公开与披露，财政部专门制定了《政府和社会资本合作(PPP)综合信息平台信息公开管理暂行办法》(财金〔2017〕1 号)。项目实施过程中需要按该规定及时公开项目信息，一方面不能不当公开，如违反国家有关法律法规，所公开信息与党的路线方针政策不一致或涉及国家秘密、商业秘密、个人隐私和知识产权，可能危及国家安全、公共安全、经济安全和社会稳定或损害公民、法人或其他组织合法权益的；另一方面也不能不完整公开或公开不及时，如不能未准确完整填写项目信息，入库之日起一年内未更新任何信息，或未及时充分披露项目实施方案、物有所值评价、财政承受能力论证、政府采购等关键信息。

(四)财金〔2018〕23 号规定不得对 PPP 项目提供融资的三种情形

《关于规范金融企业对地方政府和国有企业投融资行为有关问题的通知》(财金〔2018〕23 号)规定，国有金融企业应以 PPP 项目规范运作为融资前提条件，对于存在下列任一不规范情形的 PPP 项目，不得提供融资：

(1)对于未依法落实项目资本金来源的。一是在融资之前需要先落实资本金来源，二是经穿透审查，相应资本金为投资人自有资金，不是债务性资金。

(2)未按规定开展物有所值评价、财政承受能力论证的。

(3)物有所值评价、财政承受能力论证等相关信息没有充分披露的。对于需要充分披露的项目信息的口径具体执行《政府和社会资本合作(PPP)综合信息平台信息公开管理暂行办法》(财金〔2017〕1 号)有关规定。

(五)财金〔2018〕54 号文规定的"十二项不得"

根据《关于进一步加强政府和社会资本合作(PPP)示范项目规范管理的通知》(财金〔2018〕54 号)规定，从示范项目管理中总结出适用于规范 PPP 项目的十二项不得，具体如下：

(1)不得在本区域 PPP 项目支出已突破一般公共预算支出 10%的情况下再新上 PPP 项目。

(2)不得出现先实施 PPP 项目采购或执行、后进行 PPP 论证评估，即"先上车、后补票"的情况，不得在 PPP 项目物有所值评价和财政承受能力论证程序中有专家意见缺失或造假、测算依据不统一、数据口径不一致、仅测算单个项目支出责任等现象。

(3)不得设置明显不合理的准入门槛或所有制歧视条款。

(4)不得未经采购程序直接指定第三方代持社会资本方股份。

(5)国有企业或地方政府融资平台公司不得代表政府方签署 PPP 项目合同。代表政府方签署 PPP 项目合同是政府本身或经政府授权的实施机构，以便于落实政府方的监管和授予特许经营权以及政府付费有关安排。如果由国有企业或地方政府融资平台公司代政府签约，一是违反行政授权有关规范，PPP 模式下政府公权力不能授权企业执行；二是这与政企分开之理念完全背道而驰。需要特别提示的是，此处限制不仅是地方政府融资平台公司，还包括一切国有企业。

(6)地方政府融资平台公司不得作为社会资本方。

(7)PPP 合同中不得约定由政府方或其指定主体回购社会资本投资本金。

(8)不得弱化或免除社会资本的投资建设运营责任。这一负面清单要求对应实务中的表现形式多种多样，比如由地方政府平台公司或政府指定主体向项目提供融资支持或承担项目建设施工、运营任务；再如在项目合作期限内无正当理由，增加政府出资代表的股权比例及相应的投融资责任，还有在项目公司实际经营管理过程中，转而由政府出资代表一方实际控制。

(9)不得向社会资本承诺最低投资回报或提供收益差额补足。

(10)不得约定将项目运营责任返包给政府方出资代表承担或另行指定社会资本方以外的第三方承担。此处的“返包行为”至少包括将项目运营交由政府方出资代表及其指定主体直接实施和将项目运营单位交由政府方出资代表采购招选。

(11)不得以债务性资金充当项目资本金。

(12)政府不得为社会资本或项目公司融资提供任何形式的担保。根据《担保法》第八条和第九条规定，国家机关、学校、幼儿园、医院等以公益为目的的事业单位、社会团体不得作为保证人。《最高人民法院关于适用〈中华人民共和国担保法〉若干问题的解释》第三条进一步规定，国家机关和以公益为目的的事业单位、社会团体违反法律规定提供担保的，担保合同无效。在对本项负面清单理解和适用过程中，尤其应注意不得以“任何形式”提供担保的要求。具体可以分解如下：

首先是担保人角度，政府不能直接作为担保人，政府所属的融资平台以及学校、医院等公益性单位也不得作为担保人。实务中，存在学校和医院 PPP 项目，学校和医院也是 PPP 交易当事人之一，也不能为社会资本提供担保。

其次是被担保人角度，不仅包括社会资本投资人，还包括项目公司。即便是有政府出资代表出资参股的公司也不能成为政府一方的担保对象，实务中有要求政府出资代表按其对项目公司出资参股的比例承担项目融资担保责任的，构成违规。

最后是担保方式层面，包括但不限于出具担保函、承诺函、安慰函等直接或变相担保协议或以政府一方的财政收入、国有资产为社会资本和项目公司融资进行抵押或质押或作出按既定价格回购、固定回报以及承担偿还责任的相关承诺以及其他违法违规担保承诺行为。

(六)财金〔2019〕10 号文规定的“十一项不得”

《财政部关于推进政府和社会资本合作规范发展的实施意见》(财金〔2019〕10 号)在总结过去 PPP 项目经验和 PPP 项目近期不合规运作表现上，要求各级财政部门要将规范运作放在首位，严格按照要求实施规范的 PPP 项目，并申明以下十一项不得出现的行为：

(1)存在政府方或政府方出资代表向社会资本回购投资本金、承诺固定回报或保障最低收益的。

(2)通过签订阴阳合同，或由政府方或政府方出资代表为项目融资提供各种形式的担保、还款承诺等方式，由政府实际兜底项目投资建设运营风险的。

(3)本级政府所属的各类融资平台公司、融资平台公司参股并能对其经营活动构成实质性影响的国有企业作为社会资本参与本级 PPP 项目的。关于地方融资平台公司参股的国有企业能否作为社会资本参与 PPP 项目，在适用规范时，应注意违规情形限于同时满足以下条件：

①股东中有本级政府地方融资平台公司。

②上述地方融资平台公司能够对该国有企业的经营活动构成实质性影响。常见的如通过公司章程或其他公司规程制度掌握公司主要管理人员任命权、重大经营事项决策管理权等。

③上述国有企业参与投资的是本级政府的 PPP 项目。

(4)社会资本方实际只承担项目建设、不承担项目运营责任，或政府支出事项与项目产出绩效脱钩的。本项有关要求和实务具体表现在本书其他章节已多有描述，此不赘述。

(5)未经法定公开程序选择社会资本方的。此处的法定公开程序系指《政府采购法》、《招标投标法》和《政府和社会资本合作项目政府采购管理办法》(财库〔2014〕215 号)、《政府采购竞争性磋商采购方式管理暂行办法》(财库〔2014〕214 号)等规范性文件规定的 PPP 项目社会资本采购程序。需要特别指出的，社会资本采购应以公开招标程序为原则，如果适用竞争性谈判、单一来源采购等非招标方式，需要确认具体项目满足适用相应采购方式的条件，同时依法经有权部门批准确认。

(6)未按规定通过物有所值评价、财政承受能力论证或规避财政承受能力 10%红线，自行以 PPP 名义实施的。

(7)以债务性资金充当项目资本金，虚假出资或出资不实的。对于以实物资产出资的，必须经有资质的评估机构评估后作价出资并完成有关资产的过户登记手续，未经评估或未完成产权过户至项目公司有关登记的，构成虚假出资或出资不实。

(8)未按规定及时充分披露项目信息或披露虚假项目信息，严重影响行使公众知情权和社会监督权的。

(9)财政支出责任占比超过 5%的地区，不得新上完全依赖政府付费的纯公益性 PPP 项目，污水、垃圾处理类 PPP 项目在实质上属于经营性项目，不按纯公益性项目列入本项不得新上项目的范围之内。

(10)财政支出责任占比超过 5%的地区，新上项目中使用者付费的比例不得低于项目全生命周期成本的 10%。本项负面清单在适用时应注意：

①限于财政支出责任占比已超过 5%的地区，不是所有地区新上的采取 PPP 模式的项目。

②项目经营性收入占比的计算为项目使用者付费收入占项目全生命周期成本，含建设和运营期成本，具体依据实施方案数值确认。

③严禁通过将政府付费项目与无实质关联的使用者付费项目打捆，或者增加少量使用者付费内容等方式，虚增使用者付费收入额度，规避本项要求。一般而言，PPP 项目中使用者付费对应的经营性事项可以是项目本身特许经营权，比如收费公路项目；也可以是配套经营性资源，比如道路项目中的广告经营权收入、景区里的停车场收入等。但把项目规划范围外且与项目无实质性关联的经营性事项与项目捆绑，则是不计入项目使用者付费占比计算范围的。

(11)新签约项目不得从政府性基金预算和国有资本经营预算安排 PPP 项目运营补贴支出。由此，对于 2019 年 3 月 7 日后新签署 PPP 合同的项目，运营补贴支出不得再与包括土地出让收支预算在内的政府性基金预算和国有资本经营预算对接。

第三章　PPP项目和交易合规边界

言之于无事之时，足以为名，而恒苦于不信；言之于有事之前时，足以见信，而已苦于无及。

——(宋)苏轼

第一节　PPP项目范围合规边界

一、依法可采取PPP模式的项目范围

我国推行PPP模式的初衷是向社会资本开放部分基础设施和公共服务领域项目，通过市场手段优化基础设施和公共服务领域内的资源配置。十八届三中全会作出的《中共中央关于全面深化改革若干重大问题的决定》明确要求推进城市建设管理创新，其中包括允许社会资本通过特许经营等方式参与城市基础设施投资和运营。国务院多次颁布《关于鼓励和引导民间投资健康发展的若干意见》(国发〔2010〕13号)和《关于加强城市基础设施建设的意见》(国发〔2013〕36号)等规范性文件，鼓励和引导民间资本进入基础产业和基础设施领域市政公用事业和政策性住房建设领域以及社会事业领域，建立政府与市场合理分工的城市基础设施投融资体制，指出政府应集中财力建设非经营性基础设施项目，而在有合理回报或一定投资回收能力的可经营性城市基础设施项目中，要通过特许经营、投资补助、政府购买服务等多种形式，吸引包括民间资本在内的社会资金，参与投资、建设和运营，强调在市场准入和扶持政策方面对各类投资主体同等对待。

基于此，国务院办公厅转发财政部发展改革委人民银行《关于在公共服务领域推广政府和社会资本合作模式指导意见的通知》(国办发〔2015〕42号)指出，要在公共服务领域推广政府和社会资本合作模式，是转变政府职能、激发市场活力、打造经济新增长点的重要改革举措。在可采用政府和社会资本合作

模式的项目范围上，要求围绕增加公共产品和公共服务供给进行，包括能源、交通运输、水利、环境保护、农业、林业、科技、保障性安居工程、医疗、卫生、养老、教育、文化等公共服务领域。

其实，在 PPP 推广之初，财政部和国家发改委就颁布奠基性规范性文件，对可适用 PPP 模式的项目范围基于各自职责分别作出了进一步规定。

依据财政部颁布实施的《关于推广运用政府和社会资本合作模式有关问题的通知》(财金〔2014〕76 号)和《政府和社会资本合作模式操作指南(试行)》(财金〔2014〕113 号)等规范性文件，PPP 模式适用于投资规模较大、需求长期稳定、价格调整机制灵活、市场化程度较高的基础设施及公共服务类项目，PPP 示范项目应重点关注城市基础设施及公共服务领域，如城市供水、供暖、供气、污水和垃圾处理、保障性安居工程、地下综合管廊、轨道交通、医疗和养老服务设施等，优先选择收费定价机制透明、有稳定现金流的项目。

国家发改委颁布的《关于开展政府和社会资本合作的指导意见》(发改投资〔2014〕2724 号)则规定，PPP 模式主要适用于政府负有提供责任又适宜市场化运作的公共服务、基础设施类项目。燃气、供电、供水、供热、污水及垃圾处理等市政设施，公路、铁路、机场、城市轨道交通等交通设施，医疗、旅游、教育培训、健康养老等公共服务项目，以及水利、资源环境和生态保护等项目均可推行 PPP 模式。各地的新建市政工程以及新型城镇化试点项目，应优先考虑采用 PPP 模式建设。

PPP 模式的适用范围限于基础设施和公共服务，即带有“公共产品”属性的项目。同时，又不能将 PPP 项目就与基础设施和公共服务项目画等号，换言之，不是所有基础设施和公共服务项目均适用采取 PPP 模式。因此，就可依法采取 PPP 模式的项目范围而言，在要点把握上应注意分阶段辨析，一是在性质上要求具有公共产品属性，二是在运作方式选择上采取 PPP 模式比较采取政府传统的直接投资模式更有效率和效益。笔者依据截至目前适用的有关规范性文件，归纳 PPP 模式适用项目范围的特点如下：

(一)属于公共服务领域里的项目

根据财政部《政府和社会资本合作项目财政管理暂行办法》(财金〔2016〕92 号)规定，本办法规范对象包括中华人民共和国境内能源、交通运输、市政公用、农业、林业、水利、环境保护、保障性安居工程、教育、科技、文化、体育、医疗卫生、养老、旅游等公共服务领域开展的各类 PPP 项目。该办法一共明确列举了 15 类公共服务项目。

同年，国家发改委颁布的《关于切实做好传统基础设施领域政府和社会资本合作有关工作的通知》(发改投资〔2016〕1744 号)规定，各地发展改革部门要会同有关行业主管部门等，切实做好能源、交通运输、水利、环境保护、农业、林业以及重大市政工程等基础设施领域 PPP 推进工作。该通知明确列举了能源、交通运输、水利、环境保护、农业、林业以及重大市政工程等 7 类基础设施领域项目。

通过比较不以难发现，国家发改委强调的基础设施领域项目都在财政部规定的公共服务领域范围之内。其原理其实也并不复杂，任何公共服务必须建立在一定的基础设施之上，基础设施与公共服务是公共产品本体之两面，前者强调资产实物状态，后者强调功能与服务状态，两者也无法单独拆分来看。比如一个道路项目，道路本身从实物上讲是作为基础设施存在，而其功能或服务为向社会大众和车辆提供通行服务，单独讲道路实物或只强调通行服务均是不全面的。

(二)项目规模较大、需求长期稳定

从前述财政部和国家发改委列举的可采取 PPP 模式的项目可以看出，相关项目规模较大、需求长期稳定，这也是公共服务类项目的特点。公共服务的对象是社会大众，受众广泛决定着项目投资建设规模相对于本区域内其他项目较大。同时公共服务解决的多为本区域公众长期稳定的基本需求，对应公共服务的供给也应当是长期稳定的。PPP 项目原则上的合作期限应当超过十年。

如污水、垃圾处理项目就属于较为典型的关于公众长期基本需求的公共服务项目。财政部、住建部等四部委联合下发《关于政府参与的污水、垃圾处理项目全面实施 PPP 模式的通知》(财建〔2017〕455 号)要求，对政府参与的污水、垃圾处理项目全面实施 PPP 模式。

(三)项目具有运营内容

《关于规范政府和社会资本合作(PPP)综合信息平台项目库管理的通知》(财办金〔2017〕92 号)规定，仅涉及工程建设，无运营内容的项目，不得通过 PPP 模式实施。此处的运营内容要求本书其他章节已有充分表述，此不赘述。

(四)政府负有提供义务且适宜市场化的项目

PPP 模式不仅有政府等公共部门的公益性诉求，还应有社会资本的盈利性诉求。因此，只强调项目属于公共服务领域是不够的，还应突出 PPP 项目

适宜由社会资本承担的特点。

首先，可采取 PPP 模式的公共服务项目应在政府供应职责范围内。公共服务事项庞杂多样，并非全部由政府负责提供，还有一些非由政府提供的公共服务项目。PPP 项目为政府向社会资本提供公共服务进行采购并支付有偿对价的项目，这些项目既然不由政府负责供应，则不在 PPP 项目对接范围内。

其次，对于在政府供应职责范围内的公共服务项目，还应适宜向社会资本采购。政府承担供应义务的公共服务项目，有一部分涉及国家安全和公共利益，不适宜商业化运作，不适宜由社会资本承担的，只能由政府自身直接提供。这就没有了可 PPP 运作的基础和前提，因此应排除在 PPP 项目范围之外。根据《国务院办公厅关于政府向社会力量购买服务的指导意见》(国办发〔2013〕96 号)规定，对应当由政府直接提供、不适合社会力量承担的公共服务，以及不属于政府职责范围的服务项目，政府不得向社会力量购买。

财政部和国家发改委有关规范性文件也反复强调，PPP 模式对接的项目应是政府负有提供义务且适宜市场化的项目。具体而言至少有以下几层含义：

其一，只有可以交由社会力量具体实施投资、建设或运营的公共服务项目，方可采取 PPP 模式实施。

其二，这类项目技术和业务模式较为成熟，价格调整机制灵活，市场化程度较高，可以承担供应工作的社会资本较多。

其三，优先鼓励由一定经营性收入的、有稳定现金流的项目采取 PPP 模式实施。

发改投资〔2014〕2724 号文将基础设施项目划分为经营收费能够完全覆盖投资成本的经营性项目和对于经营收费不足以覆盖投资成本、需政府补贴部分资金或资源的准经营性项目以及没有经营收入、主要依靠“政府付费”回收投资成本的非经营性项目。我国 PPP 规范文件鼓励后两类项目采取 PPP 模式，对于政府付费项目按 PPP 模式实施管控越来越严。在推行 PPP 项目之初期，有大量完全依赖政府付费的 PPP 模式入库；到《关于规范政府和社会资本合作(PPP)综合信息平台项目库管理的通知》(财办金〔2017〕92 号)颁布时，强调谨慎推行纯政府付费项目；再到《财政部关于推进政府和社会资本合作规范发展的实施意见》(财金〔2019〕10 号)颁布时，要求对于财政支出责任占比超过 5%的地区，不得新上政府付费项目。

(五)应当是依法通过了物有所值评价和财政承受能力论证的项目

根据我国 PPP 规范，必须依照法定程序通过物有所值评价和财政承受能力论证来验证采取 PPP 模式的必要性，具体程序前章已述及，此不赘述。

对于未通过物有所值评价和财政承受能力论证的项目，即便符合前述规范和政策，也不采取 PPP 模式实施。

（六）项目不在规定的 PPP 项目负面清单之内

关于可采取 PPP 模式实施的项目的负面清单主要有：

（1）根据《预算法》规定，不具有公益属性的商业项目，不应列入财政预算支出科目；

（2）根据《关于联合公布第三批政府和社会资本合作示范项目加快推动示范项目建设的通知》（财金〔2016〕91 号）规定，土地收储和前期开发不应包含在 PPP 项目范围内。

（3）根据《关于规范政府和社会资本合作（PPP）综合信息平台项目库管理的通知》（财办金〔2017〕92 号）规定，不适宜采用 PPP 模式实施的项目包括不属于公共服务领域，政府不负有提供义务的，如商业地产开发、招商引资项目等；因涉及国家安全或重大公共利益等，不适宜由社会资本承担的；仅涉及工程建设，无运营内容的；其他不适宜采用 PPP 模式实施的情形。

此外，笔者也发现，国家除鼓励具有一定经营收入的项目采取 PPP 模式之外，也支持存量项目进行 PPP 改造。国办发〔2015〕42 号文指出，要积极引进社会资本参与地方融资平台公司存量项目改造，争取通过政府和社会资本合作模式减少地方政府性债务。《关于加快运用 PPP 模式盘活基础设施存量资产有关工作的通知》（发改投资〔2017〕1266 号）进一步对存量项目转 PPP 模式进行了全面细致的规定，要求运用 PPP 模式盘活基础设施存量资产、形成良性投资循环。

二、PPP 项目的公共服务属性与商业运营的界线

如前所述，PPP 项目的公共服务属性，使之与不具有公益属性的商业项目相对，并明确把商业地产开发、招商引资项目等排除在 PPP 适用项目范围之外。然而，国家又鼓励具有一定经营收入的准经营性和经营性项目采取 PPP 模式，限制过于依赖政府付费的项目入 PPP 综合信息管理库。因此，如果要规范实施 PPP 项目，需要解决好项目公益性和商业运营这一对矛盾。

首先，PPP 项目中的经营收入作为使用者付费之基础，不是单纯以商业盈利为目的，不同于普通商业经营项目。

一般而言，PPP 项目经营性收入包括项目本身收入现金流、项目配套项

目现金流和外部补偿现金流，如收费公路的通行费收入、停车场配套的停车费收入、作为项目补偿性经营性资料的广告牌收入等。

在实务中，大量经营性和准经营性项目项下设置有经营性事项或附属子项，如特色小镇项目里的餐饮住宿、绿道项目里的驿站商铺经营和电动车、广告、停车场等。不宜一刀切地认为，有经营性收入的项目即为普通的纯盈利性的商业项目，不应包含在 PPP 合作范围内。基础设施或公共服务项目必要的配套经营性项目虽有商业经营行为，但也是 PPP 项目可以包容的。

对于项目中的公共属性与商业属性判断是性质谈判，所凭据的不单纯是经营性的方式手段，重点是判断项目是否属于公共服务领域以及是否体现政府公共管理职责等。笔者结合项目操作实务，归纳以下几项可供参考的具体标准。

第一，PPP 项目在投资回报上设有限制或管制措施。

PPP 项目保障社会资本具有合理回报，并需要依据所提供公共服务的绩效成果获得，同时对项目可能的超额收益设置限制措施，不允许借助公共资源或特许经营进行商业垄断或获取商业暴利。PPP 项目投资回报基于其公共服务属性，其盈利空间应当而且只能在合理范围内，项目实施机构和政府有关主管部门会实施针对性监管措施。这是相对于普通的完全市场化的商业项目一个较为明显的特点。

第二，PPP 项目所形成的公共服务涉及使用者付费的，其价格和收费政策应具有扶持性、公益性。

PPP 项目实施形成的公共服务需要由社会资本向使用者收费的，其价格和收费政策应当体现公共产品属性。如对于收费公路项目而言，在价格上受物价局结合项目建设运营成本和合理回报核定，按收费许可收费，还应执行政府制定的节假日免通行费以及特殊车辆优惠收费的公共政策，不允许暴利或加重社会负担，体现政府公共管理职责。再如对于产业园孵化器项目中政策性用房的租赁价格，应低于一般同类市场公允价格，以体现政府扶持产业、创业之公益性目的和公共管理职能。再如地铁或文旅项目，对于学生、军人、老人等特殊群体，在收费价格上应给予优惠。

第三，对于项目合作内容主体外的配套性补偿性的经营性资源，其运营收入之目的在于弥补政府补贴之不足，减轻政府债务负担，这也是公益性项目属性的体现。

PPP 项目本身如果不含运营收入、缺乏使用者付费之基础，为了维系该项目的整体使用功能和减轻政府补贴之负担，可以配置部分经营性资源作为补偿。根据财政部《政府和社会资本合作模式操作指南（试行）》（财金〔2014〕113

号)和国家发改委《关于开展政府和社会资本合作的指导意见》(发改投资〔2014〕2724 号)有关规定，依法依规为准经营性、非经营性项目配置土地、物业、广告等经营资源。在实务中，多体现为在 PPP 项目中根据项目实际需要配置必要的广告经营权、停车场等项目配套的经营性资源作为社会资本投资补偿。相关配套经营项目尽管通过商业运营获得收益，但所获收益用于弥补政府补贴之不足，减轻政府债务负担。在激励相容、保障合理回报的大原则下，这一部分的商业经营不影响项目整体作为公共服务项目的属性。

2019 年 7 月，财政部办公厅作出《关于征求〈政府会计准则第 10 号——政府和社会资本合作安排〉及应用指南意见的函》(财办会〔2019〕22 号)，相应的《政府会计准则第 10 号——政府和社会资本合作安排》(征求意见稿)第三条即规定，本准则适用于同时满足以下条件的 PPP 安排：(一)授予方控制或管制运营方使用 PPP 服务资产提供公共服务的类型、对象和价格；(二)协议或合同结束时，授予方通过所有权、收益权或其他形式控制 PPP 服务资产的重大剩余权益。可见，在规范运作的 PPP 模式下，即便项目包含了商业运营的内容，但 PPP 服务资产的类型、对象和价格以及服务资产的重大剩余权益等均受政府方控制和管制，这也正印证了上述关于 PPP 项目运营公益性和体现政府方公共行政管理职能的特点。

三、关于将征拆费用纳入 PPP 合作范围的合规性

在当前推行的多数基础设施 PPP 项目中，均存在“将巨额项目用地征拆费用由社会资本方承担，再由政府采购”的情况，尤其是对于拆迁费用金额较大或在项目工程总投资中占比较高的，有关部门应打破按传统政府投资项目可行性研究形成的项目投资思维方式，结合 PPP 有关规范性文件和国土部门有关规定，高度关注其合规性问题。如果不加控制，必会形成新型的地方政府及平台公司“变相融资”，造成 PPP 泛化滥用之乱象，最终影响国家推行 PPP 之效果。

在 PPP 项目中，一般由政府方承担提供满足开工建设条件的净地作为项目用地即供地责任。如果项目用地涉及征用拆迁及其补偿安置和场地平整的，由政府方负责完成有关工作。而在当前 PPP 实践中，多数依据项目可研报告，将项目用地巨额的征拆及补偿安置费用，以“建设用地费”或“征拆费用”的名义安排由社会资本方承担，已由政府及其平台公司承担的，由社会资本方负责“偿还”；社会资本方承担相关支出后，再与项目工程建安费一并计入项目投资成本，最终由政府采购或从项目特许经营权收益中收回。这已然成为 PPP

项目运作当中的惯例。而且，不少新建市政基础设施类PPP项目中的“建设用地费”金额高达数亿或十数亿、比例超过项目工程总投资的50%以上。这一现象已引起多地财政等监管部门密切关注，因为承担征迁费用毕竟不同于承担项目建设运营，操作不当即构成假借“PPP”名义包装不应属于PPP合作范围内事项，进行变相融资。

财政部《PPP项目合同指南(试行)》第二章“PPP项目合同的主要内容”第六节“项目用地”中载明“即使由政府方负责取得土地权利以及完成相关土地征用和平整工作，也可以要求项目公司支付一定的相关费用。具体项目公司应当承担哪些费用和承担多少，需要根据费用的性质、项目公司的承担能力、项目的投资回报等进行综合评估。例如，实践中项目公司和政府方可能会约定一个暂定价，项目公司在暂定价的范围内承担土地使用权取得的费用，如实际费用超过该暂定价，对于超出的部分双方可以协商约定由政府方承担或由双方分担。”不少咨询机构据此草率认为，关于拆迁费用分担只要政府与社会资本方双方商定即可，不受上限约束。

财政部《PPP项目合同指南(试行)》上述表述对于PPP实践的指导和规范意义显然是不够的，且不够严谨，还应强调，双方协商征拆费用分担应遵守国家法律法规以及财政部、国土部颁布的有关规范性文件规定。

那么，将巨额拆迁费用纳入PPP合作范围是否合规或应当如何设定合规边界，是本节尝试探讨的问题。这一问题涉及当前实施的众多PPP项目，关乎国家推行PPP的初衷和效果以及部分地方政府及平台公司“变相融资”操作的研判。

(一)关于由社会资本承担征拆费用的合规性

根据《关于联合公布第三批政府和社会资本合作示范项目加快推动示范项目建设的通知》(财金〔2016〕91号)规定，PPP项目社会资本或项目公司不得作为项目主体参与土地收储和前期开发等工作，包括项目用地有关征拆及补偿安置和土地整理等工作。那么，如果由政府或政府指定平台公司承担上述具体工作，再由PPP项目公司或社会资本以“建设用地费用”名义出钱给政府方使用，再将有关支出纳入PPP项目总投资和政府采购，是否就合规了呢？笔者认为，由社会资本承担征拆费用不同于承担项目投资、建设和运维，需要区别看待。

第一，由社会资本承担征拆费用，融资属性较强，相关服务不属于“公共产品”。

单纯从由社会资本承担征拆费用来看，这一“服务”显然即不属于传统基础设施，也不构成公共服务。只是按传统政府投资项目模式，在编制项目可研报告时，将项目用地征拆有关费用与项目建安费用等一并作为项目投资成本。因此，从财务角度看，征拆费用支出属于项目完整投资成本的组成部分。

但从交易实质上看，先由社会资本承担征拆费用，再由社会资本从政府支付对价中收回前期支出，属于融资行为。就当前 PPP 口径下的“基础设施和公共服务”，社会资本的投资建设运营投入将形成具有一定功能的公共产品，产生具有公共效益的价值，再通过与政府采购交换收获投资和合理回报，这就是 PPP 交易实质中的“买卖(采购)关系”。而由社会资本承担征拆费用再采购，未能体现上述价值转换，更贴近“借贷关系”，而非“买卖关系”。

也正是因为这个原因，征拆费用的投资回报与建安费投资回报不应相同，笔者也注意到有部分项目已将两者区分设置回报率。而前者回报率的主要参照标准就是银行同期贷款利率。

第二，由社会资本承担征拆费用，无从安排绩效考核。

根据《国务院办公厅转发财政部发展改革委人民银行关于在公共服务领域推广政府和社会资本合作模式指导意见的通知》(国办发〔2015〕42 号)规定，“双方按照平等协商原则订立合同，明确责权利关系，由社会资本提供公共服务，政府依据公共服务绩效评价结果向社会资本支付相应对价，保证社会资本获得合理收益。”在 PPP“买卖关系”下，纳入 PPP 合作范围内的事项应具有“可用性”，即能够产生公共服务绩效，因此才可以设定相应的考核指标体系进行量化考核。

而对于由社会资本承担征拆费用一事，因项目用地征拆费用均有既定的范围和标准，支付进度由政府方主导，无法直接体现公共产品的可用性，也无从考核。在当前 PPP 实践中，是将其与建安费一并归入已建成项目设施或已形成“公共服务”的“公共服务绩效”考核的。而实际上，由社会资本承担征拆费用支出与项目产生的公共服务绩效优劣并无直接或必然的关系；是否由社会资本方承担征拆费用，并不必然影响社会资本方所提供公共产品的效益绩效。

第三，由社会资本承担征拆费用，无法体现相较于政府传统采购模式的优势，不利于促进公平竞争。

《政府和社会资本合作模式操作指南(试行)》(财金〔2014〕113 号)第 8 条规定，物有所值“定性评价重点关注项目采用政府和社会资本合作模式与采用政府传统采购模式相比能否增加供给、优化风险分配、提高运营效率、促进创新和公平竞争等”。而相较于政府直接承担征拆费用模式，先由社会资本方承担征拆再由政府采购，在项目投资成本、运营效率等方面并不能产生较大差距，但确实可以短暂解决因政府方财力有限难以覆盖大量项目用地征拆支出而产生的资金缺口问题，但这并不是国家推行 PPP 模式的初衷，反而应是重点防控的风险端倪，否则易使地方政府不切实际的“大干快上”，继续增加地方债务负担。

同时，《国家发展改革委关于开展政府和社会资本合作的指导意见》(发改投资〔2014〕2724 号)第 3 条“合理确定政府和社会资本合作的项目范围及模式”规定“PPP 模式主要适用于政府负有提供责任又适宜市场化运作的公共服务、基础设施类项目。”这里的“适宜市场化”即是强调：对于纳入 PPP 合作范围的事项，应能够尽可能吸引各类社会资本，体现通过市场充分竞争选择的采购效果。

《关于在公共服务领域深入推进政府和社会资本合作工作的通知》(财金〔2016〕90 号)进一步规定“积极引导各类社会资本参与。各级财政部门要联合有关部门营造公平竞争环境”，尤其强调“不得以不合理的采购条件(包括设置过高或无关的资格条件，过高的保证金等)对潜在合作方实行差别待遇或歧视性待遇，着力激发和促进民间投资。对民营资本设置差别条款和歧视性条款的 PPP 项目，各级财政部门将不再安排资金和政策支持”。

而由社会资本方承担巨额征拆费用并将之作为采购条件，不能公平体现各类社会资本参与项目的竞争能力，尤其对于融资资源有限的民营资本，相较于资金充裕或融资渠道众多的国有企业而言，无疑是带有歧视性的安排，或者至少会被利用以抬高采购条件。

第四，由社会资本承担征拆费用，会影响政府与社会资本方的责任风险的分担格局。

实践中，由社会资本承担征拆费用的情形可分为两类：一类是政府或平台公司已完成了征拆，相关征拆费用已由政府支付，再由项目公司将政府方“垫付”的征拆费用“归还”政府方；另一种是项目尚未完成征拆补偿，需要项目公司按政府指令将征拆费用支付给负责征拆的政府方使用。

对于第一类情形，实际上是政府方通过项目公司抽回已支付的征拆资金，并转由社会资本方垫支，由此形成的资金占用费以投资回报的方式计入政府采购对价。此举尽管没有影响政府方承担供地责任，但将“垫支”有关投融资责任转由社会资本方承担，同时增加了基于政府采购立场的项目总投资成本。

对于第二类情形，如果项目公司未能及时到位征拆资金，在政府方没有后补资金的情况下，势必影响项目征拆，进而影响项目用地供应和项目进展。此时，项目用地未及时供应的责任转由项目公司承担。

如果在项目实施方案或合同文件中未厘清上述有关责任风险的分担，则可能导致政府方和社会资本方相互推诿，最终影响项目实施。

（二）关于 PPP 项目用地征拆费用分担的管控建议

鉴于在 PPP 项目中由社会资本方先行承担项目用地征拆费用系融资行为，建议对此实施管控，规范操作。具体如下：

首先，《关于联合公布第三批政府和社会资本合作示范项目加快推动示范项目建设的通知》（财金〔2016〕91 号）规定“PPP 项目的资金来源与未来收益及清偿责任，不得与土地出让收入挂钩”。又根据《国有土地使用权出让收支管理办法》（财综〔2006〕68 号）规定，包括征拆支出在内的土地费用支出实行严格的“收支”两条线，如果项目用地为出让地且由社会资本方承担征拆费用的，未来政府用以采购 PPP 项目的资金来源必将与土地出让收入挂钩，这是违反当前政策的。因此，对于项目用地为出让地或拟在合作期限内转为出让地的，不应由社会资本方承担征拆费用。

其次，对于政府方以划拨方式提供项目用地的，鉴于征拆费用承担不宜列入 PPP 合作范围，且无法进行物有所值评价和绩效考核，建议尽量不安排由社会资本承担征拆费用，尽量由政府通过其他方式筹资解决。根据《关于规范土地储备和资金管理等相关问题的通知》（财综〔2016〕4 号）规定，政府可通过发行地方政府债券或另行通过政府专门购买拆迁安置补偿服务的方式解决。

再次，当前多数市政基础设施项目均包含有由社会资本方承担征迁费用的安排，这是基于政府及其平台公司可用财力不足的现实性选择，但仍应规范运作、防范风险。对于已政府或平台公司支出的项目用地征迁支出，尽量不再转由项目公司“垫支”；对于 PPP 项目社会资本方介入后新发生的征拆费用，如果确有必要由项目公司承担的，应限于 PPP 项目本身供地需要，而不应包括 PPP 项目外的其他建设用地费用，同时应从需要社会资本方承担的绝对金额及其在项目工程投资中所占比例上应加以限制。

第二节 PPP 交易合规边界

如果站在法律角度梳理 PPP 模式合规性要求，就需要从交易角度观察透析 PPP 运作。关于 PPP 交易之合规边界的核心内容有二，一是 PPP 模式下社会资本合理回报的边界，二是 PPP 交易与 BT、EPC、政府采购服务有关交易内容与法律关系的区别。

一、PPP 模式下社会资本的合理回报

随着政府与社会资本合作(简称 PPP)项目的井喷，具体项目在推进落地中的诸多细节问题也暴露出来。其中，社会资本合理回报是当下政府与社会资本合作的痛点、痒点。2016 年 4 月 15 日，国家发展改革委投资司还专门召开了 PPP 项目投资回报机制研究座谈会。部分省份就项目投资回报机制还出台有统一上限标准，要求各地均不得突破。实务中多数项目是参照所采集的近期同类项目采购结果确定，但因项目细分科目类别、竞标标的、回报机制的不同，何谓合理的回报标准也莫衷一是。

在政府与社会资本合作关系下，探讨社会资本投资合理回报机制问题，需要兼顾政府方的公共利益和社会资本商业利益，至少体现以下几个方面的价值趋向与平衡：

首先，从利益的内涵上讲，政府在 PPP 项目中负有代表公众维护秩序、改善民生的公益性诉求，诸如增加或提升基础设施功效、改善环境以及降低公共产品成本、防止经营管理者暴利等；而社会资本在 PPP 项目的主要目的是实现企业投资的经济效益，这一点是毋庸讳言的。

这两方面价值取向存在冲突，需要平衡兼顾。而当前在推进 PPP 项目过程中，由于政府方处于强势地位，在设置涉及社会资本采购核心遴选条件时，过于强调公益性而将利润率压到最低，使 PPP 项目成了财力或资源雄厚的大型国有企业才敢参与的项目，民营企业在低回报率所形成的“玻璃门”、“隐形门”前，多数只能望洋兴叹。笔者认为，这不符合政府与社会资本合作模式的初衷，社会资本(private)的本意应当是民间资本，而非国有资本，唯真正实现吸引民间资本投资才能保证 PPP 项目投资需求的最大化；而且从长期来看，社会资本遴选规则只有使不同禀赋的国有企业与民营企业均可以公平参与，才能走得更长远。

其次，从基础设施与公共服务项目管理手段层面讲，社会资本回报合理性应当体现行政管理与市场机制博弈进而达成的共识。在 PPP 项目中，政府应退出具体投资运营管理事务，专注履行法定或合同约定的行政监管与绩效考核职责；而社会资本则自主发挥其在投融资、运营维养管理方面的经验特长，实现经济效益最大化。社会资本通过多元融资、精细管理追求投资回报，须在政府对公共产品有关服务和价格的监管之下。政府处在监管立场常无法理解或接受社会资本通过自身融资和运营特长所节约的成本或所实现的效益，社会资本

认为其通过正当努力取得的合理回报，在政府看来却是涉嫌危及公共利益的暴利。良性的 PPP 规则也应当能够对此加以辨别并区别对待，而不仅仅是从利润率或利润额度上认定社会资本回报是否正当合法。

再次，PPP 项目得以被政府大力推行，自然是这种合作模式确实能够大量减少地方政府财政支出，有效降低政府资金压力。但社会资本回报率始终是政府方最担心的影响物有所值评价的因素，尤其对于涉及政府付费的 PPP 项目而言，社会资本回报的增加势必会部分抵消预期的节约财政支出、提高财政效益之功效。那么，PPP 项目中社会资本的回报也应在最大程度地降低政府财政支出、取得最好社会效益与实现社会资本投资收益最大化之间寻找平衡点。

最后，PPP 项目强调的风险分担和利益共享是一个问题的两面，即风险分担应与所获得的收益相匹配。因此，不能仅从社会资本收益高低评判其所获得回报的正当性，还要考虑社会资本为此承担的风险和付出的代价以及最终能够提供的公共产品或服务所带来的社会效益。

综上，对社会资本回报是否合理的评判，应在能否兼顾平衡政府方和社会资本方价值取向与利益诉求的基础上进行，过于强调任一方诉求或基于政府与社会资本的社会地位的轻重不同来评判项目可行性与正当性，均有失偏颇。

（一）社会资本回报合规性标准

前述探讨了社会资本合理性的内涵，若能明确相应的合理区间，则更有实践意义。

1. 社会资本回报合理区间确定原则和基准

(1)社会资本回报合理区间。

PPP 项目鼓励建立合理的利益共享机制。通过政府核定经营收费价格以及以购买服务、可行性缺口补助等方式，实现项目建设运营的自我平衡，既要保障公共利益，提高公共产品服务质量和效率，又要避免企业出现暴利和亏损，实现“盈利但不暴利”。设置社会资本合理回报，稳定社会资本收益预期。既要充分调动社会资本积极性，又要防止不当让利或利益输送。

这是对社会资本回报合理区间的笼统描述。

(2)社会资本合理回报之基准。

参照财政部《PPP 项目合同指南(试行)》中对公共交通类项目“保证合理回报原则”的规定，项目公司在收回投资成本后，应获得与同行业平均收益率相适应的合理收益回报，并强调收费不得过分高于使用者可承受的合理范围。

由此，笔者认为，PPP 项目中社会资本投资合理回报的基准为 PPP 项目所属相同行业的平均收益率。

因 PPP 项目投资期限长，在具体计算社会资本投资回报时，有两项关键系数：折现率和合理利润率(含资金使用收益率)。根据《政府和社会资本合作项目财政承受能力论证指引》(财金〔2015〕21 号)规定，政府每年直接付费金额包括社会资本方承担的年均建设成本(折算成各年度现值)、年度运营成本和合理利润，再减去每年使用者付费的数额。其中：

①年度折现率应考虑财政补贴支出发生年份，并参照同期地方政府债券收益率合理确定。

②合理利润率应以商业银行中长期贷款利率水平为基准，充分考虑可用性付费、使用量付费、绩效付费的不同情景，结合风险等因素确定。

2. 社会资本回报的规制界限

从现行规定看，社会资本回报至少存在以下规制界限：

(1)社会资本回报应透明合规，接受政府方审计监督。

PPP 项目基本为基础设施和公用事业项目等公益性项目，涉及政府财政支出或者公共利益，若社会资本投资回报不够透明合规，难以保障国家财政和公共利益。为此，政府依法对该类项目进行审计监督，即政府审计机关依法独立检查被审计单位的会计凭证、会计账簿、财务会计报告以及其他与财政收支、财务收支有关的资料和资产，确认财务收支的真实、合法。审计监督方式包括跟踪审计和竣工决算审计。

(2)社会资本投资回报对应的财政支出不应超出财政支出责任上限。

根据《政府和社会资本合作项目财政承受能力论证指引》(财金〔2014〕21 号)规定，每一年度全部 PPP 项目需要从预算中安排的支出责任，占一般公共预算支出比例应当不超过 10%。省级财政部门可根据本地实际情况，因地制宜确定具体比例，并报财政部备案，同时对外公布。

政府所辖区域中各 PPP 项目社会资本当年度投资回报涉及政府付费、可行性缺口补助等财政支出的，对应的政府财政支出应在政府方当年度财政一般公共预算 10%之内。

(3)政府不能通过保底承诺、固定回报等变相融资方式承诺社会资本投资回报。

根据国务院《关于加强地方政府性债务管理的意见》(国发〔2014〕43 号)规定，政府对 PPP 项目的注资、财政补贴等行为必须合法合规，不得承诺固定投资回报；同时，政府不得违法为任何单位和个人的债务以任何方式提供担保。《基础设施和公用事业特许经营管理办法》也明确规定，政府不得承诺固定投资回报和其他法律、行政法规禁止的事项。财政部《关于进一步做好政府和社会资本合作项目示范工作的通知》(财金〔2015〕57 号)规定：严禁通过保底承诺、回购安排、明股实债等方式进行变相融资，将项目包装成 PPP 项目。《关于在公共服务领域深入推进政府和社会资本合作工作的通知》(财金〔2016〕90 号)规定：充分体现“风险分担、收益共享、激励相容”的内涵特征，防止政府以固定回报承诺、回购安排、明股实债等方式承担过度支出责任。

PPP 项目交易中，政府向社会资本购买符合条件或要求的公共产品或服务，是买卖关系，而非借贷关系。保底承诺或固定回报，因会导致 PPP 项目中的社会资本投资成为政府与社会资本之间的借贷关系，构成变相融资，不符合减轻地方政府债务的 PPP 宗旨，故被明令禁止。

(二)社会资本回报机制设计要点

在前述关于社会资本投资回报合理性界定和相关规制界限框架下，笔者建议，在 PPP 实务运作中，设计社会资本回报机制时应注意以下要点：

1. 社会资本投资回报系社会资本提供公共产品或服务的对价。

无论是使用者付费、政府付费还是可行性缺口补助，社会资本得以收回投资成本以及获得合理回报系基于其按政府和社会资本合作协议约定，提供了相应的公共产品或服务，故社会资本投资回报应当是社会资本提供公共服务按一定绩效评价结果所获得的相应对价。对此，国办发〔2015〕42 号文的表述是“在政府和社会资本合作模式下，政府以运营补贴等作为社会资本提供公共服务的对价，以绩效评价结果作为对价支付依据，并纳入预算管理、财政中期规划和政府财务报告”。

财政部《关于印发政府和社会资本合作模式操作指南(试行)的通知》(财金〔2014〕113 号)明确政府付费的定义是政府直接付费购买公共产品和服务，并根据设施可用性、产品和服务使用量和质量等付费依据的不同，分为可用性付费(Availability Payment)、使用量付费(Usage Payment)和绩效付费(Performance Payment)。

以固定回报或保底承诺等方式变相向社会资本融资的，实质上是政府假借 PPP 模式向社会资本借款，相应社会投资回报的实质仅为社会资本投资本金和利息，并非社会资本提供公共服务或产品的对价。后者为基于买卖标的品质价值的买卖关系，而前者为基于资金转移占用的借贷关系。社会资本回报机制设计应注意回避涉及资金借贷关系，而必须强调政府采购款项的金额与支付与社会资本提供公共产品或服务的可用性、使用量和绩效挂钩，必须清晰设定相应的公共产品标的物的规格或标准，并设计相应交付范围、流程、可用性检验、绩效考核、质量瑕疵担保以及基于此对支付采购款项请求的抗辩机制等。

2. 合理设计项目保底量与超额收益分配机制

(1)保底量机制设计。

为稳定项目运营预期，多数经营性或半经营性项目设有政府方保底量承诺，诸如收费公路中的车流量保证、地铁项目中的客流量保证、电厂项目的购电量保证、垃圾及污水处理项目中的垃圾或污水处理量保证等。

保底量机制在实务中较为常见。笔者看来，其内在逻辑是：对于由政府发起的半经营性或经营性项目，其建设的必要性在于能够达到项目产出说明、可行性研究报告陈述的项目使用量，政府所作的保底量承诺是基于已审批备案的产出说明、可行性研究报告对最低项目使用量的确认。这与保底收益承诺不同，保底收益不考虑商业风险的分担或转移，是建设移交(BT)项目下的思维模式。

具体在设计保底量有关条款时应注意：

①保底量设定必须以项目产出说明、经批复的可行性研究报告为基础；

②保底量强调的是对最底使用量的保证，而不是最低运营收益或者固定价格；

③政府方因保底量承诺而支出相应差额补贴或采购价，不是绝对的，还应考虑社会资本方实际建设运营或维养成本支出等因素；

④应当区分项目投资运营的商业风险与不可抗力、情势变更。使用量低于保底量应当是基于不可抗力或者情势变更等双方无法预见的、不属于商业风险的客观原因造成，方可导致保底量责任，否则不能触发政府补充支出或延长合作期限。

(2)超额收益分配机制设计。

根据财政部《政府和社会资本合作模式操作指南(试行)》(财金〔2014〕113号)规定，项目实际绩效优于约定标准的，项目实施机构应执行项目合同约定的奖励条款，并可将其作为项目期满合同能否展期的依据。这是超额收益分享机制设计的基础。奖励的方式至少包括：

①从超额收益提取奖金支付社会资本方；

②超额收益由社会资本与政府按指定比例提成；

③延长政府与社会资本方合作期限。

从防范社会资本暴利角度看，设置超额收益分配机制很有必要的。若使用得当，可有效形成社会资本合理回报与暴利之间的“阀门”。

3. 合理设计社会资本投资回报调整机制

社会资本回报的合理区间不应当是静态的，也不能够在项目立项之初根据预测数据所能确定并不再作变化调整的，还需要基于项目运营过程中内部和外部情形变化作出动态的适宜性调整。因此需要设置全面适宜的项目运行过程控制和调整机制。

(1)过程监控。

根据财政部《政府和社会资本合作模式操作指南(试行)》(财金〔2014〕113号)规定，项目实施机构应根据 PPP 合同约定，监督社会资本或项目公司履行合同义务，定期监测项目产出绩效指标，编制季报和年报，并报财政部门(政府和社会资本合作中心)备案。

这需要社会资本方或项目公司具有较规范的财务管理或工程管理制度和较好的管理能力，以便提供全面、真实、准确的项目运行财务数据。

(2)动态调整。

PPP 项目合作周期长，为保证社会资本回报的合理区间能够在项目长期运行过程中随内部、外部变化而作适应性调整，需要在 PPP 合同中预留一定的调整空间。根据《关于规范政府和社会资本合作合同管理工作的通知》(财金〔2014〕156 号)规定，主要方式包括设置价格调整、期限调整以及交易结构调整机制。

①价格调整。

触发价格调整的主要因素有原材料价格变化、劳动力成本变化、通货膨胀、汇率等。

②期限变更。

期限变更包括合作展期或者提前终止，前者基于政府承担的风险发生且对项目收益产生了影响，后者基于社会资本方违约或因不可抗力导致项目不宜继续进行。

③交易结构调整。

PPP 合同系经法定程序确认生效的，除非发生法定或约定的情形，不应再于事后作出实质性变更。但为保证社会资本投资回报的合理性，社会资本与政府可以约定一定的调整空间，如允许因项目公司股权融资可能带来的项目公司股权结构变化；如允许在满足一定条件下，社会资本方将项目收益转让第三方或第三方质押；再如对社会资本提供资源性补偿等等。

总之，PPP 项目不应回避社会资本投资回报的正当诉求，也不宜统一设定明确固定的区间作为所谓法定“合理区间”，应尝试在项目采购签约之前作充分的项目市场调查研究，取得较为公允的合理回报率参数，并通过在政府与社会资本合作合同中设计具体可行的回报条件、合理的参照指标和必要的调整机制来实现合理回报。

二、PPP 与其他运作模式的区别

对于基础设施和公共服务领域项目，在 PPP 模式推行之前，已有总承包、BOT、BT 和政府采购服务等多种模式运作。在鼓励采取 PPP 模式之后，实务中仍然对于 PPP 模式与其他运作模式存在混淆，尤其是在 PPP 模式程序日趋严格的情况下，不少项目利用 PPP 之名，行非 PPP 之实，规避 PPP 监管，陷入违规操作。

（一）PPP 与政府采购服务

尽管 PPP 模式的实质是政府采购社会资本提供的公共服务，但从法律角度看，其与政府采购服务在性质、标的范围和具体程序上均存在显著不同。

首先是采购标的范围不同。根据《政府采购法》规定，政府采购是指各级国家机关、事业单位和团体组织，使用财政性资金采购依法制定的集中采购目录以内的或者采购限额标准以上的货物、工程和服务的行为，服务为政府采购标的之一。《政府购买服务管理办法（暂行）》（财综〔2014〕96 号）规定，政府购买服务是指通过发挥市场机制作用，把政府直接提供的一部分公共服务事项以及政府履职所需服务事项，按照一定的方式和程序，交由具备条件的社会力量和事业单位承担，并由政府根据合同约定向其支付费用。在《政府采购法》和《政府采购法实施条例》以及《政府购买服务管理办法（暂行）》（财综〔2014〕96 号）等规范层面上，政府采购服务中的“服务”不能作广义理解，不是指笼统的“公共服务”，而是指具体的服务事项，范围包括除货物和工程以外的其他政府采购对象，包括政府自身需要的服务和政府向社会公众提供的公共服务。《政府购买服务管理办法（暂行）》（财综〔2014〕96 号）将作为政府采购标的的服务事项分为基本公共服务、社会管理性服务行业、管理与协调性服务、技术性服务、政府履职所需辅助性事项和其他适宜由社会力量承担的服务事项等六类，具体外延涉及教育、就业、社保、社区管理、法律服务等。①

这类纯服务事项与适用 PPP 模式的基础设施和公共服务事项不可同日而语，后者是基于项目投融资、建设、运营、移交之全生命周期的长期合作关系。

根据《关于坚决制止地方以政府购买服务名义违法违规融资的通知》(财预〔2017〕87 号)规定，要严格执行《政府采购法》项下“服务”的界限范围，不得将原材料、燃料、设备、产品等货物，以及建筑物和构筑物的新建、改建、扩建及其相关的装修、拆除、修缮等建设工程作为政府购买服务项目；严禁将铁路、公路、机场、通讯、水电煤气，以及教育、科技、医疗卫生、文化、体育等领域的基础设施建设，储备土地前期开发，农田水利等建设工程作为政府购买服务项目；也严禁将建设工程与服务打包作为政府购买服务项目。可以纳入 PPP 项目的合作范围。而 PPP 模式下，可以将这些内容纳入政府和社会资本合作范围内。

其次是采购方式和程序不同。政府采购服务没有 PPP 项目采购前要经过的识别论证和准备程序。在采购方式上包括购买、租赁、委托、雇用等方式有偿取得，具体按照《政府采购法》有关规定，采用公开招标、邀请招标、竞争性谈判、单一来源、询价等方式确定承接主体。而 PPP 项目采购是政府选择社会资本合作者的过程，采购方式基本以招标和竞争性磋商为主。

实务中，有地方嫌 PPP 模式实施程序太过复杂、采购周期长、法律风险多，通过政府采购服务名义采购基础设施和公共服务有关投资、工程建设、运营等，构成变相违规融资。

---

① 基本公共服务包括：公共教育、劳动就业、人才服务、社会保险、社会救助、养老服务、儿童福利服务、残疾人服务、优抚安置、医疗卫生、人口和计划生育、住房保障、公共文化、公共体育、公共安全、公共交通运输、三农服务、环境治理、城市维护等领域适宜由社会力量承担的服务事项。社会管理性服务包括：社区建设、社会组织建设与管理、社会工作服务、法律援助、扶贫济困、防灾救灾、人民调解、社区矫正、流动人口管理、安置帮教、志愿服务运营管理、公共公益宣传等领域适宜由社会力量承担的服务事项。行业管理与协调性服务包括：行业职业资格和水平测试管理、行业规范、行业投诉等领域适宜由社会力量承担的服务事项。技术性服务包括：科研和技术推广、行业规划、行业调查、行业统计分析、检验检疫检测、监测服务、会计审计服务等领域适宜由社会力量承担的服务事项。政府履职所需辅助性事项包括：法律服务、课题研究、政策(立法)调研草拟论证、战略和政策研究、综合性规划编制、标准评价指标制定、社会调查、会议经贸活动和展览服务、监督检查、评估、绩效评价、工程服务、项目评审、财务审计、咨询、技术业务培训、信息化建设与管理、后勤管理等领域中适宜由社会力量承担的服务事项。

（二）PPP 与工程总承包

工程总承包模式下，从事工程总承包的企业受业主委托，按照合同约定对工程项目的勘察、设计、采购、施工、试运行、竣工验收等实行全过程或若干阶段的承包。将工程的设计、采购、施工一体由总承包负责的，为 EPC 模式；其他还有包括设计和施工总承包的 DB 模式以及包括施工和采购总承包的 PC 模式等等。

相较于过去单纯的施工承包模式，工程总承包有利于打通设计、采购、施工等环节工作，提高工程建设质量，住建部颁布《关于进一步推进工程总承包发展的若干意见》（建市〔2016〕93 号）等规定，鼓励和推进工程总承包模式。

但即便是工程全过程总承包，与 PPP 模式相比较，还只是 PPP 全生命周期中的一个环节。二者在性质上、法律关系上完全不同：

首先，PPP 项目为投资项目，而工程总承包为工程施工项目。如果把基础设施和公共服务项目各项交易细项拆分来看，对项目提供投资的，获得的是投资回报；对项目提供施工承包的，获得的施工利润；对项目提供物资供应的，获得的是销售利润；对项目提供勘察设计服务的，获得的专业服务报酬。而在这些交易细分项中，投资项目与其他交易存在本质上的不同，因为在项目投资者角度看来，项目工程的施工、物资采购和勘察设计均会构成项目建设成本，其投资收益是在节约项目建设成本的前提下实现最大化。而站在承包人角度，其施工利润、销售利润、专业服务报酬与公司本身经营管理有关，与投资人眼里的项目建设成本没有直接关系。从这个意义上讲，项目投资交易中的投资人的利益诉求与项目承包交易中的承包人的利益诉求是对立的。

其次，PPP 项目是政府方与社会资本方就项目的投资、建设、运营、回报等核心内容构建的交易关系，而总承包项目是发包人与承包人就工程设计、施工、采购等核心内容构建的交易关系。总承包合同法律关系是 PPP 项目确定了社会资本和项目公司后，由项目公司与承包人签署承包合同所形成的法律关系，是 PPP 合同的下游合同。总承包法律关系中的发包人是 PPP 法律关系中的项目公司，PPP 法律关系中作为乙方的项目公司成为了项目工程总承包法律关系的“甲方”。

再次，对于政府投资项目而言，严禁由承包人垫资。《关于严禁政府投资项目使用带资承包方式进行建设的通知》（建市〔2006〕6 号）明确规定，政府投资项目一律不得以建筑业企业带资承包的方式进行建设，不得将建筑业企业带资承包作为招投标条件。《政府投资条例》（国令第 712 号）再次明确规定，政府投资项目不得由施工单位垫资建设。由此，工程总承包项目不得包含项目投融资内容，而 PPP 模式下的社会资本则需要承担项目投融资义务与责任。

实务中的以下方式在实质上构成由承包人垫资的违规行为：

一是“F+EPC”模式，即由总承包人承担项目融资责任和风险，这与要求总承包人垫资并无实质性差异。

二是不规范的 PPP+EPC 模式。即将项目分割，一部分按 PPP 实施，另一部分按 EPC 实施，比如将污水处理项目的水厂按 PPP 实施，管网按 EPC 实施。在进行项目社会资本采购时，笼统将项目称为污水处理厂网一体化，先通过公开招标选定 PPP 社会资本，再依据《招标投标法实施条例》第 9 条第(三)项规定，由中选社会资本直接作为项目管网部分的 EPC 总承包人。之后，对于 EPC 总承包的工程款仍由项目公司垫资向总承包人支付。这种操作模式下，政府在进行 PPP 社会资本采购时并未针对项目管网部分 EPC 总承包的特点设置专门的招标条件，《招标投标法实施条例》第 9 条第 3 项规定可以免于施工二次招标的前提是中标投资人是整个特许经营项目的投资人，而非仅是项目之水厂部分的投资人。这种操作架构在社会资本采购时偷梁换柱，掩盖了没有进行管网 EPC 招标的之事实，同时错误援引《招标投标法实施条例》第 9 条第(三)项规定，使项目之水厂部分的中选社会资本成为项目 EPC 总承包人。在中选社会资本与政府签署水厂部分 PPP 合同以后，由社会资本再与项目公司签署管网 EPC 总承包合同，进而导致作为项目整体招标人的政府方与总承包人之间的 EPC 总承包关系与项目公司与总承包人之间的 PPP 下游 EPC 总承包关系发生混淆，造成法律关系混乱，项目难以继续执行。

(三)PPP 与 BT

建设回购(build-transfer，BT)也是投资项目的运作方式之一。BT 模式下，政府先选定 BT 投资人并与之签署 BT 投资协议，再由 BT 投资人自行负责完成项目建设投资，项目建成后由政府按 BT 投资协议约定的价格向 BT 投资人结算项目回购价款并在项目竣工且完成移交后三至五年内按约定比例支付，回购价款中包括项目建设投资成本和合理回报，BT 投资人获得项目权益并向政府完成项目资产移交。

相比较过去政府直接投资模式，即由政府通过 EPC 方式发包，BT 模式的优势在于政府方在建设期内不必按工程进度支付巨额的工程款项，同时还可以将 BT 回购款拖延至项目竣工移交之后分期支付，大大缓解了政府支出压力。这种模式是在政府投资项目禁止由施工承包人垫资以后兴起，在本质上与由承包人垫资施工差异不大。在某种意义上可以讲，BT 模式实质上垫资施工的一个变通处理，承担垫资和融资义务的承包人成了承担项目投融资义务的 BT 投资人。鉴于垫资施工带来拖欠农民工工资、工程质量低下等恶劣后果，以及主管部门三令五申禁止垫资施工，在全国性的法律、行规法规和部门规章层面上从来没有给予 BT 模式一个合法的确认，只是部分地区出台有关规范 BT 实施的规定。①

实务中，BT 模式还有一些变种，比如由地方政府融资平台选定 BT 投资人并承担项目回购义务的"类 BT"②模式，或者项目业主以"建养一体化"为名，将项目建设有关工程款项拖延至养护期分期分批支付。

无论何种方式，政府因承担项目回购责任而形成政府性债务。2012 年 12 月，财政部、发展改革委、人民银行、银监会联合颁布《关于制止地方政府违法违规融资行为的通知》(财预〔2012〕463 号)要求切实规范地方政府以回购方式举借政府性债务行为，该规范明确规定：除法律和国务院另有规定外，地方各级政府及所属机关事业单位、社会团体等不得以委托单位建设并承担逐年回购(BT)责任等方式举借政府性债务。对符合法律或国务院规定可以举借政府性债务的公共租赁住房、公路等项目，确需采取代建制建设并由财政性资金逐年回购(BT)的，必须根据项目建设规划、偿债能力等，合理确定建设规模，落实分年资金偿还计划。

由此，除符合法定条件的公共租赁住房、公路项目外，BT 模式被叫停。因为涉及分期支付的付费机制，PPP 模式在推行之初，曾被简单误解为拉长版的 BT。依据财政部《关于规范政府和社会资本合作(PPP)综合信息平台项目库管理的通知》(财办金〔2017〕92 号)，实质上采取 BT 模式的，不得入 PPP 项目库，可见，PPP 与 BT 两者截然不同。

首先，BT 过于强调项目融资，BT 回购款在项目建成后即可确认并在此后分期支付实质上是政府借 BT 投资协议向 BT 投资人举借债务分期偿还，其本质为借贷关系。而 PPP 模式下，尽管政府在项目建设期也不付费，且在项目运营期内分期支付，但政府付费系按社会资本提供公共服务之绩效结果付费，在项目建成后并未锁定支付责任，因此政府与投资人之间为买卖关系。

---

① 如武汉市发展改革委、市建委、市财政局、市法制办《关于做好政府投资项目 BT 融资建设管理的通知》(武发改城建〔2008〕627 号)，但该文件 2012 以后基本没被援引使用，到 2018 年宣布失效。

② 相较于政府直接采购 BT 投资人而言。

其次，BT 不涉及项目运维运营，不涉及产出绩效考核，分期支付仅是一种支付安排而已，因此对于政府而言为固定回报。

再次，BT 建设期届满后一般为会设三至五年的回购期，在合作期限上远远短于 PPP 项目的合作期限。

BT 模式下，无论是固定回报、还是缺乏运营内容以及合作期限短于十年，均不符合 PPP 运作规范。

（四）PPP 与 BOT 或基础设施和公用事业特许经营

基础设施和公用事业特许经营，是指政府依法授权特许经营者在一定期限和范围内投资建设运营基础设施和公用事业并获得特许经营收益，并由此向社会公众提供公共产品或者公共服务。相较于过去政府直接供应的传统模式，特许经营模式下，政府通过向特许经营者让渡了一定期限和范围的基础设施和公用事业经营收益权，并保障其权利的排他性，达到由特许经营者投资建设运营基础设施和公用事业、提供公共产品和服务的效果。企业对基础设施和公用事业的建设及运营投资通过获得特许经营期内的经营收入来补偿，也激发企业提供公共产品或公共服务的积极性。基础设施和公用事业特许经营最常见的运作模式为建设运营和移交（build-operate-transfer，BOT）模式，特许经营期限可长达三十年。特许经营模式作为对政府传统投资模式的优化革新，在 PPP 推行之前曾广泛应用于能源、交通运输、水利、环境保护、市政工程等基础设施和公用事业领域，我国经营性高速公路基本通过 BOT 模式实施的。

我国较早通过特许经营模式实施基础设施和公用事业项目，于 2004 年前后已有较为系统的规范立法出台。如 2003 年 8 月颁布的北京市人民政府令第 134 号令《北京市城市基础设施特许经营办法》和 2004 年 3 月颁布的建设部令第 126 号令《市政公用事业特许经营管理办法》等。2015 年 4 月，国家发改委、财政部、住房和城乡建设部、交通运输部、水利部、中国人民银行经国务院同意联合以第 25 号令颁布了《基础设施和公用事业特许经营管理办法》，系统规定了基础设施和公用事业特许经营模式实施要点。

我国的特许经营模式与 PPP 模式在较为近似，但并不是同一概念。两者的主要的联系和区别如下：

（1）两者的项目范围类似，为基础设施和公共服务项目。

（2）特许经营模式针对项目本身具有经营收益的项目，即便收益不足以弥补特许经营者的投资及其回报，可以安排一定的政府补贴。而采取 PPP 模式实施的项目包括不需要政府补贴的经营性项目、需要政府缺口补助的准经营性项目和完全依赖政府付费的项目。针对经营性项目和准经营性项目，PPP 模式具体运行方式就是特许经营模式。特许经营模式具体运作方式有建设运营移交(BOT)、改建运营移交(ROT)、已建成资产移交运营再移交(TOT)等，均在 PPP 模式可采取的运作方式范围内，在投资回报机制上两者并无二致。

(3)特许经营项目与 PPP 项目均必须经过项目可行性研究论证和编制项目实施方案。但依据《基础设施和公用事业特许经营管理办法》第 9 条和第 10 条规定，特许经营模式应编制特许经营项目实施方案，核心内容包括：项目建设规模、投资总额、实施进度，以及提供公共产品或公共服务的标准等基本经济技术指标；投资回报、价格及其测算；可行性分析，即降低全生命周期成本和提高公共服务质量效率的分析估算等；特许经营协议框架草案及特许经营期限；特许经营者应当具备的条件及选择方式；政府承诺和保障；特许经营期限届满后资产处置方式；应当明确的其他事项。政府授权的项目实施机构在上述实施方案基础上开展特许经营可行性评估，完善特许经营项目实施方案。需要政府提供可行性缺口补助或者开展物有所值评估的，由财政部门负责开展相关工作。这与 PPP 模式下的物有所值评价、财政承受能力论证有关识别程序不同。

(4)PPP 模式的合作期限与特许经营模式下的特许经营期限是相通的，前者完全可以涵盖后者。

(5)PPP 模式与特许经营项目均涉及项目投资管控，严格执行项目可研批复、概算批复，并执行预算、决算，同时明确企业承担的项目资本金出资和配套融资义务和责任。

(6)PPP 模式与特许经营项目均要求依法通过公开的竞争性方式选择合作企业。

(7)特许经营协议内容可以完全包含在 PPP 合同之中。

两者的主要差异在于 PPP 模式比特许经营项目在运作程序上更缜密，除可行性论证外，强调进行物有所值论证和财政承受能力论证，在确认相对于政府直接投资模式更有效益的情况下，准予项目进入 PPP 综合信息平台项目库，按 PPP 模式实施。此后的社会资本采购、PPP 合同签约、执行、绩效激励、监管、移交与特许经营大致相同。

总体上看，尽管 PPP 模式包含了特许经营模式，但因 PPP 模式运作全流程规范较为健全、项目投资回报机制较为透明、涉及入库、有更多公示和信息披露，项目长期运作的合法性更有保障、政府政策论证更为充分、科学。因此，同类项目更倾向于采取 PPP 模式。

三、PPP 项目项下的政府支出与隐性债务

政府与社会资本合作项目从回报机制上可划分为使用者付费类项目、可行性缺口补助类项目和纯政府付费类项目三种，除了完全依赖于项目本身特许经营收入弥补投资及合理回报的使用者付费类项目外，后两者均涉及政府以财政资金支出有关安排，即在项目交易结构和 PPP 合同中设定政府一方应当在一定条件下对社会资本提供“公共产品”承担相应的支付义务。这已是自 PPP 模式在我国推行以来在法规政策以及操作实务中所形成的基本常识。

相较于过去在基础设施和公共服务领域由政府直接投资或需要政府承担固定回报或兜底责任的 BT 或城投平台公司融资模式，通过物有所值论证的 PPP 模式就是因能够化解地方债、提高基础设施及公共服务等公共产品供给效率，而被推广实施，这是 PPP 模式的历史使命。

然而，在当前强调防范化解重大地方债务风险的政策背景下，有观点认为应将涉及政府支出义务的 PPP 项目视为会导致增加地方债风险的违规事项，主张问责。那么，PPP 项目设定政府支出义务是否合法或合法性边界在哪里？将凡涉及政府支出的 PPP 项目均一概纳入违规增加政府债风险的事项是否必要和合理？PPP 模式是否应仅限于使用者付费类项目？

（一）PPP 项目设定政府支出义务的合法性评析

1. PPP 项目依法可以设定政府支出义务

国务院 2015 年 5 月 22 日第 92 次常务会议审议通过并转发的财政部、发展改革委、人民银行《关于在公共服务领域推广政府和社会资本合作模式指导意见的通知》（国办发〔2015〕42 号）规定，政府和社会资本合作模式是政府采取竞争性方式择优选择具有投资、运营管理能力的社会资本，双方按照平等协商原则订立合同，明确责权利关系，由社会资本提供公共服务，政府依据公共服务绩效评价结果向社会资本支付相应对价，保证社会资本获得合理收益。由此，在 PPP 模式下，政府根据公共服务绩效评价结果向社会资本支付相应对价即“按效付费”是 PPP 模式的核心交易内容之一。

国办发〔2015〕42 号文在此基础上同时强调，在 PPP 模式下，政府以运营补贴等作为社会资本提供公共服务的对价，以绩效评价结果作为对价支付依据，并纳入预算管理、财政中期规划和政府财务报告，能够在当代人和后代人之间公平地分担公共资金投入，符合代际公平原则，有效弥补当期财政投入不足，有利于减轻当期财政支出压力，平滑年度间财政支出波动，防范和化解政

府性债务风险。这是 PPP 模式相较于传统政府直接投资模式“物有所值”的基本逻辑，即在 PPP 模式下，尽管也会产生政府支出，但相比较政府直接投资模式，能够使当代人和后代人之间公平地分担公共资金投入，有效弥补当期财政投入不足，有利于减轻当期财政支出压力，平滑年度间财政支出波动，实现物有所值。

财政部《关于推广运用政府和社会资本合作模式有关问题的通知》(财金〔2014〕76 号)、《关于政府和社会资本合作示范项目实施有关问题的通知》(财金〔2014〕112 号)、《关于印发政府和社会资本合作模式操作指南(试行)的通知》(财金〔2014〕113 号)等有关奠基 PPP 模式的规范性文件也反复明确规定，对于使用者付费不足或无使用者付费的项目，应按绩效考核结果设定政府支出安排。

国家发展和改革委员会《关于开展政府和社会资本合作的指导意见》(发改投资〔2014〕2724 号)规定，政府和社会资本合作(PPP)模式是指政府为增强公共产品和服务供给能力、提高供给效率，通过特许经营、购买服务、股权合作等方式，与社会资本建立的利益共享、风险分担及长期合作关系。同样将涉及政府财政支出安排的“购买服务”模式作为 PPP 运作模式之一。在我国 PPP 实践中，涉及政府支出责任安排的可行性缺口补助和纯政府付费类 PPP 项目是主要组成部分。

2. PPP 项目中设定政府支出责任不应作为认定 PPP 模式违规的情由

PPP 项目识别两份核心文件《PPP 物有所值评价指引(试行)》(财金〔2015〕167 号)和《政府和社会资本合作项目财政承受能力论证指引》(财金〔2015〕21 号)又进一步细化了 PPP 项目的政府支出义务安排。

财金〔2015〕167 号规定的 PPP 物有所值定量评价就是在假定采用 PPP 模式与政府传统投资方式产出绩效相同的前提下，通过对 PPP 项目全生命周期内政府方净成本的现值(PPP 值)与公共部门比较值(PSC 值)进行比较，判断 PPP 模式能否降低项目全生命周期成本。这里比较的是政府方支出形成的净成本，而不是无支出责任的“零成本”。同时明确，PPP 值等同于 PPP 项目全生命周期内股权投资、运营补贴、风险承担和配套投入等各项财政支出责任的现值。可见，是基于政府方包含运营补贴、风险承担及配套投入等特定财政支出责任的前提下对 PPP 模式进行的物有所值评价。

财金〔2015〕21 号第二章和第三章规定 PPP 项目全生命周期过程的财政支出责任包括股权投资、运营补贴、风险承担、配套投入等项，并明确了相关支出测算方法和标准。

在此基础上，《政府和社会资本合作项目财政管理暂行办法》(财金〔2016〕92 号)进一步规定，PPP 项目中的政府支出，包括政府在 PPP 项目全生命周期过程中依据法律和合同约定需要从财政资金中安排的股权投资、运营补贴、配套投入、风险承担，以及上级财政对下级财政安排的 PPP 专项奖补资金支出。行业主管部门应将需要从预算中安排的 PPP 项目支出责任，按照相关政府收支分类科目、预算支出标准和要求，列入支出预算，依法报请财政部门、政府审核及本级人民代表大会审议。

由此可见，是否涉及政府财政支出并不是判断 PPP 项目是否违规的标准，也不能将涉及政府财政支出的 PPP 项目视为违规增加地方债的行为。否则将从根本上否定 PPP 模式的合法性。

当然，为了维护 PPP 模式推广之初衷，我们还是要强调：不得借 PPP 模式举债政府债务；严格贯彻和落实“按效付费”机制，禁止在 PPP 模式设定政府支出责任时存在导致政府方承担固定回报、兜底责任的相关安排。这才是 PPP 模式的合规性边界。

(二) PPP 模式中政府支出责任的债务定性

(1) PPP 模式中政府财政支出责任强调的是政府在满足一定条件下的支付责任，而非现时的支付义务。

涉及政府支出责任的 PPP 项目，在方案和 PPP 合同均应明确规定政府财政支出的“支付条件”。笔者结合承办数十单 PPP 项目实施方案合法性审查和合同编制有关实务经验，认为最起码应强调以下两点支付条件：

①设定考核考核制度并根据绩效考核结果支付；

②在项目已获批实施方案、物有所值验证报告和财政承受能力论证报告财务测算的以及获批财政预算的支出责任范围内支付。

基于此，PPP 模式中设定的政府财政支出责任应理解为是对通过社会资本提供满足要求的公共服务的交易对价。而根据财政部 2019 年 1 月 1 日实施的《政府会计准则第 8 号——负债》第 2 条规定，政府负债是指“政府会计主体过去的经济业务或者事项形成的，预期会导致经济资源流出政府会计主体的现时义务”。

而现时义务是指“政府会计主体在现行条件下已承担的义务”。特别明确规定“未来发生的经济业务或者事项形成的义务不属于现时义务，不应当确认为负债”。

第 3 条规定“符合本准则第 2 条规定的负债定义的义务，在同时满足以下条件时，确认为负债：(一)履行该义务很可能导致含有服务潜力或者经济利益的经济资源流出政府会计主体；(二)该义务的金额能够可靠地计量。”可见政府举借债务形成的支付责任应达到“很可能导致经济资源流出”且“能够可靠计量”标准的。如“政府举借的债务”和政府“应付及预收款项”。

可见，政府负债与政府在 PPP 模式的支付责任在法律关系上存在本质不同，前者是买卖关系，后者是借贷关系。

(2)在权责发生制下，PPP 模式下政府按效付费构成或有事项，但不是政府现时“应付账款”

根据财政部《政府会计准则——基本准则》并参照财政部《政府会计准则第 8 号——负债》及其起草说明，也专门规定了“由或有事项形成的预计负债”。这些可能引进预计负债的或有事项包括“未决诉讼或未决仲裁、对外国政府或国际经济组织的贷款担保、承诺(补贴、代偿)、自然灾害或公共事件的救助等”。当与这些或有事项相关且满足负债准则第三条规定条件的现时义务时，应当计作政府预计负债。

而在权责发生制下，对于 PPP 实施方案和合同中设定的附一定支付条件的政府付费安排，因其支出责任是否存在以及大小，须由社会资本提供公共服务有关考核结果以及预算管控这些不确定的未来事项来决定，且这些未来事项是否发生也不在政府控制范围内。

PPP 模式下的政府付费安排不是政府签了 PPP 合同就应当履行的现时的支付义务，在支付条件满足前不构成政府“应付账款”。可见，无论从“或有事项”范围还是达到负债准则第三条规定的“现时义务”标准角度，PPP 合同项下的政府付费安排也不构成政府“预计负债”。

(3)应按照诚实信用、重诺守信的契约精神确认满足按效付费和预算管控要求下的政府支出责任所形成的债务

当前 PPP 规范性文件并未明确禁止、更未否定按过往文件实施的可行性缺口补助或政府付费类这两类付费机制。部分项目采购社会资本的招标标的虽然明确了社会资本方的投资回报率，但相应回报的支付仍是在强调按效付费和预算管控的前提下才会兑现。故不应借此认定相关支付责任违法违规。

对规范运作的 PPP 项目，在满足合同约定的支付条件的前提下，政府因承担支付责任所形成的负债，没有法律法规的禁止性规定，没有损害国家和社会公共利益，应按《合同法》等相关规定确定其合法性。

(三)PPP 模式下政府按效付费责任与“隐性债务”违规定性

如前所述，对规范运作的 PPP 项目项下的政府付费安排构成或有事项。从会计角度讲，将相应政府未来的不确定是否发生的债务理解为“隐性债务”在逻辑上是成立的。但在法律上，这种规范运作 PPP 项目所形成的“隐性债务”没有违反当前法律法规以及有关规范性文件的禁止性规定，因此将之定性违规，没有法律依据。

财政部部长刘昆于 2018 年 8 月 28 日在受国务院委托向第十三届全国人大常委会第五次会议作 2018 年以来预算执行情况的报告时表示：坚决遏制隐性债务增量，督促整改政府投资基金、PPP、政府购买服务中的不规范行为，严禁各种违法违规担保和变相举债。2018 年 11 月召开的第四届中国 PPP 融资论坛上，财政部政府和社会资本合作中心主任焦小平讲话明确指出：“依法合规的，10%限额以内的 PPP 支出责任不是政府隐形债务。”笔者理解，上述讲话的核心宗旨是禁止因 PPP 中的不规范行为导致的政府隐性债务，而不能一刀切的认为是全部 PPP 项目产生的政府支出责任或有事项都应当被禁止。

规范运作 PPP 是能够化解地方政府债务、提供公共服务供级效率以及减轻财政当期负担的，尤其是对中西部欠发达地区而言。我国自 2014 年以来的 PPP 实践也证明了这一点，笔者作为一线法律执业人员参与其中，对于 PPP 模式给欠发达地区带来的积极变化有切身感触。

其实，当前强调 PPP 项目带来的政府债风险主要体现在：对于已推行 PPP 项目项下测算的政府财政支出额度，假设在有关支付条件均满足的条件下，已经接近地方财政承受能力的规定上限。这一点可以通过后续优化规范运作 PPP 项目、滚动实施以及对财政支出指标精细化节约化动态管理等措施改善，而不能因此急于否定可行性缺口和纯政府付费类 PPP 项目的合法性。

当然，笔者对 PPP 推行中产生的种种乱象也痛心疾首，但仍认为不宜因此否定我国近年来 PPP 实践所取得的好的成果，不能因噎废食；PPP 项目应当规范、提升项目品质，但也不宜矫枉过正，不然会使执行政策的地方政府和社会资本方无所措手足，宜以客观平实的态度，总结反省以往 PPP 实践有关经验教训，加强专业化精细化管理。

第四章　PPP 合同合规性要点

社会文明进化的一个重要标识是：人们普遍认为，合同契约比社会地位更重要。

——[英]赫伯特·斯宾塞(Herbert Spencer)

第一节　PPP 项目参与主体及主要法律关系

一、PPP 项目主要法律关系

PPP 合同的本质是有关当事人围绕 PPP 项目实施所建立的一系列法律关系。PPP 模式适用范围广泛，项目合作机制灵活且包容性强，涉及的法律主体和法律关系呈层次化、系统化。一般而言，PPP 项目达到可以顺利实施的状态需要建立以下几层法律关系。

(一)政府与社会资本的合作关系

如前所述，PPP 模式的交易实质是政府委托社会资本提供公共服务，再按产出绩效支付对价。因此 PPP 项目能够落地实施的逻辑起点是政府方通过公开采购程序选择社会资本，与之签署 PPP 合同，围绕 PPP 项目的投资、建设、运营、考核付费等全生命周期运作事项建立合作关系，安排相应的权利义务和责任。

因此，政府方与社会资本方的合作关系是 PPP 项目运作的基础的和核心的法律关系。这一层法律关系具体又具体分为政府方与中选社会资本投资人之间的法律关系和政府方与项目公司之间的法律关系。

1. 政府方与中选社会资本投资人之间的法律关系

PPP 模式落地实施开始于社会资本采购，社会资本采购的内容就是政府方采购了具有较强投资、运营能力的社会资本投资人作为合作伙伴。PPP 项目社会资本采购文件围绕着对社会资本投资人的信用、资质、业绩等各方面要求编制具体的采购条件。采购确认中选社会资本投资人以后，需要政府方与社会资本投资人先根据采购文件、中选社会资本响应文件签署 PPP 合同。

实务中这类政府与社会资本投资人签署的合同名称五花八门，无论是框架合同、投资合作协议还是 PPP 项目合同①，对于约束政府方与社会资本投资人双方的协议，我们权且借鉴特许经营项目的操作经验，将之统称为投资合作协议。

政府与社会资本投资人之间基于投资合作协议所确立的法律关系基本内容包括项目合作内容与期限、项目公司注册、项目资本金和项目公司注册资本金的出资责任、项目融资责任、股权锁定期安排、对项目公司委派称职管理人员以及对项目公司具体负责项目全生命周期事务中的支持等。简而言之，这一层法律关系基本围绕着确定项目合作范围和投资人出钱、出人并支持项目公司长期全面实施项目而展开。

2. 政府方与项目公司之间的法律关系

依据《关于实行建设项目法人责任制的暂行规定》(计建设〔1996〕673 号)有关规定精神，建设项目应当实行项目法人责任制，由项目法人对项目的策划、资金筹措、建设实施、生产经营、偿还债和资产的保值增值，实行全过程负责。在 PPP 模式下，社会资本投资人可以自己直接作为项目法人负责项目具体实施，也可以成立专门的项目公司作为项目法人。为便于集中和专门进行项目管理，多数项目会成立专门的项目公司负责项目实施具体事务。设立专门的项目公司有利于社会资本集中资源，专人专班投入项目，保障项目管理和投资质量，也便于政府方监管。

《传统基础设施领域实施政府和社会资本合作项目工作导则》(发改投资〔2016〕2231 号)规定，对于成立专门项目公司的项目，由项目公司负责按 PPP 项目合同承担设计、融资、建设、运营等责任，自主经营，自负盈亏。项目公司成立以后，由项目公司与政府方就项目全生命周期实施具体事务形成合同关系。《基础设施和公用事业特许经营管理办法》、《关于规范政府和社会资本合作合同管理工作的通知》(财金〔2014〕156 号)所附的《PPP 项目合同指南(试

① 先与投资人签署 PPP 项目合同，便于项目公司成立后，由项目公司直接继承。

行)》均作了类似的规定。①

因此，对于成立了项目公司的项目，项目公司作为项目法人就项目合作范围内投资、建设、运营和移交具体事项向政府方负责，同时，政府方对项目公司进行绩效考核，并按效付费。

(二)本级政府与项目实施机构和政府出资代表之间的法律关系

PPP 模式体现的是本级政府与社会资本之间的合作关系。为了方便履职，本级政府会指定熟悉项目行业管理的有关职能部门或事业单位作为项目实施机构，代表政府负责项目准备、采购、监管和移交等工作。那么，对本级政府授权项目实施机构代表政府与社会资本和项目公司一方签署 PPP 合同的行为，在法律上是“权力下放”的行政授权关系，还是民事代理关系？这是个很值得探讨的问题。

行政授权就性质而论，是权力下放，即上级行政主体将其部分权力分配给下级行政主体的一种管理行为②，具体是指上级行政机关授予下级行政机关管理有关事务的职权，其法律后果是被授权的行政机关在所授职权范围内，享有以自己名义处理有关事务的自主权，同时也承担相应的责任，授权者对被授权者有指挥和监督的权力。

民事代理行为则是指民事主体通过代理人实施民事法律行为，代理人在代理权限内实施的民事法律行为，对被代理人发生效力，法律后果归被代理人。③

就本级政府授权职能部门或事业单位作为项目实施机构与社会资本方签署 PPP 合同而言，笔者认为，就 PPP 合同涉及的行政许可事项而言，构成行政授权，此一部分内容应当由职能部门作为项目实施机构根据本级政府授权签署确认，而非事业单位；就 PPP 合同中民事法律关系事项，构成民事代理，项目实施机构作为代理人，以自己名义代被代理人本级政府与社会资本进行谈判

---

① 《政府和社会资本合作模式操作指南(试行)》(财金〔2014〕113 号)第 21 条规定，需要为项目设立专门项目公司的，待项目公司成立后，由项目公司与项目实施机构重新签署项目合同，或签署关于承继项目合同的补充合同。《基础设施和公用事业特许经营管理办法》第 18 条　实施机构应当与依法选定的特许经营者签订特许经营协议。需要成立项目公司的，实施机构应当与依法选定的投资人签订初步协议，约定其在规定期限内注册成立项目公司，并与项目公司签订特许经营协议。

② 参见陆雄文：《管理学大辞典》，上海辞书出版社 2013 年版。

③ 详见《民法通则》第 63 条和《民法总则》第 161 条和 162 条等规定。

磋商并签署有关合同，所签署合同对本级政府具有法律约束力，相应法律后果归属本级政府。由此，项目实施机构的签约权利来自于本级政府的授权文件，而且根据 PPP 有关规范性文件规定，对于政府实施机构与中选社会资本签署的合同，应当经过本级政府批准方可生效，相关变更也应经过本级政府批准方可变更。

根据《政府和社会资本合作项目财政承受能力论证指引》(财金〔2015〕21 号)和《传统基础设施领域实施政府和社会资本合作项目工作导则》(发改投资〔2016〕2231 号)规定，PPP 项目出资人代表系由政府指定代政府承担对项目公司股权投资支出责任的主体。政府出资代表基于政府授权，代政府以自己名义履行对项目公司股权出资责任以后，即享有作为项目公司股东的权利、承担项目公司股东的义务。政府出资代表出资行为系代政府履行其对 PPP 项目的支持义务。

(三)社会资本投资人与政府出资代表之间的法律关系

对于安排政府出资代表的项目，将由政府出资代表代政府与社会资本投资人共同出资成立项目公司，并向项目公司履行股权出资责任。因此，社会资本投资人与政府出资代表均系项目公司股东。两者的法律关系以股东协议或合资协议和项目公司章程为基础建立。

(四)社会资本投资人、政府出资代表与项目公司之间的法律关系

项目公司由社会资本投资人、政府出资代表出资成立，社会资本投资人、政府出资代表系项目公司股东。在 PPP 项目中，社会资本投资人应当为项目公司控股股东，政府出资代表为参股股东。社会资本投资人、政府出资代表按约向项目公司注入注册资本金、委派董事、监事和高级管理人员，享有管理决策权和剩余财产分配权。多数情况下，项目公司融资能力不足时，社会资本投资人还应承担补充融资责任。

(五)项目公司与项目工程承包人、项目融资方、项目运营商、项目使用者之间的法律关系

项目公司在与政府方签署 PPP 项目合同以后，即取得 PPP 项目之项目法人的合法身份。在后续 PPP 项目实施中，即以项目法人与工程承包人形成发承包关系，与项目融资机构形成融资关系，与项目运营商形成委托关系，与项目使用者形成有偿使用关系，等等。

实务中，有些地方对 PPP 模式理解不够深刻，政府方或政府出资代表仍对项目工程发包、委托运营、使用收费、融资多加干预，这些行为会导致项目融资、建设和运营风险返回至政府一方，属于违规行为。

（六）PPP 运作涉及的其他较为重要的法律关系

1. 与中介服务机构的委托关系

PPP 项目监理、造价、法律、咨询等中介机构的聘任在政府作为项目业主、项目公司作为“准业主”的 PPP 法律关系框架中，就不像过去那样单纯了。首先是由政府或项目公司根据各自需要委托，所委托的中介机构对自己负责。其次，有些项目为了节约成本，由政府方选聘中介机构服务，再由社会资本根据政府方指令支付有关中介服务报酬，相关支出计入项目成本。在 PPP 模式下，政府方与项目公司为利益相对立的两方，由政府方与项目公司共同选聘中介机构服务会形成利益冲突，无法保障中介机构服务质量和忠诚度。

对于中介服务机构的委托关系，在实务中还是应当谨慎安排，理顺相关法律关系有利于实现中介机构的中立且专业的服务价值，在项目实施机构专业和精力不济的状况下对于保障 PPP 顺利实施具有重要意义。

当然，问题的另外一个极端是，当政府在寻求专业第三方参与管理的过程中，如果过于依赖第三方机构的报告和判断，怠于行使自身作为 PPP 项目实施机构以及作为行业主管部门的职责时，就会导致政府权力寻租，使得 PPP 项目管理权力通过第三方专业机构管理隐性运作，进而滋生腐败。PPP 专业化程度高，又加之当前不少地方执法人员避险需求，很容易滑入上述误区，这是 PPP 项目管理中必须时刻警醒和注意防范的。因此，需要就委托第三方专业机构参与管理，制定相关程序和制度，如对第三方专业机构的选聘、对第三方专业机构出具报告的审核、PPP 项目公司异议及复核等，既发挥专业机构的专业特长，又确保政府职能部门的适当干预和监督。

2. 与专门机构的法律关系

在教育和医院等涉及学校、医院等专门机构的 PPP 项目中，除前述 PPP 各层法律关系以外，还需要就学校、医院等专门机构与社会资本方的关系作出安排。这类项目按 PPP 模式实施，并没有通过新设的 PPP 项目公司替代原有的学校或医院，相反新设的 PPP 项目公司在完成校舍、住院大楼建设后，还要持续为学校或医院提供后续运维养护和后勤、供应链服务，由此在政府项目实施机构、出资代表与社会资本方签署的 PPP 合同之外，原专门机构与 PPP 社会资本之间还需要根据 PPP 合作内容进一步建立委托关系或采购关系。

此外，还有必要特别说明的是，财政局、发改委和司法部门、采购部门是 PPP 项目的有关主管部门，尽管参与 PPP 识别和 PPP 采购，但主要是基于自身行政职责对 PPP 有关法律文件进行审核评价，他们不是具体 PPP 项目的参与主体，不是 PPP 合同当事人。

二、政府方在 PPP 项目中的主要职责

PPP 模式下的政府方包括政府财政部门、发改部门、行业主管部门及政府授权 PPP 项目实施机构等。在订立 PPP 合同之前，我们需要全面了解和把握政府在 PPP 项目实施过程中的主要职责和义务。PPP 模式下，PPP 项目全生命周期实施有关建设、投资、运营和移交的主要责任和风险在社会资本方，单从 PPP 合同来看，社会资本的义务、责任要多于政府方；同时 PPP 项目实施还需要除项目实施机构之外的财政、发改、行业主管部门等机构介入，他们虽然不是 PPP 合同当事人，不承担 PPP 合同义务，但厘清他们在 PPP 模式下的主要职责，有利于界定 PPP 合同所涉政府方的义务和责任。实务中，有项目在编制 PPP 合同中，约定的项目实施机构的义务超出了项目实施机构乃至本级政府的权限，导致项目后期履行陷入困境。

(一)政府方在 PPP 实施各环节的主要职责

一般而言，在 PPP 项目运作过程中，项目发起、准备和采购阶段主要由政府方主导并准备相关文件；在项目实施阶段，政府方主要关注过程监控和中期考核；在移交阶段，政府方应组织好验收接收。

(1)在项目发起阶段，政府方作为项目发起筛选人，主要完成以下工作：

①组织完成 PPP 储备项目的立项、用地、环评审批/核准/备案。

②征集遴选储备项目，编制审核项目(初步)实施方案，对是否适宜 PPP 模式进行评估认证。

项目实施机构应会同有关主管部门，及时从项目储备库或社会资本提出申请的潜在项目中筛选条件成熟的建设项目，编制实施方案并提交联审机制审查，明确经济技术指标、经营服务标准、投资概算构成、投资回报方式、价格确定及调价方式、财政补贴及财政承诺等核心事项。

财政部门应对项目实施方案进行物有所值和财政承受能力验证，通过验证的，由项目实施机构报政府审核；未通过验证的，可在实施方案调整后重新验证；经重新验证仍不能通过的，不再采用政府和社会资本合作模式。

③编制本行政区域内 PPP 项目年度和中期开发计划。

根据《关于规范政府和社会资本合作综合信息平台运行的通知》(财金〔2015〕166 号)和《关于规范政府和社会资本合作(PPP)综合信息平台项目库管理的通知》(财办金〔2017〕92 号)规定，PPP 综合信息平台项目库包括储备库和管理库，对于尚未满足启动条件的项目，先置于储备库中，对于完成项目识别可以按 PPP 模式实施的，通过管理库动态监控。

④建立 PPP 项目专家库。

PPP 项目涉及面广、专业性强，财政部鼓励各级政府部门通过政府采购平台选择一批能力较强的专业中介机构及专业人士，如律师、造价咨询、注册会计师、注册税务师等，为 PPP 项目实施提供技术支持。同时，国家发改委也在从国家和地方层面构建有关中介机构库和专家库，这就造成了“双库并存”的局面。对 PPP 专业机构和专家而言，双库并存确无必要，期待将来通过打通隔阂，融为一体。

(2)选择社会资本阶段，政府方作为项目采购人，主要完成以下工作：

①指定项目实施机构。

②组织资格预审。

项目实施机构应根据项目需要准备资格预审文件，发布资格预审公告，邀请社会资本和与其合作的金融机构参与资格预审，验证项目能否获得社会资本响应和实现充分竞争，并将资格预审的评审报告提交财政部门(政府和社会资本合作中心)备案。可邀请有意愿的金融机构及早进入项目磋商进程。

③决定采购方式并依法选择社会资本。

地方各级财政部门要依托政府采购信息平台，或搭建信息服务平台，公开 PPP 项目的工作流程、评审标准、项目信息、实施情况、咨询服务等相关信息，加强政府和社会资本合作项目政府采购环节的规范与监督管理，保障信息发布准确及时、审批过程公正透明、建设运营全程监管。

④参与合同谈判、完善及审核。

地方各级财政部门要会同行业主管部门协商订立合同，重点关注项目的功能和绩效要求、付款和调整机制、争议解决程序、退出安排等关键环节，积极探索明确合同条款内容。

⑤将采购涉及的财政支出依法列入预算并报同级人大审批。

(3)在项目实施阶段，政府方作为项目采购人，主要完成以下工作：

①依约履行采购义务。

②对项目实施进行监管、考核、披露。

项目实施过程中，政府方应加强工程质量、运营标准的全程监督，确保公共产品和服务的质量、效率和延续性。项目实施机构还应定期监测项目产出绩效指标，编制季报和年报，并报财政部门备案。

项目实施结束后，可对项目的成本效益、公众满意度、可持续性等进行后评价，评价结果作为完善 PPP 模式制度体系的参考依据。

对于不涉及国家秘密、商业秘密的政府和社会资本合作项目合同条款、绩效监测报告、中期评估报告和项目重大变更或终止等情况应由政府方及时公开披露。

③根据行政职权对项目实施进行行政管理。

可进行的行政管理如价格管理、审计管理等。另外，可根据社会公众及项目利益相关方的举报行使监督检查职权。

④按照 PPP 合同有关约定授予特许经营许可。

（二）政府方在采购社会资本前需要准备的主要文件

在采购社会资本前，政府方需要准备的文件如下表：

总目	细　　目
1. 项目立项文件	(1)发改委项目立项核准批复或备案文件； (2)项目申请报告； (3)土地使用预审批复； (4)环评批复； (5)节能审查。
2. PPP 立项文件	(1)可行性研究报告； (2)产出说明； (3)PPP 项目(初步)实施方案； (4)物有所值论证和财政承受能力论证报告； (5)PPP 项目立项批复。
3. 实施机构授权文件	本级政府对 PPP 项目实施机构的授权文件。
4. 采购价款列入预算相关文件	财政部门、本级政府、本级人大关于将 PPP 项目采购(或可行性缺口补助)资金列入预算的决议文件。
5. 采购文件	包括资格预审文件、招标文件/谈判文件等。从内容上讲，采购文件还应包括社会资本选择评审方法、评审标准、政府采购政策要求、项目合同草案及其他法律文本等。
6. 其他附随义务承诺函	排他性承诺、超额收益分配承诺等。

其中，PPP 立项文件关系项目能否依法采用 PPP 模式，也基本奠定 PPP 项目经济技术标准、项目投融资结构、回报机制、运行方式、风险分配格局，因此尤为重要，需要立足于项目全程通盘考虑，也需要聘请专业咨询机构协助完成。

需要特别说明的是，作为政府方，需要在 PPP 合同草案中明确项目监管架构，监管架构主要包括授权关系和监管方式。授权关系主要是政府对项目实施机构的授权，以及政府直接或通过项目实施机构对社会资本的授权；监管方式主要包括履约管理、行政监管和公众监督等。

上述仅是从形式上或名目上对政府方在 PPP 项目的主要工作进行归纳总结。PPP 项目覆盖面广、具体运作模式也较为灵活多样，政府方相关工作的内容应结合项目具体情况，作通盘和全程考虑，着力创新，提高相关安排的针对性。总之，政府方前期工作体现了政府对项目预期公共利益目标的设定和筹划，其细致和贴合程度将对 PPP 项目的顺利实施及成败起决定作用。

三、项目实施机构、政府出资代表、项目公司主要权利义务

政府实施机构、政府出资代表和项目公司是 PPP 项目主要参与主体，厘清和理顺这三个主体各自在 PPP 项目进入 PPP 社会资本采购后的主要工作和各方权利义务对于构建 PPP 合同关系具有重要意义。

(一)项目实施机构在进入 PPP 社会资本采购后的主要工作和主要权利与义务

1. 在项目采购阶段

(1)依法通过公开招标、邀请招标、两阶段招标、竞争性谈判等方式，公平择优选择具有相应投资能力、管理经验、专业水平、融资实力以及信用状况良好的社会资本方作为合作伙伴。

(2)依据审查批准的实施方案，组织起草 PPP 合同草案，包括 PPP 项目主合同和相关附属合同(如项目公司股东协议和章程、配套建设条件落实协议等)。

(3)应根据项目需要准备资格预审文件，发布资格预审公告，邀请社会资本和与其合作的金融机构参与资格预审，验证项目能否获得社会资本响应和实现充分竞争，并将资格预审的评审报告提交财政部门(政府和社会资本合作中心)备案。

(4)项目有 3 家以上社会资本通过资格预审时，应准备采购文件、成立评

审小组(可自行选定评审专家)、发出采购文件、组织响应文件的接收和开启;或以其他方式采购社会资本。

(5)组织社会资本进行现场考察或召开采购前答疑会。

(6)成立专门的采购结果确认谈判工作组，就合同中可变的细节问题进行合同签署前的确认谈判。

(7)确认谈判完成后，应与中选社会资本签署确认谈判备忘录，并将采购结果和根据采购文件、响应文件、补遗文件和确认谈判备忘录拟定的合同文本进行公示。

(8)按相关规定做好社会资本成交结果公示期间异议的解释、澄清和回复等工作。公示期满无异议的，由项目实施机构会同当地投资主管部门将 PPP 项目合同报送当地政府审核。政府审核同意后，由项目实施机构与中选社会资本方正式签署 PPP 项目合同。

(9)需要设立项目公司的，待项目公司正式设立后，由实施机构与项目公司正式签署 PPP 项目合同，或签署关于承继 PPP 项目合同的补充合同。

(10)在项目合同签订之日起 2 个工作日内，应将项目合同在省级以上人民政府财政部门指定的媒体上公告。

2. 在 PPP 合同履约阶段

(1)监督社会资本按照采购文件和项目合同约定，按时足额出资设立项目公司。

(2)做好监督管理工作，防止企业债务向政府转移。

(3)和财政部门(政府和社会资本合作中心)建立政府和社会资本合作项目政府支付台账，严格控制政府财政风险。

(4)有权协商审计部门确定审计机构对项目进行全过程跟踪审计和竣工决算审计。

(5)根据项目合同约定，监督社会资本或项目公司履行合同义务，定期监测项目产出绩效指标，编制季报和年报，并报财政部门(政府和社会资本合作中心)备案。

(6)政府有支付义务的，应根据项目合同约定的产出说明，按照实际绩效直接或通知财政部门向社会资本或项目公司及时足额支付。

(7)项目实际绩效未达到约定标准的，应执行项目合同约定的惩处条款或救济措施。

(8)可根据社会经济环境、公共产品和服务的需求量及结构等条件的变化，提出修订项目合同申请，报政府审核。

(9)可按照项目合同约定，就无法协商达成一致的事项依法提起诉讼对民事争议可申请仲裁。

(10)每3至5年对项目进行中期评估，重点分析项目运行状况和项目合同的合规性、适应性和合理性；及时评估已发现问题的风险，制订应对措施，并报财政部门备案。

3. 在项目移交阶段

(1)如被政府指定，应代表政府收回项目合同约定的项目资产；采用有偿移交但项目合同没有约定补偿方案或约定不明时，应按照“恢复相同经济地位”原则拟定补偿方案，报政府审核同意后实施。

(2)应组建项目移交工作组，根据项目合同约定与社会资本或项目公司确认移交情形和补偿方式，制定资产评估和性能测试方案。

(二)PPP 项目公司的主要权利与义务

PPP 项目公司是 PPP 项目的项目法人，负责项目具体的投资、建设、运维和移交工作，主要权利义务如下：

(1)负责项目具体实施，包括项目投资、建设、运维、移交等具体工作，可将部分或全部设计、采购、建设工作委托给工程承包商。

(2)按 PPP 项目合同约定承担项目前期费用和征地拆迁费。

(3)作为项目建设单位，办理项目建设手续，就 PPP 项目融资、施工、采购、服务、运营等事项选择供应商，并签署合同。负责项目建设运营管理，负责项目建设工期、安全文明施工、质量等。

(4)自己或委托第三方专业机构履行合同约定的运营维护责任。

(5)如项目设置了超额收益分享机制的，社会资本或项目公司应根据项目合同约定向政府及时足额支付应享有的超额收益。

(6)可根据社会经济环境、公共产品和服务的需求量及结构等条件的变化，提出修订项目合同申请，报政府审核。

(7)根据实施机构和合同约定程序选择监理、造价咨询机构，也可由实施机构选择监理或造价咨询机构，项目公司承担相关费用。

(三)政府出资代表的主要权利与义务

根据《政府和社会资本合作项目财政承受能力论证指引》(财金〔2015〕21号)和《传统基础设施领域实施政府和社会资本合作项目工作导则》(发改投资〔2016〕2231号)规定，PPP 项目出资人代表系由政府指定代政府承担对项目公司股权投资支出责任的主体，政策鼓励地方政府采用资本金注入方式投资传统基础设施 PPP 项目，但并非强制要求 PPP 项目均需要安排政府出资代表。社会资本可以单独全资组建项目公司，此种情形下政府不承担股权投资支出责任。

政府出资人代表的职权限于《公司法》和项目公司章程规定的项目公司参股股东权利和义务，不承担项目融资责任，可以不分红或少分红。政府出资代表通常不是 PPP 投资合作合同和 PPP 项目合同签约主体或当事人，一般不享有和承担项目实施机构承担的权利和义务。

政府出资人代表作为项目公司股东，按照《公司法》和公司章程等相关规定享有如下主要权利与义务：

(1)应当按期足额缴纳公司章程中规定的其所认缴的出资额。

(2)有权查阅、复制项目公司的公司章程、股东会会议记录、董事会会议决议、监事会会议决议和财务会计报告。

(3)可要求查阅项目公司会计账簿。

(4)有权按照实缴的出资比例或全体股东约定的其他比例分取项目公司红利。

(5)项目公司新增资本时，有权优先按照实缴的出资比例认缴出资。

(6)有权参加项目公司股东会并按照出资比例或公司章程的约定行使表决权。

(7)有权按照公司章程的约定选任项目公司董事。

(8)有权按照公司章程的约定选任项目公司监事。

四、PPP 项目中政府出资代表的身份困惑与厘清建议

政府与社会资本之间的合作，从利益诉求和组织形式讲，是维护公共利益的政府机构与追求利润的经营性企业之间的合作与博弈。在中国的 PPP 实践中，地方政府往往让政府平台(城投)公司或其他国有控股企业以“政府出资代表”身份也参与到 PPP 项目中。这些平台公司或城投公司本身是独立的国有企业法人，有独立的法人财产权和独立的人员、机构、财务和经营绩效考核机制，在按政府指令向项目公司注资并履行股东权利时，如果使用的是企业自有资金，而非财政资金，且要求获得项目公司分红、项目公司剩余财产分配等，则在权利上与通过采购选定的社会资本股东并无二致，那么由此会导致 PPP 项目法律政策适用上一系列的混乱，“政府出资代表到底是哪个‘P’?”。

具体展开来说，包括：政府出资代表是否应列为 PPP 合同主体？是否应

当分红？出资代表出资资金是出资企业自有资金还是财政资金？出资支出是计入 PPP 项目政府采购支出责任还是计企业自身资产中的“长期股权投资”？能否在项目公司解散清算时获得剩余资产分配？如果与成交中选社会资本同股同权同收益，政府出资代表是否应与社会资本一起要通过竞争性采购程序才能获得投资机会？等等。

这些问题可以归结为政府出资代表在 PPP 合作关系中的身份困惑，是当前 PPP 中国实践中不大不小的一个痒点。要在当前法律框架下解答上述问题以及给出解决方案建议，需要先全面熟悉关于政府投资项目管理、政府平台公司管理、国有企业分类改革、预算法、企业国有资产法等领域的法律规定与政策，笔者梳理如下。

（一）“政府出资代表”的源起与平台公司分类改革

政府不能直接从事对项目公司的股权投资行为，那么通过企业作为出资代表落实对项目的出资支持并通过股东权利实施监管，本来是 PPP 项目能够包容的做法，如《传统基础设施领域实施政府和社会资本合作项目工作导则》第 8 条规定，鼓励地方政府采用资本金注入方式投资传统基础设施 PPP 项目，并明确政府出资人代表，参与项目准备及实施工作。可是在国内地方平台公司尚未完全实现政企分开、国有企业分类改革尚未完成的背景下，这种做法却很容易走偏。

故首先需要弄清“政府出资代表”制度的本意。笔者看到最早明确“政府出资代表”的规范性文件是国发〔2004〕20 号《国务院关于投资体制改革的决定》。该决定指出，以政府投资资金作为资本金注入的，需要确定出资人代表。大规模的地方政府融资平台公司也正是发轫于此。

> 《国务院关于投资体制改革的决定》(国发〔2004〕20 号)
>
> (三)规范政府投资资金管理。编制政府投资的中长期规划和年度计划，统筹安排、合理使用各类政府投资资金，包括预算内投资、各类专项建设基金、统借国外贷款等。政府投资资金按项目安排，根据资金来源、项目性质和调控需要，可分别采取直接投资、资本金注入、投资补助、转贷和贷款贴息等方式。以资本金注入方式投入的，要确定出资人代表。要针对不同的资金类型和资金运用方式，确定相应的管理办法，逐步实现政府投资的决策程序和资金管理的科学化、制度化和规范化。

平台公司具有独立法人资格，在法律上和会计核算上都是与政府相独立的主体，按《公司法》规定，政府以财政资金注入平台公司后即形成平台公司自有的法人资产，应由公司自主使用并作为其对外融资的资本。

获得原始资本的平台公司此后逐渐发生了分化：一部分因从事纯公益性项目，没有经营性收益，始终依赖政府注资；另一部分则通过自主经营积累起更多的资本金，实现了自收自支，不再依赖政府资本金注入。同时随着《公司法》、《企业国有资产法》的推行，与政府财政脱钩后的国有企业不仅享有独立的法人财产权，还要对其运营的国有资产负有保值增值的责任。后者才是平台公司的良性发展之路。但实际上，不少适宜自主发展潜质的平台公司却因为政企不分、政府与企业法人人格混同，被地方政府利用形成了大量的预算外的政府性债务，一方面平台公司因背负巨额负债难以为继，另一方面政府财力也捉襟见肘，最终严重制约了地方基建和经济发展。

为此，2010年，国务院下发国发〔2010〕19号《关于加强地方政府融资平台公司管理有关问题的通知》，禁止政府借平台公司增加政府性负债，鼓励平台公司自主发展，与财政脱钩，开始区分政府与平台公司本应独立的人格和责任。2015年，中共中央、国务院又作出《关于深化国有企业改革的指导意见》，根据平台公司禀赋，划分商业性和公益性两类企业，前者为经营性质，与政府财政脱钩，按市场规律自主经营、自负盈亏；后者为公益性质，可继续承担政府投资代表职责。目前地方国有企业分类改革仍在推进之中。

《国务院关于加强地方政府融资平台公司管理有关问题的通知》(国发〔2010〕19号)

二、对融资平台公司进行清理规范

(1)对只承担公益性项目融资任务且主要依靠财政性资金偿还债务的融资平台公司，今后不得再承担融资任务，相关地方政府要在明确还债责任，落实还款措施后，对公司做出妥善处理；

(2)对承担上述公益性项目融资任务，同时还承担公益性项目建设、运营任务的融资平台公司，要在落实偿债责任和措施后剥离融资业务，不再保留融资平台职能。

(3)对承担有稳定经营性收入的公益性项目融资任务并主要依靠自身收益偿还债务的融资平台公司，以及承担非公益性项目融资任务的融资平台公司，要按照《中华人民共和国公司法》等有关规定，充实公司资本金，完善治理结构，实现商业运作；

(4)要通过引进民间投资等市场化途径，促进投资主体多元化，改善融资平台公司的股权结构。对其他兼有不同类型融资功能的融资平台公司，也要按照上述原则进行清理规范。

《中共中央、国务院关于深化国有企业改革的指导意见》(2015 年 8 月 24 日)

一、总体要求

(二)基本原则

坚持社会主义市场经济改革方向。这是深化国有企业改革必须遵循的基本规律。国有企业改革要遵循市场经济规律和企业发展规律，坚持政企分开、政资分开、所有权与经营权分离，坚持权利、义务、责任相统一，坚持激励机制和约束机制相结合，促使国有企业真正成为依法自主经营、自负盈亏、自担风险、自我约束、自我发展的独立市场主体。社会主义市场经济条件下的国有企业，要成为自觉履行社会责任的表率。

二、分类推进国有企业改革

(四)划分国有企业不同类别。根据国有资本的战略定位和发展目标，结合不同国有企业在经济社会发展中的作用、现状和发展需要，将国有企业分为商业类和公益类。通过界定功能、划分类别，实行分类改革、分类发展、分类监管、分类定责、分类考核，提高改革的针对性、监管的有效性、考核评价的科学性，推动国有企业同市场经济深入融合，促进国有企业经济效益和社会效益有机统一。按照谁出资谁分类的原则，由履行出资人职责的机构负责制定所出资企业的功能界定和分类方案，报本级政府批准。各地区可结合实际，划分并动态调整本地区国有企业功能类别。

我们从上述过程可以看出，原来设政府出资代表的本意是：由于政府不能直接以自己名义注入资本金，故要先将政府投资资金注入平台公司，再以平台公司名义投入项目，出资代表承担的是安全输送政府投资资金并承担资金使用监管的责任。

而当平台公司完成分化后，对于商业性企业，“政府出资代表”的“通道”逻辑便不再适用。若要求其以自有资金投资项目属于企业投资行为，而非政府投资行为，企业有权利要求合理的投资回报以实现保值增值；若要求其过手输送专项财政资金到指定项目并担任项目公司股东，也与该类企业独立法人财产制和经营性企业定位不符，政府输入的专项财政资金将与企业持有的经营性国有资产混同，代表政府实施的投资行为还需要与企业自主的投资行区分开，这会给企业整体会计核算、国有资产经营业绩考核都带来不必要的困扰和影响。

(二)平台公司参与 PPP 项目的条件与限制

1. 平台公司作为社会资本的条件和限制

结合《财政部关于印发政府和社会资本合作模式操作指南(试行)的通知》(财金〔2014〕113 号)和国办发〔2015〕42 号《关于在公共服务领域推广政府和社会资本合作模式的指导意见》有关规定，如果平台公司以“社会资本”身份参与 PPP 项目，则须满足：

(1)已经建立现代企业制度、实现市场化运营的；

(2)在其承担的地方政府债务已纳入政府财政预算、得到妥善处置并明确公告今后不再承担地方政府举债融资职能。

同时，还应遵守以下两项限制：

(1)为避免影响社会资本采购的公平性，本级政府所属融资平台公司及其他控股国有企业以及融资平台公司参股但对公司经营起到实质性影响的公司，不得参与本级政府所属 PPP 项目。

(2)严禁融资平台公司通过保底承诺等方式参与政府和社会资本合作项目，进行变相融资。

《财政部关于推进政府和社会资本合作规范发展的实施意见》(财金〔2019〕10 号)第三条“加强项目规范管理”规定：各级财政部门要将规范运作放在首位，严格按照要求实施规范的 PPP 项目，不得出现以下行为：(二)本级政府所属的各类融资平台公司、融资平台公司参股并能对其经营活动构成实质性影响的国有企业作为社会资本参与本级 PPP 项目的。

2. 平台公司作为政府出资代表的限制

结合财金〔2014〕156 号附件《PPP 项目合同指南(试行)》第 2 条和《政府和社会资本合作项目财政承受能力论证指引》第 10 条等有关规定，政府出资代表应遵守以下限制：

(1)在项目公司中的持股比例应当低于 50%。

(2)不具有实际控制力及管理权。

(3)所承担的出资应能计入政府承担的股权投资支出责任。

在满足上述条件的情况下，政府出资代表仅为输送政府财政资金到项目公司，所出资金最终作为资本金物化为项目资产，最终再由社会资本方移交回政府。唯如此，将政府出资代表出资计入政府股权投资支出责任和政府出资代表放弃分红以及项目公司剩余财产分配权才符合会计核算准则、法理和逻辑。

若要求出资企业以自有资金出资，则不涉及政府财政支出，当然不能计为政府股权投资支出。若要求一个商业性的出资企业在股权出资后又放弃分红和剩余财务分配权，那实际上是将出资款“无偿赠予”给项目公司，这显然不符合商业逻辑和国有资产保值增值要求。同时，若保留政府出资代表分红和剩余资产分配权等与出资比例相匹配的全部股东权利，与按采购程序选择的社会资本同股同权同收益，则与社会资本无异，那就不是政府出资代表，而应视为社会资本，这就违反社会资本应通过竞争性采购选定的原则，且违背了本级政府国有控股企业不得参与本级政府所属 PPP 项目的禁止性规定。

(三) 对政府股权出资安排和理清政府出资代表身份的建议

PPP 项目中，政府股权出资不是法定责任，政府方持有项目股权也不是必不可少的监管方式，政府方可选择委托政府出资代表进行股权出资还是直接以财政补贴、补助等方式支持项目。政府股权出资的目的也绝不是获得收资回报，而是借股东身份和权利对项目公司运营实施监管。同时，按照政企分开、尊重法人财产权和国有企业公益类、商业类分类监管原则，策划 PPP 投融资方案，框定政府出资代表的职责。本着这样的出发点或共识，在现有法律政策框架下，去繁从简，是可以对政府股权出资作出合法合理且简易清晰的安排的。基于此，笔者有如下建议：

(1) 政府股权出资资金应当是财政性资金，而非出资代表企业的自有资金。

政府股权出资支出是政府方在 PPP 项目中所承担财政支出责任的一个组成部分，将占用政府财政支出的指标额度。故所出资金应当是政府专项支持该 PPP 项目的财政资金，而不是指定出资代表企业的自有资金。政府注入出资代表企业作为注册资金的财政资金自出资之日起，其性质已从政府财政资金转为企业自有的法人资产，且该笔出资与 PPP 项目投资不挂钩，由企业自主使用。故政府也不能以曾以财政资金向平台公司注资为由，要求平台公司以自有资金代政府履行股权出资责任并计入政府财政支出，其背后暗含的“政企不分”的理念是需要转变的。

(2) 明确政府股权出资所形成的项目资产不作为政府采购对象，将政府股权出资支出和政府对社会资本方的直接付费支出并列视为政府对 PPP 项目的财政支出。

政府出资代表使用的是政府财政资金，故其出资为政府投资行为。根据《政府和社会资本合作项目财政承受能力论证指引》第 9 条和第 10 条规定，从财务角度，PPP 项目中的政府股权出资支出与政府直接付费的运营补贴支出、风险承担支出及配套投入支出应是并列关系，即政府股权出资与政府付费是政府投资 PPP 项目的两种并列途径。对于 PPP 项目中的政府股权出资而言，可将之理解为政府采购项目的“预付款”，随着社会资本方的建设运维行为，逐渐物化为项目资产或公共服务或产品，最终由政府方收回，政府在向社会资本方支付采购价款时不包含政府股权出资对应的资产或公共产品及服务，政府股权出资既不能作为 PPP 项目成本，也与社会资本方获得的投资收益无关。故此，《国家发展改革委关于切实做好传统基础设施领域政府和社会资本合作有关工作的通知》(发改投资〔2016〕1744 号)第五条“建立合理投资回报机制”明确表示，支持采取政府投资股权少分红、不分红等多种方式支持项目实施。

(3)政府出资代表宜为公益类国有企业。

在国有企业分类改革完成的情况下，政府出资代表由公益性国有企业担任，才能保证与政府出资的公益性质相匹配，才能统一按公益性质国有资产进行监管、定责和考核。

如果尚没有已完成分类改革的公益类国有企业作为载体，则在过渡期，可由其他非公益类国有企业专设公益性账户独立管理政府委托出资的财政资金，与其管理的经营性资产区别管理和考核。待有合适的公益类国有企业后，再将股东权利转移由公益类国有企业持有。

(4)政府出资代表其身份必然且只能是政府一方，而不能作为社会资本方或与政府、社会资本方并列的第三方。

政府出资代表是政府委托的履行政府出资行为的代理人，其出资行为及由此引发的法律后果和责任仍归政府，与政府授权的项目实施机构一样，均应属于政府一方，而不能归入社会资本一方，不能成为挂着政府方名义的“实际社会资本”。也正是因为出资企业是代表政府出资，才可以由政府直接指定，而不必通过竞争性采购程序获得 PPP 项目投资资格。

政府出资代表即不是 PPP 项目的采购方，也不是参与投标或响应的社会资本方，而是政府指定的具体代表政府按 PPP 合同履行股权出资义务和享有股东权利的主体。在 PPP 合同中，政府或政府授权的实施机构已经作为合同主体，政府出资代表就没有必要、也不宜作为与政府、成交社会资本并列的 PPP 合同签约主体，其身份应当是项目公司股东合资合同的当事人。

第二节 PPP 合同体系

一、PPP 项目合同体系基本构成

PPP 项目的合同关系以政府方与社会资本方为核心展开，涉及政府、项目实施机构、政府出资代表、社会资本投资人、项目公司、融资机构、承包人、供应商以及中介服务机构等主体之间的合约关系。各类合同的当事人和内容不同却又相互联系，共同构成 PPP 合同体系。具体可以从以下四个层级解析 PPP 合同体系的构成：

（一）PPP 项目合同为第一层级

这一层级的合同文件主要包括项目实施机构与社会资本以及项目公司签署的 PPP 合作合同、项目合同或继承协议、补充协议等。为保障实施方案到招标投标文件的一致性，有必要将与核心合同文件相关的采购文件、成交中选社会资本投标或响应文件、谈判备忘、履约保函作为合同组成部分，部分项目甚至把项目实施方案也作为合同组成部分之一。PPP 合同已经签署生效，作为合同组成部分的相关文件也对合同当事人产生法律约束力。

这一层级的合同文件是 PPP 合同体系的基础和核心文件，具有统领 PPP 合同体系之地位和作用。但在实务当中，这一层级的合同形式和名称五花八门，单就政府与中选社会资本投资人签署的 PPP 合同而言，就有“合作备忘录”、“意向协议”、“战略合作协议”、“投资合作协议”、“框架协议”、“初步协议”等各种称谓，相应合同内容也详略不一、各有侧重。这一方面因缺乏法律专业人士的深度参与，各种想当然的表述和安排堂而皇之出现在对相关法律文件中，造成了大量的法律风险漏洞。笔者就实务中常见的法律问题归纳整理如下：

1. 关于文件名称到底应当是“协议”还是“合同”

参照《合同法》第 2 条规定，本法所称合同是平等主体的自然人、法人、其他组织之间设立、变更、终止民事权利义务关系的协议。可见“合同”、“协议”的称谓仅是形式意义上的，其本质在于这些“合同”、“协议”已经签署且满足生效条件后，对各方产生法律约束力。这些文件称“合同”还是“协议”，对其法律效力没有实质性影响。

2. 关于备忘录、意向协议、战略合作协议、会议纪要、初步协议的合同

效力

PPP 项目采购过程复杂，除了 PPP 项目合同、投资合同之外，还有与中标候选人谈判达成一致的谈判备忘录、采购结果确认备忘、会议纪要等，甚至在社会资本采购之前政府与社会资本投资人之间可能已签署有合作意向书、战略合作协议等。

这些“备忘”、“会议纪要”、“战略合作协议”、“意向协议”、“初步协议”文件有对项目有关事实的共同认定，如项目范围、规模、回报机制等，也有对双方权利、义务、责任的确认。前者因不涉及双方权利义务关系，不是合同文件，可以作为证据材料；后者则为合同的具体存在形式，已经各方有效签署，会对当事人产生合同效力。

当然，还有一类文件对合同效力作了特别约定，如意向协议或初步协议中约定，本协议对各方当事人不具有法律约束力，最终合作以经政府依法采购形成的采购结果为准。这类文件不具有合同效力，只是对过往谈判磋商经过的一个记录。

3. 关于正式与非正式签署

笔者在为 PPP 项目法律服务中遇到不少非法律专业人士设计的合同，其中有非正式签署和正式签署的安排，大致是想说明：先由中选社会资本投资人与政府方初步签署 PPP 合同，等项目公司成立后，再由项目公司与政府方正式签署 PPP 合同。然而作为“初步签署”的 PPP 合同仍然约定由各方盖章或授权代表签署之日起生效。

从法律角度，这个问题实际上涉及合同的生效安排。如果要通过“初步签署”、“非正式签署”的安排起到暂时不要相应合同立即生效，而要在“正式签署”后生效，则需要在初步签署的合同文本里对生效作出签署也不生效的特别约定。否则，一经签署，一般就会使相应合同产生法律约束力，无论是否“初步签署”或“非正式签署”。而且，对 PPP 采购而言，在采购结果确认以后，作为政府方的采购人与中选社会资本应当签署有效的 PPP 合同，而不是临时的不能生效的合同，等项目公司成立后再签署可以生效的合同。后者违反了《政府采购法》、《招标投标法》要求采购人与中选社会资本按采购文件和响应文件签约的强制性规定，也会使社会资本投资人虽然中标但从 PPP 项目社会资本方的权利义务体系中脱离出来，形成巨大的法律风险敞口，一旦纠纷形成，将酿成严重后果。

其实，对合同签署实践，所谓非正式签署与正式签署是通过“草签”与“签章”体现的。比如在 PPP 合同形成过程中，于采购结果确认和合同谈判结束之时，可以先安排采购人与中选社会资本授权代表就已谈定的合同文件进行逐页签名确认，是为“草签合同”。待有关合同文本经政府批复确认后，各方再分别走用印签批流程，完成合同的最终签署。

因 PPP 合同应当经政府批准方可生效，因此对于各方完成草签的合同，也仅对合同文本内容的确认，尚未对各方当事人产生合同的法律约束力。

此外，如果 PPP 项目涉及政府与项目公司专门签署的特许经营合同和医院、学校这类特许机构与项目公司签署的委托运营管理合同的，从其重要地位来讲，也应归属在这一层级的合同体系之内。在一定意义上，我们可以将政府与社会资本方签署的 PPP 投资合同或项目合同作为主合同，这一类特许经营合同或委托运营管理合同是 PPP 主合同的从属合同，其效力以 PPP 投资合同或项目合同为基础，其履行是 PPP 投资合同或项目合同履行的重要组成部分。

(二)项目公司股东之间的合资合同为第二层级

这一层级的合同和法律文件包括政府出资代表与中选社会资本投资人或中选社会资本投资人作为项目公司股东签署的合资协议和项目公司章程。

PPP 有关规范性文件将股东之间的合同统称为股东协议。因项目公司多数以有限责任形式存在，就共同出资成立有限公司而言，股东之间签署的协议之前称作“合资合同”。对于外资背景的社会资本而言，股东签署的协议为“合作经营协议”。另外一份核心的法律文件为项目公司章程。当然，涉及项目公司重大事项决策规范的股东会议事规则、董事会议事规则、党委会议事规则、监事会议事规则、总经理办公会议事规则以及工会有关议事决策规则等，也可纳入这一层级的法律文件中。

在我国 PPP 实践中，在项目前期各方重点关注项目建设和投资有关安排，而对项目公司决策和关联交易管理，尚未引起足够的重视。股东协议和公司章程对这一方面的规定一般按格式化文本设置，各方投入较少，未经有经验的专业机构指导完善，相关规则的严谨性、可操作性、全面细致程度各方面均不容乐观，成为 PPP 项目规范管理相对薄弱的一环，尤其是在项目公司股权结构中含政府出资代表、社会资本方联合体各成员等多名不同利益诉求的股东的情况下。

在这一环节的不足导致各股东就投资责任、融资责任、项目工程承包、投资和承包利益分配产生争议纠纷，项目公司运作管理陷入僵局，项目建设实施无法推进。就笔者跟进或研究的多单 PPP 失败案例来看，这一点是导致 PPP 项目提前终止相当重要的制约因素。随着，我国大量 PPP 项目进入运营期，项目建设投资基本确定，原来因追逐工程建设利润而本无打算长期合作或对项目运营没有兴趣的项目公司股东与其他股东之间的矛盾也会逐渐加剧。

除了股东的出资方式、出资额外，项目公司的公司章程应当载明公司的机构及其产生办法、职权、议事规则。就笔者实务操作经验来看，这一部分内容相当重要，需要结合 PPP 项目具体情况细致安排。

其一，对于有政府出资代表参股项目的，根据 PPP 操作指南等规范性文件要求，对于涉及公共利益和公共安全的事项，需要体现政府出资代表股东的决策权。实务中有不少不明就里的非法律专业人士就此设置了所谓的“一票否决权”、甚至是“一元金股”，然而对于相关事项具体的范围、应由哪一层面讨论决策以及具体的议事规则均能作细致明确的安排，导致这一机制形同虚设、相关决策也争议不断。项目公司重大事项、涉及公共利益与公共安全的事项缺乏明确的可供指导实践判断的外延，需要在公司章程、议事规则中加经细化列举。一般而言，可以将修改公司章程、公司合并分立、增减公司注册资本、解散项目公司、重大资产处置、超过一定金额的融资和对外担保等会影响项目公司持续存续经营和资产权益流出或者影响公共利益、公共安全的事项列举作为重大事项，并将相关具体事项分列入股东会、董事会、监事会、总经理办公会、党委会等组织机构的决策事项中。同时，“一票否决权”并非按字面理解为一张否决投票，而是一种集体决策机制，指就有关事项需要由政府出资代表或委派的董事、监事或高管人员同意方为有效。这种机制不限于项目公司股东会，还可应用于有政府出资代表委派人员参与的董事会、监事会或总经理办公会等。

其二，在 PPP 模式下，因项目投资建设和运营管理风险由社会资本承担，因此强制项目公司的实际控制权由社会资本投资人掌握，由此实现“谁决策谁承担风险”的公平原则。然而实践中，有地方政府仍秉持基建项目应由政府或平台公司管控的惯性思维，对项目公司正常经营管理过度施加干预，既影响了项目公司法人自治，也不利于激励社会资本发挥其项目经营管理的专长和优势，违反了 PPP 规范运作要求。另外还需要指出的一点是，对项目公司实际控制权的判断应当基于“实质重于形式”原则，有社会资本为实现“出表”诉求，有意将项目公司决策管理权让渡给政府出资代表，或与政府出资代表实现“共管共治”，即所有事项均需要全体股东或董事或监事一致通过方为有效。如此操作，笔者认为均不符合 PPP 规范运作要求；同时，PPP 模式下政府方和社会资本利益诉求有对立冲突的一面，这是不容回避的现实，在共管共治规则下，极容易使项目公司陷入公司无法有效决策的僵局。因此，建议政府方能够按 PPP 规范要求，收敛管理欲望，将干预克制在政府作为“采购人”、“监督者”而非主要参与者的程度和范围之内；社会资本也要理性看待项目公司管理中的利益冲突和价值追求之差异性，以项目顺利推进获得合理回报为主要目标，不要因为单纯追求“出表”而因小失大。

其三，对项目公司股东会、董事会、党委会、监事会以及总经理办公会等集体决策有关程序和议事规则应给予足够重视和作针对性的详细的制度安排。如果有详尽的议事规则，就政府与社会资本的某些争议是完全可以既定规则中消弭化解掉的。这一方面的内容包括项目公司治理结构完善、权责分明，集体决策程序清晰完整、可操作，能够顺利形成有效决议，而避免将项目公司平台化、丧失法人自治权利。尤其是对集体决策程序，需要详细安排会议的召集、通知、投票或表决、有效决议形成与记录和备案等。

(三) 项目公司为执行 PPP 而签署的下游合同为第三层级

第三层级为 PPP 项目执行阶段由项目公司签署的融资协议、总承包合同、采购合同等法律文件。对这一层级的合同文件，没有政府方的项目实施机构和政府出资代表参与作为当事人，由项目公司作为甲方，首先应维系项目公司的主导权。政府一方可以监督项目公司依法依规进行合同采购并签署合同，可以要求将相关合同提交备案，也可以要求就相关合同的履行形成的投资成本和建设运营成果配合审计和验收，但不得过度干预项目公司采购甚至代替项目采购，如要求项目公司与政府指定供应商合作或将 PPP 项目合作范围内的工程和运营事项部分抽离出来，由政府直接代为采购。

站在政府方角度，这一层面的合同文件还有一项需要重点防范的风险事项，那就是关联交易。首先是经过公开招标程序选定的 PPP 项目投资人，如果自身具有建设、供应资质和能力的，依据《招标投标法实施条例》第九条有关规定，可以在其资质和能力范围内直接作为项目的承包方或供应商，与项目公司签署合同。而这种情况下，PPP 项目公司又实际受社会资本投资人控制，因此如果任由其进行关联交易，则存在社会资本投资人利用其控股地位通过关联交易虚增项目投资成本、抽逃出资的风险敞口。因此，对于这一层级里涉及关联交易的合同，政府方应当给予适当监控。

(四) 项目实施有关中介服务合同为第四层级

第四层级为保障项目规范实施的咨询服务合同、法律服务合同、审计服务合同、监理服务合同等中介服务合同。PPP 项目期限长、专业要求高，如要顺利实施，务必需要专业中介机构协助提供专业服务，这也是项目实施质量不可或缺的保障。

实务中，这一层级的法律文件一般是指政府方为防范项目风险而聘任中介机构所形成的合约文件，如果因社会资本自身管理需要需签署的专业服务合同，则不必列入 PPP 合同体系之中。因此，这类中介服务合同的委托方一般宜为政府方。

不少项目要求项目公司承担基于这类合同所产生的中介服务费用，为此，在本合同之外，由政府方、项目公司和中介机构签署三方支付协议，约定由项目公司按政府方指令向中介机构支付中介服务报酬，项目公司相关支出经审计确认后将作为项目投资成本。有关支付协议也可纳入这一层级的合同文件中。

二、PPP 合同体系常见疑难问题与解决方案

正是因为 PPP 合同体系的复杂性、多元化，操作不当就会产生相应的法律风险，引发项目违规、项目实施受困、项目整改出库、合同无效、争议纠纷等一系列不良后果。笔者根据过往服务经验和有关案例研究，归纳出以下几个 PPP 合同体系构建有关常见疑难问题。

(一)关于启动社会资本采购前所签署合作协议的合规性

为保证 PPP 项目社会资本采购效果，PPP 项目采购前可以先进行关于项目社会资本响应度的市场测试，政府方在社会资本采购前对有意向的社会资本进行市场调研或项目实施方案咨询，就项目采购条件和实施框架听取各方意见或建议。

这一环节并非法定的采购前必须经历的措施，而是基于 PPP 项目采购条件难以准确把握和供应市场的不确定性，政府方在进行社会资本采购前组织的社会资本响应度测试和关于采购条件的沟通调试，其目的在于帮助确定公平合理采购条件和竞价标的以及收集合理的项目实施建议。尽管 PPP 有关规范性文件没有对相关程序作出明确规定，但采购前市场测试对于合理设定项目采购条件和保障项目顺利实施是很有必要的，尤其对于综合类 PPP 项目以及没有充足的市场数据反映采购竞价标的公允性的项目而言。

既然是政府在采购前与部分社会资本的非正式沟通，本不应该就沟通和反馈成果形成有法律约束力的合作协议。但实务中，有地方政府与有意向的社会资本在进行社会资本采购之前就前期磋商签署了意向协议、框架协议或战略合作协议等类似涉及项目合作内容的协议。

这类协议的内容，如果仅仅是说明各方具有合作意向、鼓励社会资本到本地投资投标以及参与项目方案论证，尚在情理之中。但若涉及投资回报率、项目付费机制等内容，则涉嫌违规。

根据《招标投标法》第 43 条规定，在确定中标人前，招标人不得与投标人就投标价格、投标方案等实质性内容进行谈判。该法第 55 条进一步规定，依法必须进行招标的项目，招标人违反本法规定，与投标人就投标价格、投标方案等实质性内容进行谈判的，给予警告，对单位直接负责的主管人员和其他直接责任人员依法给予处分。前款所列行为影响中标结果的，中标无效。

因此，对于采购人与特定潜在社会资本在项目社会资本采购前对合作实质性内容进行磋商且形成标前协议的，构成违规，政府方有关人员将承担法律责任；如果该协议内容与中标结果相吻合，则中标结果无效，即便签署了 PPP 合同，相应 PPP 合同也因此无效。

PPP 项目社会资本和有关交易内容应当依法通过公开程序确定，有关采购条件应当公平合理，不存在歧视或排斥其他潜在投标人的情形。而在采购前的市场测试过程中，所作的沟通、所签署的协议应当谨守上述规则。在社会资本采购结果确认之前，政府与特定社会资本不得就 PPP 项目投标价格、方案等采购实质性内容进行谈判磋商，更不能就谈判磋商结果达成协议。如果要签署意向协议或战略合作协议，在不涉及具体项目合作实质性内容的前提下，达成战略性意向合作协议，但需要明确相关协议仅为表达双方合作意向，不具有法律效力，项目将依法进行社会资本采购，确定谁为社会资本以及签署怎样的合作协议将以依法公开采购结果为准。

（二）关于项目公司如何合规签署 PPP 合同

1. 中选社会资本的权利义务不同于项目公司的权利义务

实务中，政府与社会资本间的 PPP 合同体系的常见设计是包括政府与中选社会资本之间的《投资合作协议》和政府与项目公司之间的《PPP 项目合同》。投资合作协议涉及项目投融资、项目公司成立以及项目建设运维移交整体安排，是 PPP 项目合同的前提和基础；PPP 项目合同具体约定项目的投资建设运维和移交。项目公司成立以后，其与中选社会资本均独立法人，能够独立地对外签署合同并对所签署的合同承担民事责任。中选社会资本作为项目投资人、项目公司的股东，其与政府方签署的 PPP 合同项下约定的社会资本方的权利和义务中，有属于社会资本投资人专属的内容，比如资本金出资责任、补充融资责任、成立项目公司责任、股权锁定期内限制转让股权的责任等，无法也不宜转移由项目公司承接。而且对 PPP 项目实施而言，在项目公司成立以后，由新成立的项目公司全面接替中选社会资本实施项目，中选社会资本则完全脱离出与政府的合作，不再受 PPP 合同约束，单凭项目公司的履约能力难以保证项目持续顺利实施。因此，中选社会资本和政府方签署的 PPP 合同与项目公司和政府签署的 PPP 合同不能完全重合，亦不能相互完全替代，需要区别对待，尤其需要保留中选社会资本专属的权利与义务以及必要而适当的连带责任。

实务中此项问题有两个误区：一是认为项目公司可以完全替代中选社会资本，将项目公司在 PPP 模式下的权利义务完全等同于中选社会资本的权利义务，将项目公司与政府签署的 PPP 合同完全等同于中选社会资本与政府签署的 PPP 合同。仅举一例即可说明，如股权锁定期义务要求，不能要求项目公司在股权锁定期内不得擅自转让持有对项目公司的股权，这是项目公司股东即中选社会资本应承担的专属义务。

二是片面强调对社会资本方股东的“有限责任”和“有限追索”，将股东有限责任与中选社会资本在 PPP 合同项下应当承担的义务与责任混为一谈。根据《公司法》规定，公司股东确实以其股权出资额为限，对项目公司的债务承担有限责任，在公司股东完成缴纳所认缴公司注册资本金的情况下，项目公司即使资不抵债，债权人非因法定事由也不能向股东进行追索，这里的有限责任是指股东与所出资公司之间的责任界限划分。然而，这并不影响在 PPP 合同里约定由社会资本在项目公司融资能力不足支持项目继续实施的情况下承担补充责任，后者是一个民事法律主体对另一个民事法律主体的履约行为一种担保，也是作为中选社会资本在 PPP 项目采购文件和响应或投标文件里对政府方出具的承诺。

经过法定采购程序公开遴选社会资本的过程，是对理想社会资本在投资、建设、运营管理各方面能力筛选的过程，以便建立长期的合作关系。如果在中标以后，仅仅是让其成立项目公司即可甩手而去，公开采购遴选社会资本的意义会大打折扣，同时项目持续实施也将无法得到保障。

2. 中选社会资本和政府方签署的 PPP 合同与项目公司和政府签署的 PPP 合同之间应作好衔接补充

基于前述对中选社会资本和项目公司的权利义务以及对中选社会资本和政府方签署的 PPP 合同与项目公司和政府签署的 PPP 合同之间差异的分析，在政府与社会资本之间应当有分别体现社会资本投资人权利义务和项目公司权利义务的合同文本。根据《合同法》规定的效力相对性原则，合同的法律效力及于合同当事人。因此，不能将把属于社会资本投资人的权利义务置于政府与项目公司签署的 PPP 合同中，社会资本投资人不参与签署，即便明确约定是社会资本投资人承担的义务，对社会资本投资人也没有法律约束力。反之亦然。

实务中，有项目关于社会投资人与项目公司各自与政府方的 PPP 法律关系的安排是：先由政府与成交社会资本签署一份内容比较详尽的 PPP 项目合同，项目公司成立后，再由项目公司与政府方签署 PPP 项目继承协议或补充协议，由项目公司概括受让中选社会资本在此前 PPP 项目合同项下的权利与义务。相应操作应注意：一是继承协议或补充协议应将中选社会资本作为合同当事人参与签署合同，二是对于社会资本投资人专属的义务与责任应继续由社会资本投资人承担。

也有项目为追求提高采购效率，先由政府与中选社会资本签署一份简单粗糙的框架协议或意向协议，待项目公司成立后，再与项目公司签署一份详细的 PPP 项目合同。这种操作，不仅在社会资本投资人中标后，大大增加了政府与项目公司的谈判成本，还会导致政府与社会资本之间的核心交易内容和涉及回报机制的关键权利义务实际上未经公开采购程序确定，而是事后谈判磋商出来的，实质上违反了社会资本采购有关规定。建议在前述厘清社会资本的专属义务之同时，在采购过程中即对 PPP 合同的实质性内容进行确认，采购结果确认也应包括对 PPP 合同实质性内容的确认。

（三）关于 PPP 合同的性质

PPP 合同内容庞杂，不宜笼统且单纯地将合同定性为民事合同或行政合同。

根据《行政许可法》规定，PPP 项目中的特许经营行为涉及需要政府机关给予收费许可、经营许可或颁发有关资质的，构成行政许可行为，就行政许可形成行政法律关系。根据《行政诉讼法》规定，认为行政机关不依法履行、未按照约定履行或者违法变更、解除政府特许经营协议的，可依法提起行政诉讼。根据最高人民法院《关于适用〈中华人民共和国行政诉讼法〉若干问题的解释》规定，行政机关为实现公共利益或者行政管理目标，在法定职责范围内，与公民、法人或者其他组织协商订立的具有行政法上权利义务内容的协议，属于《行政诉讼法》第 12 条第 1 款第 11 项规定的行政协议，公民、法人或者其他组织就政府特许经营协议提起行政诉讼的，人民法院应当依法受理。

由此，对 PPP 合同中包含的基础设施和公共事业特许经营许可、行政审批、行政决定、行政裁决、行政强制、行政处罚、行政征用或征用等行政行为有关法律关系，为行政合同内容；其他项目投资合作、回报补偿、项目协调、按效付费等则为民事法律关系。PPP 项目合同既包含行政合同内容，也包含民事合同内容，从社会资本提供公共服务从而获得合理回报这一 PPP 交易实质来看，PPP 合同是以民事法律关系为基调。

自 PPP 推行以来，法院、政府部门、学界、实务界对 PPP 合同性质反复多次研讨，最具有代表性的是最高人民法院行政庭针对当前我国 PPP 协议及争端解决机制课题组织的相关研讨。[①] 比较主流的观点是，PPP 合同内容庞杂，涉及行政法律关系和民事法律关系的竞合，受公法和私法综合调整，有必要突破公法和私法二元分立的理论分析模式，以具体内容对象所涉及的法律关系作具体分析和应对。其实从实务角度看，脱离具体内容而笼统抽象的讨论 PPP 合同的性质是属于行政合同还是民事合同，是没有多大意义的。

目前已有一些涉及 PPP 合同性质的法院裁判案例，没有笼统将 PPP 合同定性为行政合同或民事合同。广东省湛江市中级人民法院就海南中东集团有限公司、茂名市公路建设有限公司与遂溪县人民政府、第三人遂溪县水生态投资开发有限公司、第三人遂溪县新区建设开发有限公司行政协议一案所作出的(2018)粤 08 行初 395 号行政判决书称："政府和社会资本合作(PPP)模式，是指政府采取竞争性方式选择具有投资、运营管理能力的社会资本，双方按照平等协商原则订立合同，明确权责关系，由社会资本提供公共服务，政府依据公共服务绩效评价结果向社会资本支付相应对价，保证社会资本获得合理收益。PPP 协议兼具行政协议和民事合同性质，但涉及公共利益，行政权的作用明显，公法属性亦比较突出，但要准确定性 PPP 协议是否为行政协议，应围绕行政协议的要素进行审查。"

该法院基于涉案 PPP 合同的目的是为了实现社会公共利益需要，签约主体反映行政机关意志，约定的权利义务内容性质上基本上为公益性，而且不少项目属于特许经营范围，需要获得政府审批或需要政府配合办理相关审批手续才可进行等特征，确认涉案的《遂溪县西溪河一河两岸综合整治开发 PPP 项目合同书》的法律性质为行政协议，没有采纳遂溪县人民政府关于"《遂溪县西溪河一河两岸综合整治开发 PPP 项目合同书》属于平等民事主体之间签订的民事合同，合同性质为民事合同"的主张。

而在河南新陵公路建设投资有限公司与辉县市人民政府管辖权异议案中，

① 详见 2017 年 08 月 30 日人民法院报刊登的"PPP 协议性质及争端解决机制研讨"有关内容，http://rmfyb.chinacourt.org/paper/html/2017-08/30/content_129593.htm? div=-1。

最高人民法院作出(2015)民一终字第 244 号裁定书认为：虽然合同的一方当事人为市政府，但合同相对人在订立合同及决定合同内容等方面仍享有充分的意思自治，并不受单方行政行为强制，合同内容包括了具体的权利义务及违约责任，均体现了双方当事人的平等、等价协商一致的合意。本案合同并未仅就行政审批或行政许可事项本身进行约定，合同涉及的相关行政审批和行政许可等其他内容，为合同履行行为之一，属于合同的组成部分，不能决定案涉合同的性质。从本案合同的目的、职责、主体、行为、内容等方面看，合同具有明显的民商事法律关系性质，应当定性为民商事合同。并由此认为，辉县市政府主张本案合同为行政合同及不能作为民事案件受理，没有法律依据。

最高人民法院在北京北方电联电力工程有限责任公司与乌鲁木齐市交通运输局其他合同纠纷案二审所作出的(2014)民二终字第 40 号民事裁定书中也表述了类似的观点。该裁定书认为，本案当事人间就回购款支付依据发生的争议，是否属行政诉讼范围，应以争议是否针对具体行政行为判断。一审法院关于涉案的《新疆维吾尔自治区乌鲁木齐市乌拉泊至板房沟、水西沟公路工程项目 BOT 投资协议书》具公益目的，作为一方当事人的行政机关在合同订立、解除等方面享有单方优越主导地位，合同履行与行政许可紧密关联，两协议不属平等主体间的民事合同，本案属行政诉讼的观点，混淆了上述协议履行过程中涉及的行政行为与协议终止后的回购款支付行为的性质，没有法律依据。各方当事人在回购款的支付问题上，处于平等的法律地位，不能排除民事法律规范的适用。就双方争议的回购款依据问题，不涉及具体行政行为，故本案不属于行政诉讼受案范围。

由此可见，PPP 合同兼而具有行政合同和民事合同性质，需要分析相关具体争议事项是否涉及行政行为确认争议法律关系是行政法律关系还是民事法律关系，进而确认适用对应的争议解决程序。

实务中，PPP 合同体系中还有专门以“特许经营合同”命名的合同，这类合同也并非绝对的归属于行政协议，同样要分析相关争议所涉及的事项是否涉及行政法律关系的设立、变更和消灭，如果不涉及，相关争议仍应按民事纠纷处理。

(四)关于社会资本采购文件中的 PPP 合同

为落实依法公开采购社会资本的规范要求，社会资本采购文件应当向各投标人或响应各方完整公开，其中应当包括 PPP 合同。PPP 项目社会采购采购在公开采购程序中安排一个合同谈判的环节。根据《政府和社会资本合作模式操作指南(试行)》(财金〔2014〕113 号)规定，在经采购评审确认前三名社会资本候选人以后，由项目实施机构成立专门的采购结果确认谈判工作组，按照候选社会资本的排名，依次与候选社会资本及与其合作的金融机构就合同中可变的细节问题进行合同签署前的确认谈判，率先达成一致的即为中选者。确认谈判不得涉及合同中不可谈判的核心条款，不得与排序在前但已终止谈判的社会资本进行再次谈判。

但由于 PPP 规范性文件对并入采购文件的 PPP 合同内容没有明确要求，对于 PPP 合同中不可谈判的核心条款内容也没有明确要求，使得实务中操作口径不一、标准各样。不少地方甚至忽略了 PPP 合同谈判仅是对可变细节问题进行确认而不得涉及合同不可谈判核心条款的规范要求，在随采购文件一起发布的 PPP 合同中就没有订明哪些条款是不可谈判的核心条款。为后期合同磋商带来极大的难度，也增加了规避公开采购程序的法律风险。

1. 关于在社会资本采购文件是否附带以及附带何种 PPP 合同

实务中有不少项目着急上马，在编制社会资本采购文件时，只标明投资回报率、建安费下浮率、运营利润率等几个核心的采购竞价标的，没有编制完整详细的 PPP 合同文本或者仅附带了简单粗糙的 PPP 合同或合作框架协议。计划先由政府与社会资本签署合作框架协议，将签署合作框架协议视为“签约落地”，后期待社会资本进场开工后再慢慢谈、细细磋。然而“欲速则不达”，这实质上在采购阶段并未就项目合同有关权利、义务和责任全面、系统、细致地安排好，加之社会资本风险防控要求必须就合同基本内容谈妥后才满足进场施工条件，导致很多项目采购完成后，尽管已“签约落地”，却实际上陷入漫长的合同谈判周期，工程因此也一再拖延不能开工。

首先，笔者认为，对 PPP 项目而言，仅在采购文件中列明采购标的，不足以全面反映政府和社会资本合作最起码的交易结构、回报机制、投融资责任以及建设运营风险分配等内容，进而无法体现政府基本的社会资本采购需求，也无法在统一标准下比选合格的社会资本，在确定成交社会资本后再通过 PPP 合同谈判确立合同内容，明显构成规避招标的违法行为。

建议在采购前在专业有经验的律师事务所等中介机构协助下，结合项目特点和具体情况，先草拟较为完备的合同文件，报经政府部门和政府预批准后与采购文件一并挂网，将 PPP 有关交易规则定在社会资本采购之前。实践证明，这种模式更加公平公正且有效率。

其次，因实务中，对 PPP 合同的安排和表现形式各种各样，法律规范对此并没有作出统一标准化的规范要求。那么，对于庞大复杂的 PPP 合同体系而言，究竟应将哪些合同文本并入采购文件中成为困扰 PPP 项目采购实践的一个重要问题。就一般经验而言，应由政府方与中选社会资本投资人签署的 PPP 合同应当并入采购文件，应由政府方与未来项目公司签署的 PPP 合同和应由政府出资代表与中选社会资本方签署的股东合同、项目公司章程也建议完整并入采购文件。

有观点认为，在进行社会资本采购时，项目公司还未成立，此时在采购文件中列入涉及项目公司权利义务的 PPP 合同，为时尚早；而且在选定中选社会资本后无法与中选社会资本与政府签署 PPP 合同时一并签署，项目公司要在中选社会资本签署 PPP 合同后，按合同约定再行注册成立。这一看法是片面的。

根据《公司法》及《公司法司法解释(三)》有关规定，股东以设立中公司名义对外签订合同，公司成立后合同相对人请求公司承担合同责任的，人民法院应予支持。因此，社会资本作为项目公司发起设立股东和控股股东，在项目公司筹建期间，可以先行以项目公司名义签署，其签署行为意味着项目公司控股股东对项目合同内容的确认，也意味着承诺在项目公司成立后按之前已确认的内容进行签约，有利于提交项目成交落地效率，促成项目公司尽早与项目实施机构签署项目合同。根据国家发展改革委《关于开展政府和社会资本合作的指导意见》(发改投资〔2014〕2724 号)规定，在项目招标或招商之前，政府应参考《合同指南》组织编制合同文本，并将其作为招标或招商文件的组成部分。

2. 关于如何确定 PPP 合同不可谈判条款

《政府采购法》第 50 条规定，政府采购合同的双方当事人不得擅自变更、中止或者终止合同。政府采购合同继续履行将损害国家利益和社会公共利益的，双方当事人应当变更、中止或者终止合同。《招标投标法》第 46 条规定，招标人和中标人应当自中标通知书发出之日起 30 日内，按照招标文件和中标人的投标文件订立书面合同。招标人和中标人不得再行订立背离合同实质性内容的其他协议。因此，即便 PPP 社会资本采购设置了合同谈判环节，但对于采购文件所附合同已明确的政府和社会资本合作的实质性内容是不可谈判和变更的。可以谈判的限于实质性内容之外的细节问题。

那么，如何判断 PPP 合同里的实质性内容呢？《合同法》第 30 条规定，受要约人对要约的内容作出实质性变更的，为新要约。有关合同标的、数量、质量、价款或者报酬、履行期限、履行地点和方式、违约责任和解决争议方法等的变更，是对要约内容的实质性变更。根据《财政部关于规范政府和社会资本合作合同管理工作的通知》(财金〔2014〕156 号)，并参照《最高人民法院关于审理建设工程施工合同纠纷案件适用法律问题的解释(二)》及有关司法裁判案例，原则上，对涉及社会资本主体、项目范围、项目的融资、项目规划、项目的建设标准、项目的运营标准、项目运行方式、合作年限、回报(付费)机制、绩效考核标准、按效付费机制、履约担保、核心违约责任、提前终止及终止后处理机制、项目的移交、争议解决等项目合作实质性内容的条款，建议将之设置为不可谈判条款。相应的，可以谈判磋商的内容是采购文件与中选社会资本响应文件中非实质性内容的细节问题以及采购文件所附合同内容之外且不影响已确定的政府和社会资本合作实质性条款的内容。

一般需要在采购文件所附 PPP 合同文件中标注哪些是可谈判细节，哪些是不可谈判内容。在标注这些内容的，请律师等中介机构和政府采购部门进行确认，确保不违反《政府采购法》以及《招标投标法》的强制性规定。需要特别说明的是，PPP 合同中的不可谈判内容基本是法定的，即便采购人在采购文件中并没有明确标注为不可谈判条款，也可以依据前述法律原则，将有关内容认定为不可谈判条款。相反，即便将 PPP 合同实质性内容标注为可谈判细节条款，双方在采购结果确认后对之作出变更修改的，也构成违规。

(五)关于 PPP 合同体系中涉及到的关联交易

关联交易系指具有关联关系的主体之间进行的交易。根据《公司法》第 216 条第(四)项规定，关联关系是指公司控股股东、实际控制人、董事、监事、高级管理人员与其直接或者间接控制的企业之间的关系，以及可能导致公司利益转移的其他关系。在 PPP 项目中，最重要的关联交易即经过招标程序选定的项目社会资本投资人因自身具有建设、供应能力而直接与其控股的项目公司签署项目总承包协议。

法律并未禁止一切关联交易。《民法总则》第 84 条规定，营利法人的控股出资人、实际控制人、董事、监事、高级管理人员不得利用其关联关系损害法人的利益。利用关联关系给法人造成损失的，应当承担赔偿责任。《公司法》第 21 条规定，公司的控股股东、实际控制人、董事、监事、高级管理人员不得利用其关联关系损害公司利益。违反前款规定，给公司造成损失的，应当承担赔偿责任。

因此，社会资本投资人利用其作为项目公司控股股东的地位，通过关联交易损害项目公司利益的行为是违规的。对于 PPP 项目中涉及的关联交易应遵循商业原则，关联交易的价格原则上应体现公允水平，不偏离市场独立第三方的价格或收费的标准，关联交易协议的签订书面协议，协议内容应明确、具体，避免转移项目公司利益或虚增项目成本、增加政府支出责任。为防控有关风险，政府方一般要求对项目公司签署关联交易的行为进行监控，并应将涉及关联协议的订立、变更、终止及履行情况等事项及时报备。

三、PPP 项目合同的主要内容与合规性要求

（一）PPP 项目合同的主要内容

因 PPP 模式适用范围广、合作机制灵活多样，要为全部的 PPP 项目制定标准合同或示范文本几乎是不可能的事情，但在某些细分类别上可以编制一些示范文本进行引导，如对于收费公路项目。目前，财政部和国家发改委于 2014 年分别编制过 PPP 项目合同指南，见财政部《关于规范政府和社会资本合作合同管理工作的通知》（财金〔2014〕156 号）附件《PPP 项目合同指南（试行）》和国家发改委《关于开展政府和社会资本合作的指导意见》（发改投资〔2014〕2724 号）附件 2《政府和社会资本合作项目通用合同指南（2014 年版）》，只是这两份文件对合同的指导限于合同指南程度，仅对 PPP 项目合同一般意义上所包含的共性的条款和机制作原则性介绍和指引，具体项目合同还需要 PPP 项目各参与方结合项目客观需要和谈判结果，充分借助专业力量，因地制宜地编制。

基于财政部和国家发改委 PPP 项目合同指南要求和其他有关规范性文件要求，笔者基于项目经验，归纳一般意义上的 PPP 项目合同主要包含以下内容：

（1）合作项目规模、标准以及项目全生命周期下的合作范围；

（2）合作项目运作方式，如建设－运营－移交（BOT）、移交运营移交（TOT）等；

（3）采购价款核算及付费机制、调整机制；

（4）工程质量标准、运营服务及维护质量标准；

（5）合作期限与内容；

（6）可用性、运维绩效考核与按效付费机制；

（7）项目投融资安排和各方承担的风险责任分配；

（8）项目公司主要治理结构与议事规则；

（9）政府方监管、介入与接管；

（10）社会资本方的履约担保；

（11）项目资产权属及移交安排；

（12）反映政府和社会资本在项目各环节风险划分的权利义务与责任；

（13）项目提前终止的处理；

（14）违约责任；

（15）争议解决。

由于 PPP 项目早期过于依赖咨询公司，所使用的合同也主要由咨询公司准备，鲜有专业有经验的律师参与设计或把关，所形成的 PPP 合同参差不齐，在严谨性和合规性上均远未达到合格标准。笔者在实务中遇到有些项目的 PPP 合同没有细致的权利义务条款，而是将项目实施方案中关于各方项目风险分配表照搬出来，编上合同序号，这种约定是不能指导各参与方执行的。

（二）PPP 合同的合规性基本要求

根据财政部《关于规范政府和社会资本合作合同管理工作的通知》（财金〔2014〕156 号）和国家发改委有关规范性文件的规定，笔者将针对政府与社会资本方签署的 PPP 合同的合规性要求择要整理如下：

（1）PPP 合同应当与项目实施方案、物有所值评价报告、财政承受能力论证报告及采购文件一致，不得发生实质性变更，尤其是增加政府支出责任的变更。

（2）PPP 合同中的权利义务和责任安排应当根据实施方案中的风险分配方案，在政府与社会资本双方之间合理分配，并确保应由社会资本方承担的风险实现了有效转移。

（3）PPP 合同应当订明项目具体产出标准和绩效考核指标，并明确项目付费与绩效评价结果挂钩。

（4）PPP 合同应当综合考虑项目全生命周期内的成本核算范围和成本变动因素，设定项目基准成本。如有些项目参照适用定额明确项目建设成本的计量计价标准。

（5）PPP 合同应当根据项目基准成本和项目资本金财务内部收益率，参照工程竣工决算合理测算确定项目的补贴或收费定价基准，项目收入基准以外的运营风险由项目公司承担。如在污水处理项目中，确定基本水量，对于不足基本水量的，根据基本水量和实际运营成本核算项目公司污水处理费收入。

（6）PPP 合同应当合理约定项目补贴或收费定价的调整周期、条件和程序，作为项目合作期限内行业主管部门和财政部门执行补贴或收费定价调整的依据。在约定有关周期时应注意与项目绩效考核匹配，保证在付费之前有相应的绩效考核结果作为依据。

建议政府方和社会资本方在签署 PPP 合同之前，聘任有经验的律师对合同的合规性进行全面审查并出具专项的法律意见书，审核重点包括但不限于合同体系的完备性、合同是否符合预算法、政府采购法、招标投标法等法律法规、在项目边界、合作范围、合作年限、回报机制、考核及按效付费机制等核心方面是否符合 PPP 有关规范性文件以及是否存在政府兜底承诺、固定回报、变相融资和是否突破经批复实施方案和物有所值评价、财政承受能力论证中的政府付费责任等。

(三) PPP 合同的审批签署和公示相关规范要求

在 PPP 合同谈判结束后，政府方授权谈判代表与社会资本方授权谈判代表在反映各方谈判一致的谈判备忘录上签字，确定采购结果和合同文本，再由政府方将采购结果公示。根据《政府和社会资本合作项目财政管理暂行办法》(财金〔2016〕92 号)规定，PPP 社会资本采购结果公示结束后，于 PPP 项目合同签订前，项目实施机构应将 PPP 项目合同提交行业主管部门、财政部门、司法部门等相关职能部门进行联合审核，审核通过后，再报本级人民政府批准。经本级政府批准后方可由项目实施机构签署生效。

实务中有项目安排 PPP 合同草签程序。具体是在 PPP 合同谈判完成后，在通过本级政府审批前，项目实施机构谈判代表可与中选社会资本方谈判代表先行就谈判成果进行草签，草签内容包括招投标文件所附的合同文件以及合同谈判备忘录等，可以采取由双方授权谈判代表签字的方式草签，待政府批复后再行加盖公章。这需要提前安排相关授权及草签协议的内容，草签的法律意义为对合同文本的确认，在订约阶段属于预约行为，合同的生效尚需要满足一系列有关生效要件。

依据《政府和社会资本合作(PPP)综合信息平台信息公开管理暂行办法》(财金〔2017〕1 号)规定，在 PPP 合同完成签署以后，应在 PPP 综合信息平台公开本级人民政府同意签署 PPP 项目合同的批复文件，以及已签署的 PPP 项目合同，并列示主要产出说明及绩效指标、回报机制、调价机制等核心条款。《关于进一步规范地方政府举债融资行为的通知》(财预〔2017〕50 号)也要求，对于 PPP 项目，地方政府及其所属部门应当重点公开政府方和社会资本方信息、合作项目内容、社会资本方采购信息、项目回报机制、合同期限等内容。

从 PPP 项目实施全过程来看，对于指导和保障 PPP 项目签约落地并顺利持续执行，PPP 项目合同是最为重要和核心的法律文件。然而在我国项目实践中，不少项目在实施时重包装入库、轻合同设计，投入在 PPP 合同上的精力还远不如对项目实施方案、物有所值评价以及财政承受能力论证。须知后者仅是解决能否采取 PPP 模式的问题，而 PPP 合同才是需要在长达十几年或数十年合作期间需要贯彻执行的法律文件，通过项目实施方案、物有所值论证和财政承受能力论证、进入 PPP 项目库只是一个开始，刚刚步入政府和社会资本合作的长征之路。通常情况是，地方政府以项目入库为主要目标，项目一旦完成入库，就误认为项目论证结束，着急匆忙启动社会资本采购，例行公事般地编制一份 PPP 合同完成采购和签约，接下来就直奔项目工程开工了。目前已有大量的 PPP 项目失败都源自于 PPP 合同设计上的重大缺陷或粗糙简单，对项目复杂性预计不足，对项目实际情况和未来的调整变化没有预留充足的空间和余地。总之，可以讲，一份完善的 PPP 合同真正决定 PPP 项目的成败，值得和需要各参与方多花精力和投入。

同时，因为 PPP 合同周期长，对于已经签署的 PPP 合同，需要各方坚持契约精神，信守承诺，这也是 PPP 项目得以顺利执行的重要保障。2016 年 8 月中央全面深化改革领导小组第二十七次会议通过的《关于完善产权保护制度依法保护产权的意见》专门强调"完善政府守信践诺机制"，要求大力推进法治政府和政务诚信建设，地方各级政府及有关部门要严格兑现向社会及行政相对人依法作出的政策承诺，认真履行在招商引资、政府与社会资本合作等活动中与投资主体依法签订的各类合同，不得以政府换届、领导人员更替等理由违约毁约，因违约毁约侵犯合法权益的，要承担法律和经济责任。因国家利益、公共利益或者其他法定事由需要改变政府承诺和合同约定的，要严格依照法定权限和程序进行，并对企业和投资人因此而受到的财产损失依法予以补偿。对因政府违约等导致企业和公民财产权受到损害等情形，进一步完善赔偿、投诉和救济机制，畅通投诉和救济渠道。将政务履约和守诺服务纳入政府绩效评价体系，建立政务失信记录，建立健全政府失信责任追究制度及责任倒查机制，加大对政务失信行为惩戒力度。

最高人民法院随后作出《关于充分发挥审判职能作用切实加强产权司法保护的意见》(法发〔2016〕27 号)也特别指出，对因政府与社会资本合作等活动引发的纠纷，要认真审查协议不能履行的原因和违约责任，切实维护行政相对人的合法权益。对政府违反承诺，特别是仅因政府换届、领导人员更替等原因违约毁约的，要坚决依法支持行政相对人的合理诉求。同时也特别强调，对确因国家利益、公共利益或者其他法定事由改变政府承诺的，要依法判令补偿财产损失。国务院于 2019 年 10 月 23 日发布《优化营商环境条例》(国会〔2019〕第 722 号)，以行政法规形式明确规定了多项切实的优化营商环境、简政放权的措施，体现我国推进法治政府和社会主义市场经济的决心。条例再次重申：“地方各级人民政府及其有关部门应当履行向市场全体依法作出的政策承诺以及依法订立的参考合同，不得以行政区划调整、政府换届、机构或者职能调整以及相关责任人更替等为由违约毁约。因国家利益、社会公共利益需要改变政策承诺、合同约定的，应当按照法定权限和程序进行，并依法对市场主体因此受到的损失予以补偿。”

第三节　PPP 合同的授权与转让

一、PPP 合同的授权

PPP 合同是县市级以上政府与社会资本之间签署的。而在实际操作中，不少项目是由本级政府授权项目实施机构代表政府与社会资本方签署 PPP 合同；此外在项目执行过程中，也有项目实施机构进一步将项目实施机构的部分项目建设管理合同权利又委托给政府出资代表或政府平台公司具体实施。

对于本级政府委托项目实施机构代表本政府与社会资本方签署 PPP 合同，不属于行政权力下放，而是构成代理关系，项目实施机构基于本级政府授权而签署的 PPP 合同经本级政府批准后生效，其法律后果及于本级政府。PPP 合同中约定的项目用地供应、政府按效付费等核心内容并不能由作为项目实施机构的职能部门或事业单位凭自身职权就可以实现。

在本书本章第一节 PPP 法律关系项下的“本级政府与项目实施机构和政府出资代表之间的法律关系”中已对本级政府与项目实施机构的委托法律关系作了详细说明，此不赘述。

本节主要介绍的是项目实施机构能否再将其在 PPP 合同中的部分管理权利交由政府出资代表等法人主体实施。PPP 项目管理实践中，实施机构限于人力、专业不足，授权其他机构代为进行 PPP 规范性文件规定或 PPP 合同约定的项目管理职责。

（一）PPP 项目实施机构委托管理的表现形式

PPP 项目管理实践中，实施机构限于人力、专业不足，授权其他机构代为进行 PPP 规范性文件规定或 PPP 合同约定的项目管理职责，具体表现形式有：

（1）授权熟悉项目建设管理的平台公司代为管理项目建设；

(2)委托跟踪审计、全过程造价咨询单位进行审计和造价计量确认；

(3)委托第三方机构实施项目绩效考核。

(二)PPP 项目实施机构委托管理的法律后果分析

首先需要界定的是，项目实施机构委托政府出资代表行使的权利对象。

实务中，项目实施机构一般由交通局、建设局、城管局、环保局等承担一定行业管理职权的职能部门担任。如果项目实施机构委托政府出资代表行使的是其自身的行政管理职权，在没有明确的法律法规规定可以委托的情况下，存在法律瑕疵和合规风险。但如果项目实施机构仅是将 PPP 合同中根据法律法规规定可以委托的行政职权或非行政职权的民事意义上的、可由项目实施机构自主决定的合同权利委托政府出资代表或其他第三方机构行使，则在一定条件下是可行的。比如项目实施机构可以将项目建设中关于工程计价计量的甲方监督管理权委托政府出资代表行使；再比如，项目实施机构可以委托第三方审计或绩效考核机构代为进行工程审计或绩效考核工作，要求社会资本给予配合。

其次需要明确的是，项目实施机构委托政府出资代表行使可以自主决定的 PPP 合同中的民事权利，不能产生权利、法律后果以及权利主体资格的转移。

在行政法领域，按是否转移权利、法律后果和权利主体资格有行政委托与行政授权之分。行政委托是行政机关在其职权职责范围内依法将其行政职权或行政事项委托给其他行政机关、社会组织或者个人行使，受托人以委托行政机关的名义实施管理行为和行使职权，法律后果归委托机关。此情形下，不发生职权职责、法律后果及行政主体资格的转移。

而行政授权则是行政机关在有法律、法规明确规定可以授权的情况下，根据行政管理的实际需要，根据法律法规明确的权限和程序，将行政职权部分或全部授予有关主体；被授权人据此以自己的名义行使该职权，并承受该授权项下职权行为法律后果和责任。行政授权情形下，会发生授权人的职权职责、法律后果及行政主体资格向被授权人转移的效果。

PPP 模式下，项目实施机构在 PPP 合同中的民事权利可以委托第三方实施，实施的后果归属于项目实施机构，同时对于法律、行政法规明确的可以委托第三方实施的行政职权，依照法定程序委托第三方实施的，实施的法律后果仍归属于项目实施机构。简言之，项目实施机构将依法可以委托的 PPP 合同权利委托第三方实施，系内部委托关系，不构成权利转让。对于社会资本或其他外部主体而言，权利主体仍为项目实施机构，受托人仅是代为实施，权利、权利人资格以及法律责任均未由项目实施机构转移至被委托人名下，项目实施机构也并未基于委托他人实施就摆脱了相关权利行使所产生一系列法律后果和法律责任。

近期发生的海南中东集团有限公司、茂名市公路建设有限公司等与遂溪县人民政府 PPP 合同纠纷司法案例也能说明这一点。

遂溪县人民政府拟对该县西溪河一河两岸进行综合整治开发，海南中东集团有限公司茂名市公路建设有限公司联合体中选成为项目社会资本，并于 2016 年 7 月签署了《遂溪县西溪河一河两岸综合整治开发 PPP 项目合同书》。后政府出资代表水生态公司于 2018 年 5 月 8 日以自己名义向社会资本方发出《终止履行合同的通知书》，要求终止履行《项目合同书》，并要求双方妥善处理合同无效的后续事宜。双方因此纠纷成讼。遂溪县人民政府辩称，上述终止履行合同非政府作出，因此遂溪县人民政府不是本案适格被告。

广东省湛江市中级人民法院作出的(2018)粤 08 行初 395 号一审行政判决书指出：

> 被告遂溪县人民政府对代建协议授权的具体内容未提供任何证据证实，应承担不利的举证责任，从而推定为水生态公司在实施项目中所有权利均来源于遂溪县人民政府的授权。水生态公司向社会资本发出的涉诉行为是《终止履行合同通知书》，虽然也是以自己的名义作出，但终止合同履行和缔结合同一样属于合同的核心要件，水生态公司只有获得政府授权才能行使该职权，被告遂溪县人民政府未能提供证据证实发出该终止合同通知是水生态公司独自作为，亦应视为是受政府所授意。《中华人民共和国行政诉讼法》第二十六条第五款规定："行政机关委托的组织所作的行政行为，委托的行政机关是被告。"因此，从合同的主体来审查，协议权利义务的最终承担者系遂溪县人民政府，因此具备协议订立一方必须是行政主体的形式特征，根据上述法律规定，遂溪县人民政府是本案的适格被告。被告遂溪县人民政府辩称，本案争议应属于民事争议及其不是本案适格被告的主张，本院不予采纳。

对于实施机构选择委托他人行使部分管理职权的，受托单位在实施机构委托范围代表实施机构行使管理职权，无论是以受托单位自己名义还是以实施机构名义进行管理行为，如果因行为不当违反 PPP 规范性文件规定或 PPP 合同约定，管理对象或项目公司或社会资本有权向实施机构主张法律责任。

当然，项目实施机构有权对受托单位行使委托管理职权进行监控，如果受托单位在履行管理职责时存在过错，实施机构作为委托人在承担法律责任后，有权再向受托人追偿索赔。

(三)PPP 项目实施机构委托他人行使项目管理职权的法律风险防控要点

原则上，实施机构应当自行全面行使项目管理职权，如果确有需要委托的，在委托时应注意以下法律风险防控措施：

1. 授权范围

以书面方式明确授权范围，将授权文书提供项目公司及社会资本，以便明确管理权责。

2. 法律责任追索

向受托人明确要求，在授权范围依法依规适当行使管理合同，严格遵守合同约定，重大事项必须报请实施机构即城建委同意方可实施，不当管理或越权管理所产生的法律责任以及给实施机构带来的损失，受托人承担赔偿责任。

二、PPP 合同的转让

《基础设施和公用事业特许经营管理办法》第 18 条规定，需要成立项目公司的，实施机构应当与依法选定的投资人签订初步协议，约定其在规定期限内注册成立项目公司，并与项目公司签订特许经营协议。《政府和社会资本合作模式操作指南》(财金〔2014〕113 号)规定，需要为项目设立专门项目公司的，待项目公司成立后，由项目公司与项目实施机构重新签署项目合同，或签署关于承继项目合同的补充合同。《关于规范政府和社会资本合作合同管理工作的通知》(财金〔2014〕156 号)所附的《PPP 项目合同指南(试行)》也作了类似规定，即在项目公司尚未成立时，政府方会先与社会资本(即项目投资人)签订意向书、备忘录或者框架协议，以明确双方的合作意向，详细约定双方有关项目开发的关键权利义务。待项目公司成立后，由项目公司与政府方重新签署正式 PPP 项目合同，或者签署关于承继上述协议的补充合同。

不少项目据此创设了“PPP 合同继承协议”，称由项目公司全面继承中选社会资本投资人所签 PPP 合同项下的权利和义务。就合同权利义务由中选社会资本向项目公司转移而言，这里使用“继承”一词，并不严谨，不是法律术语的精准表述。

“继承”本身是法律术语，但其不适用法人主体合同权利义务的转移。《民法通则》第 76 条规定，公民依法享有财产继承权。《民法总则》第 124 条规定，自然人依法享有继承权。自然人合法的私有财产，可以依法继承。《继承法》

规定，为保护公民的私有财产的继承权制定本法，继承从被继承人死亡时开始。继承开始后，按照法定继承办理；有遗嘱的，按照遗嘱继承或者遗赠办理；有遗赠扶养协议的，按照协议办理。《物权法》第 29 条规定，因继承或者受遗赠取得物权的，自继承或者受遗赠开始时发生效力。

因此，“继承”严格意义上系指死者生前所有的财产于死亡时转移给他人所有法律制度。无论是继承人还是被继承人，在主体上是自然人而不包括法人。继承的对象是财产权利，而非一般性的合同权利义务，而且从民法意义上，对于作为合同当事人的自然人未履行完毕的合同义务，在其死亡后，合同归于终止，而非由其继承人继承。继承的发生是基于自然人的死亡事件，而非合同签署生效；继承行为的依据有继承法律规定、遗嘱、遗赠抚养协议等，而继承人与被继承人双方关于合同权利义务转让的约定。

PPP 实务中使用的“继承”并非法律意义上的继承，而是合同权利义务的概括转让。“继承”一词被通俗化使用到 PPP 合同转让有关法律文件中。

根据《合同法》第 79 条规定，除法定或约定不得转让的以外，债权人可以将合同的权利全部或者部分转让给第三人。第 84 条规定，债务人将合同的义务全部或者部分转移给第三人的，应当经债权人同意。第 88 条规定，当事人一方经对方同意，可以将自己在合同中的权利和义务一并转让给第三人。

PPP 项目签约过程中，先由政府与中选社会资本签署 PPP 合同，项目公司成立后再由项目公司与政府签署所谓“继承”协议，其所要达到的法律后果是将中选社会资本在 PPP 合同项下的权利和义务一并转让给项目公司。因此，这个过程发生了 PPP 合同权利义务一并转让的法律行为，而非继承。

此情形下，有必要进一步探讨，当 PPP 合同社会资本方的权利义务由中选社会资本转让给项目公司以后，因中选社会资本还合法有效存续，是否还继承承担 PPP 合同项下社会资本方的权利义务。实务中有以下几种处理：

(一)共同责任或连带责任

即在项目公司受让 PPP 合同项下社会资本方的权利义务以后，中选社会资本作为原承担权利义务的一方，与项目公司共同向政府方承担 PPP 合同项下社会资本的权利与义务。即中选社会资本与政府签署的 PPP 合同和项目公司与政府签署的 PPP 合同均为有效协议且并行存在。当社会资本一方有某项义务未全面适当履行时，政府方可以同时追究中选社会资本和项目公司的责任。

这种法律关系架构，虽然最大程度的保障了政府方权益，但不利于体现项目公司作为项目法人的独立性，造成 PPP 社会资本方权利义务在中选社会资本与项目公司之间重复设置、交叉混同，无谓加重了社会资本方的责任，对社会资本方参与积极性产生不良影响。

（二）补充责任或保证担保责任

在项目公司受让 PPP 合同项下社会资本方权利义务后明确约定，当项目公司靠自身实力不能完成履约时，由中选社会资本承担补充责任或担保责任。即由中选社会资本承担合同责任的前提是：当项目公司出现履约不能的情形时。当项目公司能够正常履约时，由项目公司作为社会资本方为 PPP 合同履行负责。

这一模式相较于"共同责任或连带责任"，所构建的权利义务体系更为公平合理，且更为清晰，便于执行，能够在维护政府权益的同时，又调动社会资本的积极性。

（三）责任完全转移

责任完全转移即强调中选社会资本将 PPP 合同项下社会资本方权利义务完全转移至项目公司名下，中选社会资本不再承担任何社会资本方的权利义务，全部仅由项目公司为 PPP 合同履行负责。

项目公司作为新成立的公司，在自身信用、资源、履约能力上均可能不足以保障 PPP 合同正常履行。而社会资本仅承担项目资本金出资和向项目公司委派一定人员后，就可以完全脱离 PPP 合同的约束。发生 PPP 合同履行不能时，政府只能要求项目公司承担责任，而项目公司届时多数只能破产应对。

这种模式下，项目顺利实施和政府方权益维护，都存在较大风险，该模式对我国国情考量不充分，不够现实。

第五章　PPP项目社会资本采购合规要点

若吹无定的号声、谁能预备打仗呢。

——圣保罗《哥林多前书》

第一节　PPP社会资本准入规范

关于成为PPP社会资本的资格条件，PPP有关规范性文件规定的较为广泛。财政部《政府和社会资本合作模式操作指南(试行)》(财金〔2014〕113号)规定的社会资本为已建立现代企业制度的境内外企业法人，但不包括本级政府所属融资平台公司及其他控股国有企业。根据该规定，除了本级政府所属融资平台公司及其他控股国有企业之外，境内外企业法人均可参与PPP项目社会资本采购。

一、关于地方融资平台能否作为PPP项目社会资本

在一定历史时期内，承载着城镇建设使命的地方融资平台在地方基础设施建设和公共服务作出了突出贡献。但对于缺乏来自市场的经营性收入或经营性收入不足以支撑运营成本的平台公司而言，继续依靠政府兜底融资承担城建任务，其所负债务因其自身偿债能力不足，在实质上异化为地方政府债务。对于自身缺乏“造血功能”、入不敷出的平台公司而言，靠政府财政支持显然是难以为继的，公司和相应的城建项目均缺乏可持续性。如果再加上政府因财力有限“输务”能力不足，还反过来再“抽血”用于支持公共事业，其后果不难想象。在地方债管控越来越严的境况下，平台公司要么实现市场化转型，要么按国有企业分类体制改革转为公益性企业，剩下就只有等待破产清算了。

融资平台公司时代之后，城市建设和公共服务的投资建设任务主要落在政府或PPP项目社会资本身上。而当政府财力有限、融资渠道和额度也受限的情况下，依靠PPP模式将基础设施和公共服务建设形成的债务外部化，在地

方债风险防控的大背景下，无疑可以为本地有限的财政资金增加更大的腾挪空间，也为本地的发展尽可能创造更多的条件和机会。因此，地方融资平台公司不能再作为 PPP 项目社会资本，使城市建设又回到依赖平台公司这种老路上，这也是 PPP 模式所要祛除的时弊之一。

除上述财金〔2014〕113 号规定外，财政部《关于进一步加强政府和社会资本合作（PPP）示范项目规范管理的通知》（财金〔2018〕54 号）关于 PPP 合规运作规定要求，严格审查签约主体，坚持政企分开原则，加强 PPP 项目合同签约主体合规性审查，地方政府融资平台公司不得作为社会资本方。根据财金〔2018〕54 号规定，无论是否是本级政府所属企业，只要还是地方政府融资平台公司，就没有资格作为 PPP 项目的社会资本。

财政部《关于推进政府和社会资本合作规范发展的实施意见》（财金〔2019〕10 号）又进一步规定，本级政府所属的各类融资平台公司、融资平台公司参股并能对其经营活动构成实质性影响的国有企业均不得作为社会资本参与本级政府的 PPP 项目。如此一来，除融资平台公司外，本级政府所属融资平台公司参股并能对其经营活动构成实质性影响的国有企业也不得作为本级政府所属 PPP 项目的社会资本。

国务院办公厅转发财政部、发展改革委、人民银行的《关于在公共服务领域推广政府和社会资本合作模式指导意见的通知》（国办发〔2015〕42 号）第（十三）条规定，大力推动融资平台公司与政府脱钩，进行市场化改制，健全完善公司治理结构，对已经建立现代企业制度、实现市场化运营的，在其承担的地方政府债务已纳入政府财政预算、得到妥善处置并明确公告今后不再承担地方政府举债融资职能的前提下，可作为社会资本参与当地政府和社会资本合作项目。地方融资平台公司如果要成为 PPP 项目社会资本，必须先完成市场化转型，即通过按《公司法》规定建立现代企业制度，实现市场化运营达到自收自支，把过去承担的地方政府债务纳入政府财政预算，以后也不再承担地方政府融资责任。近年来，湖南、河南、贵州等地已有多家融资平台公司①公开宣告退出政府融资平台。

---

① 如河南平顶山市融城发展投资有限公司于 2018 年 8 月 1 日发布退出政府融资平台的公告。公告称，公司目前不存在政府性债务，今后也不承担地方政府举债融资职能，并退出政府融资平台。此外，公司将根据现代企业制度要求，坚持自主经营、自负盈亏，实行市场化运营。

二、关于本级国有企业能否作为 PPP 社会资本

除融资平台公司及融资平台公司参股并能对其经营活动构成实质性影响的国有企业外，财金〔2014〕113 号规定不得作为本级政府所属 PPP 项目社会资本的还包括本级政府的其他控股国有企业。参照《企业国有资产交易监督管理办法》(国有资产监督管理委员会、财政部令第 32 号)关于“国有及国有控股企业、国有实际控制企业”的界定，本级政府下属控股国有企业包括以下四类企业：

(一)政府部门、机构、事业单位出资设立的国有独资企业(公司)，以及上述单位、企业直接或间接合计持股为 100%的国有全资企业；

(二)本条第(一)款所列单位、企业单独或共同出资，合计拥有产(股)权比例超过 50%，且其中之一为最大股东的企业；

(三)本条第(一)、(二)款所列企业对外出资，拥有股权比例超过 50%的各级子企业；

(四)政府部门、机构、事业单位、单一国有及国有控股企业直接或间接持股比例未超过 50%，但为第一大股东，并且通过股东协议、公司章程、董事会决议或者其他协议安排能够对其实际支配的企业。

同时参照《招标投标法实施条例》(国务院令第 613 号)第 34 条规定，与招标人存在利害关系可能影响招标公正性的法人、其他组织或者个人，不得参加投标，否则相关投标均无效。在 PPP 社会资本采购中，采购人为本级政府，那么来响应或投标的社会资本如果是前述本级政府所属控股或控制企业，则很容易破坏 PPP 项目社会资本采购的公平、公开和公正性，其中标存在依法被认定为无效的法律风险。实务中常见的还有通过将本级政府所属国有控制或控股企业或融资平台公司控制的公司与其他符合条件的社会资本组成联合体投标，类似操作也存在违规风险。

国办发〔2015〕42 号第(十三)条之所以禁止本级政府所属平台公司及其他控股的国有企业作为本级政府 PPP 项目的社会资本，旨在真正引进政府及其所属企业之外的外部企业资本，也是为了能够维护或者确保社会资本遴选和监管 PPP 项目实施的公正性。

三、关于已承担项目前期设计的设计人能否作为 PPP 项目社会资本

根据《工程建设项目施工招标投标办法》(七部委〔2013〕30 号令)(2013 年

4 月修订）及《国家发展改革委、工业和信息化部、财政部等关于印发简明标准施工招标文件和标准设计施工总承包招标文件的通知》（发改法规〔2011〕3018 号）有关规定，为招标项目前期提供设计、咨询服务的任何法人及其附属机构（单位），都无资格参加该项目施工总承包的投标。在工程建设项目施工招标中，为了保证招标的公平、公正，为项目提供设计的法人及其附属机构因掌握的项目信息相对其他投标人多且可能在设计时暗含不利于其他投标人中标竞争的内容，因此不得再参与项目施工投标。对于 PPP 项目而言，尽管所招的社会资本是项目投资人，不同于施工招标，但鉴于经招标选择的项目投资人如果自身具有建设能力的，可以直接作为项目的施工承包方。因此，对于具有设计和施工资质的社会资本而言，如果已作为项目前期的设计人，后续再通过中选 PPP 项目社会资本，进而直接作为 PPP 项目的施工承包人，涉嫌违规。

同时，根据《政府采购法实施条例》（国务院令〔2015〕第 658 号）第 18 条第 2 款规定，除单一来源采购项目外，为采购项目提供整体设计、规范编制或者项目管理、监理、检测等服务的供应商，不得再参加该采购项目的其他采购活动。此处禁止参与采购的供应商范围扩展至包括参与项目整体设计、规范编制或者项目管理、监理、检测等服务的供应商，所禁止参与的采购活动也扩展到同一项目的其他采购活动，如果项目通过 PPP 模式实施的，应当包括项目 PPP 社会资本采购活动。

因此，对于 PPP 项目，在进行社会资本采购时，鉴于已为项目整体设计提供服务的设计人可能掌握更多的项目信息以及设置有利于自身竞争的特别内容，不利于采购活动的公正、公开与公平性，不得再参与项目 PPP 社会资本采购投标。

第二节　PPP 社会资本采购条件和遴选标准设置的合规性

一、优先选择 PPP 社会资本的指标

根据国务院办公厅转发财政部、发展改革委、人民银行《关于在公共服务领域推广政府和社会资本合作模式指导意见的通知》（国办发〔2015〕42 号）规定，政府和社会资本合作模式是政府采取竞争性方式择优选择具有投资、运营管理能力的社会资本。国家发改委《关于开展政府和社会资本合作的指导意

见》(发改投资〔2014〕2724 号)第 5 条“加强政府和社会资本合作项目的规范管理”第 3 项规定，实施方案审查通过后，配合行业管理部门、项目实施机构，按照《招标投标法》、《政府采购法》等法律法规，通过公开招标、邀请招标、竞争性谈判等多种方式，公平择优选择具有相应管理经验、专业能力、融资实力以及信用状况良好的社会资本作为合作伙伴。《传统基础设施领域实施政府和社会资本合作项目工作导则》(发改投资〔2016〕2231 号)第 13 条“社会资本方遴选”规定，依法通过公开招标、邀请招标、两阶段招标、竞争性谈判等方式，公平择优选择具有相应投资能力、管理经验、专业水平、融资实力以及信用状况良好的社会资本方作为合作伙伴。可见，优先选择社会资本的指标包括投融资能力、运营管理能力、信用状况、专业水平等方面。

需要提示的是上述规范性文件并没有强调社会资本必须具有施工资质或将建设施工能力作为优先选择社会资本的指标。而实务中，有不少项目将施工资质列为社会资本采购门槛条件之一，或将建设施工业绩与 PPP 投资业绩混为一谈，共同作为衡量 PPP 社会资本管理能力的指标。尽管依据《招标投标法实施条例》第 9 条第 3 项之规定，可以通过 PPP 社会资本投资人招标同时确定施工人，不必再进行施工招标，如此可以提供采购效率，但将施工资质作为社会资本资格条件，排斥其他虽没有施工资质但仍可以胜任 PPP 项目社会资本的潜在投标人，构成对其他投标人的歧视，存在违规风险。

二、PPP 社会资本采购不得设置歧视性条款

于 2017 年 11 月 10 日颁布的财政部《关于规范政府和社会资本合作(PPP)综合信息平台项目库管理的通知》(财办金〔2017〕92 号)第 3 条第 3 项规定，PPP 项目采购文件中如存在设置歧视性条款、影响社会资本平等参与的情况的，不得入项目综合信息平台项目库，已入库的，应予清退。

但通知就 PPP 项目社会资本采购中究竟何种情形构成“歧视性条款”，语焉不详。基于《招标投标法》、《政府采购法》以及国家关于鼓励民间资本参与 PPP 项目的规范性文件，对 PPP 项目社会资本采购歧视性条款的认定和规范进行归纳整理。

(一)PPP 项目社会资本采购歧视性条款的构成要素及法律后果

规范 PPP 项目采购社会资本活动的《政府和社会资本合作项目政府采购管理办法》(财库〔2014〕215 号)系依据《政府采购法》制定的，故 PPP 项目采购

社会资本在法律和行政法规层面上，应遵守《政府采购法》及《政府采购法实施条例》。同时，国家发展改革委《关于鼓励民间资本参与政府和社会资本合作(PPP)项目的指导意见》(发改〔2017〕2059号)规定，应按照《招标投标法》和《政府采购法》规定，通过公开招标等竞争性方式选择PPP项目的社会资本方。因此，若通过招标方式选择社会资本的，在法律和行政法规层面还应遵守《招标投标法》和《招标投标法实施条例》。

《政府采购法》第2条规定，政府采购应当遵循公开透明原则、公平竞争原则、公正原则和诚实信用原则。《政府和社会资本合作项目政府采购管理办法》(财库〔2014〕215号)第2条也相应规定，PPP项目采购社会资本合作者应当遵循公开、公平、公正和诚实信用原则。由此，“公开、公平、公正”原则是PPP项目采购社会资本应遵循的基本原则。若在采购社会资本时设置歧视性条款、条件，即违背了“三公”原则。这是禁止社会资本采购歧视性条款的基础规范。

根据《政府采购法》第22条规定，PPP项目采购社会资本过程中，项目实施机构可以根据PPP项目的特殊要求，规定社会资本的特定条件，但不得以不合理的条件对社会资本实行差别待遇或者歧视待遇。因此，设置社会资本采购歧视性条款，即是指在PPP项目采购社会资本文件中设置不合理的条件，对社会资本实行差别待遇或者歧视待遇，目的是达到限制、排斥潜在社会资本方或者来响应或投标的其他社会资本方的实际效果。该违规行为的构成要素有二：

一是从行为表现形式上，体现为在PPP项目社会资本采购文件中对社会资本设置不合理的条件，对社会资本实行差别待遇或者歧视待遇。这里的“不合理条件”不仅包括作为投标或响应社会资本的资格条件，也包括评审考量因素。因项目状况和需求不一，对“不合理”认定标准的精确把握是实务操作中的重点难点，本书在后续章节再作详细阐述。

二是从行为后果上，起到了限制或排斥其他社会资本的效果，被限制或排斥的对象包括来响应或投标的其他社会资本方和没有来投标或响应的潜在社会资本方，尤其是对民营企业、中小企业社会资本。这里需要特别说明的是，基于一定评审因素，给予各投标或响应的社会资本不同的评分结果，最终按评审规则选出中选社会资本方，这个过程虽然有比选淘汰，但不是“以不合理的条件限制或排斥其他社会资本”。

该违规行为的法律后果包括：

后　果	依　据
对项目采购人、采购代理机构，责令限期改正，给予警告，可以并处 10 万元以下罚款，对直接负责的主管人员和其他直接责任人员，由其行政主管部门或者有关机关给予处分，并予通报。	《政府采购法》第 71 条和《政府采购法实施条例》(国务院令第 658 号)第 66 条
采购文件中设置歧视性条款、影响社会资本平等参与的，不得进入 PPP 综合信息平台库； 对民营资本设置差别待遇或歧视性条款的 PPP 项目，各级财政部门不得安排资金支持。	财政部 2017 年 7 月 12 日对十二届全国人大五次会议第 1481 号建议的答复(财金函〔2017〕88 号) 关于规范政府和社会资本合作(PPP)综合信息平台项目库管理的通知(财办金〔2017〕92 号)

需要特别说明的是，PPP 项目采购社会资本时设置歧视性条款，尽管是《政府采购法》、《政府采购法实施条例》列明的禁止性行为，但并没有法律、行政法规明确规定，违反上述禁止性行为，则依据采购结果所签署的合同无效。故不能仅以 PPP 社会资本采购中存在设置歧视性条款为由，认定根据相应采购结果所签署的 PPP 合同无效。作为权益受损害的其他社会资本方，其权利救济途径主要体现在向采购人或政府采购主管部门投诉，由采购人或政府采购主管部门决定是否维持采购文件或采购结果。

(二) PPP 项目社会资本采购歧视性条款具体认定标准

《政府采购法实施条例》(国务院令第 658 号)第 20 条和《招标投标法实施条例》(国务院令第 613 号)第 32 条列举了 PPP 社会资本采购歧视性条款的几项具体情形。

笔者结合 PPP 项目社会资本采购实务，就上述各类构成歧视性条款情形的具体适用要点解析如下：

(1)就同一 PPP 项目，向有意向投标或响应的社会资本提供了不同项目信息，这里的不同包括详略程度不同、真假信息等情形。

(2)采购文件为社会资本设定的资格、技术、商务条件与 PPP 项目的具体特点和实际需要不相适应或者与 PPP 合同履行无关，实务中通常表现为超出了项目本身需要，如对项目资本金仅有 1 亿元的项目，要求社会资本必须持有

2 亿元的银行存款、净利润或净资产；再如对于二级承包资质就能承办的项目，却要求社会资本必须具有一级承包资质等。

《招标投标法实施条例》 （国务院令第 613 号）	《政府采购法实施条例》 （国务院令第 658 号）
第 32 条　招标人不得以不合理的条件限制、排斥潜在投标人或者投标人。 招标人有下列行为之一的，属于以不合理条件限制、排斥潜在投标人或者投标人： （一）就同一招标项目向潜在投标人或者投标人提供有差别的项目信息； （二）设定的资格、技术、商务条件与招标项目的具体特点和实际需要不相适应或者与合同履行无关； （三）依法必须进行招标的项目以特定行政区域或者特定行业的业绩、奖项作为加分条件或者中标条件； （四）对潜在投标人或者投标人采取不同的资格审查或者评标标准； （五）限定或者指定特定的专利、商标、品牌、原产地或者供应商； （六）依法必须进行招标的项目非法限定潜在投标人或者投标人的所有制形式或者组织形式； （七）以其他不合理条件限制、排斥潜在投标人或者投标人。	第 20 条　采购人或者采购代理机构有下列情形之一的，属于以不合理的条件对供应商实行差别待遇或者歧视待遇： （一）就同一采购项目向供应商提供有差别的项目信息； （二）设定的资格、技术、商务条件与采购项目的具体特点和实际需要不相适应或者与合同履行无关； （三）采购需求中的技术、服务等要求指向特定供应商、特定产品； （四）以特定行政区域或者特定行业的业绩、奖项作为加分条件或者中标、成交条件； （五）对供应商采取不同的资格审查或者评审标准； （六）限定或者指定特定的专利、商标、品牌或者供应商； （七）非法限定供应商的所有制形式、组织形式或者所在地； （八）以其他不合理条件限制或者排斥潜在供应商。

（3）要求社会资本必须具有特定的专利技术、商标、品牌或产品。

（4）将特定行政区域或者特定行业的业绩、奖项作为加分条件或者中标、成交条件。实务中，一般需要将社会资本的类似业绩、奖项或荣誉作为加分条件，但不得指定具体行政区域内，也不得限定某一具体细分行业或专业，尤其是与 PPP 项目本身需求关联性不强的行业或专业。

（5）对不同社会资本采取差异性的资格审查或者评审标准。

(6)要求社会资本必须与指定供应商交易或采购指定产品。

(7)限定社会资本所有制形式、组织形式或者所在地，如要求社会资本必须是国有企业、必须是上市公司或金融机构或本地企业等。

上述规则旨在保障适格的社会资本均有平等参与 PPP 项目的机会。在此基础上，为保护和鼓励民营企业类社会资本参与 PPP 项目，国家和多地政府又颁布了特别规定和政策。

财政部于 2017 年 7 月 12 日以财金函〔2017〕88 号答复，要求明确对民营资本设置差别待遇或歧视性条款的 PPP 项目，各级财政部门不得安排资金支持，要求合理设定社会资本资格条件和采购评审标准，鼓励民营企业通过组建联合体等方式参与 PPP 项目。

国家发展改革委也专门就鼓励民间资本参与 PPP 项目出台《关于鼓励民间资本参与政府和社会资本合作(PPP)项目的指导意见》(发改〔2017〕2059 号)。该指导意见也列举了部分 PPP 项目社会资本采购歧视性条款，笔者解析如下：

(1)在确定 PPP 项目社会资本资格条件时，不得设置超过项目实际需要的注册资本金、资产规模、银行存款证明或融资意向函等条件。实务中，有以“注册资本金、资产规模、银行存款证明或融资意向函”作为资格条件的，但相关标准应严格按项目实际需要设置，否则构成歧视性条款。

(2)不得设置与 PPP 项目需求(包括投融资、建设、运营)无关的准入条件。

(3)除合法合规的投标保证金外，不得以任何其他名义设置投标担保要求。实务中，有要求社会资本超过法定投标保证金上限提供保证金或必须在指定银行存入定期存款，这都属于歧视性条款具体情形。

(4)综合考虑投标人的工程技术、运营水平、投融资能力、投标报价等因素。PPP 项目涉及面广，鼓励通过“综合评分法”评审，并合理分配评分比重，而不能特别突出某一项能力或指标。

PPP 项目社会资本采购歧视性条款违规情形主要体现在 PPP 项目采购文件和 PPP 项目实施方案中社会资本采购章节中。从笔者对项目实施方案和采购文件进行合规性审查、评审以及协助政府部门进行项目核查及整改的经验来看，PPP 项目采购存在涉嫌歧视性条款违规行为，多是缘于缺乏对《招标投标法》、《政府采购法》以及 PPP 项目采购等有关规范性文件的系统认知和精准掌握，建议在 PPP 项目采购中提高政府采购与 PPP 规范运作有关法律专业服务水平，加强项目顾问律师、咨询公司与招标代理机构之间的沟通研讨。

第三节 PPP 社会资本采购方式选择的合规性

一、可供选择的 PPP 社会资本采购方式

PPP 社会资本采购适用的法律、行政法规层面的规范性文件为《政府采购法》和《政府采购法实施条例》，对于采取招标方式的，适用《招标投标法》和《招标投标法实施条例》。那么根据这一系列规范性文件，政府采购 PPP 社会资本应当采取《政府采购法》规定的或国务院政府采购监督管理部门认定的其他方式，未按政府采购法规定的方式及有关程序进行采购的，属于违规行为。

根据《政府采购法》第 26 条规定，政府采购明确列举的方式有公开招标、邀请招标、竞争性谈判、单一来源采购、询价，也可采取国务院政府采购监督管理部门认定的其他采购方式。财政部作政府采购监督管理部门根据《政府采购法》第 26 条规定颁布了《政府采购竞争性磋商采购方式管理暂行办法》(财库〔2014〕214 号)，在《政府采购法》规定的前述五种采购方式之外增加了竞争性磋商采购方式。

1. 招标采购方式

对于公开招标和邀请招标，作为招标采购方式中两个二级分类，具体程序操作应当执行《招标投标法》和《招标投标法实施条例》有关规定。《传统基础设施领域实施政府和社会资本合作项目工作导则》(发改投资〔2016〕2231 号)第 13 条“社会资本方遴选”中明确规定，拟由社会资本方自行承担工程项目勘察、设计、施工、监理以及与工程建设有关的重要设备、材料等采购的，必须按照《招标投标法》的规定，通过招标方式选择社会资本方。实务中尚有不少项目通过竞争性磋商方式选定有建设资质和能力的社会资本，再由该社会资本直接作为项目总承包方的，在现行招标投标法律体系下，存在合规风险。

需要特别说明的是，《招标投标法实施条例》第 30 条还特别规定了“两阶段招标”方式，即对技术复杂或者无法精确拟定技术规格的项目，招标人可以分两阶段进行招标：第一阶段为方案招标，要求投标人按照招标公告或者投标邀请书的要求提交不带报价的技术建议，招标人根据投标人提交的技术建议确定技术标准和要求，编制招标文件。第二阶段为正式招标，招标人向在第一阶段提交技术建议的投标人，基于明确的采购标的和统一的比选条件，编制并提供详细的招标文件，投标人按照招标文件的要求提交包括最终技术方案和投标报价的投标文件。

我国 PPP 实践中，有项目借综合开发名义，大包大揽，置数十个子项目，甚至分期实施，即在项目识别准备阶段，根本无法厘清项目具体内容和边界，无法直接一次性招标选定社会资本。这类项目如果确有必要实施，可以通过两阶段招标方式，先进行项目实施方案招标，再在统一的项目实施方案基础上，经公开、公平、公正程序考量各单位具体方案和报价。

2. 非招标采购方式

对于 PPP 社会资本采购，现行规范性文件所明确列举的非招标的政府采购方式包括竞争性磋商、竞争性谈判、单一来源采购、询价四种。根据《政府采购非招标采购方式管理办法》(财政部令〔2013〕第 74 号)规定，对于达到公开招标数额标准的货物、服务采购项目，拟采用非招标采购方式的，采购人应当在采购活动开始前，报经主管预算单位同意后，向设区的市、自治州以上人民政府财政部门申请批准。即如果采取非招标方式进行政府采购的，需要预算管理单位和设区的市、自治州以上政府财政部门批准，区、县级政府及财政部门尚无权自主作出决定。

相较于一次投标报价决输赢的招标方式，竞争性磋商和竞争性谈判可以就报价进行多轮谈判或磋商，最终确定报价，只是竞争性磋商侧重综合评分，而竞争性谈判则对价格高低更为敏感。而且竞争性磋商比竞争性谈判适用条件和情形更为广泛一些。

询价是指询价人向符合资格条件的供应商发出采购货物询价通知书，要求供应商一次报出不得更改的价格，再从询价小组提出的成交候选人中确定成交供应商。单一来源采购则是指从某特定供应商处采购货物、工程和服务。

在法律上，上述每一种方式对应特定的采购程序，严格依法定程序实施才算按某种采购程序实施了采购。实务中，也常有名不符实的情况，如名为竞争性磋商，实际上未有磋商，按公开招标程序实施了；也有名为“公开招标”，却没有在招标文件中附基本的 PPP 合同文本，中标候选人确定以后再与中标候选人谈判形成 PPP 合同，这实际上又是按竞争性磋商的程序实施。两者均存在违规风险。

二、PPP 社会资本各采购方式的适用条件

(一)招标方式的选择适用

在具体选择采购方式时，以公开招标为原则，邀请招标为例外，即只有在满足邀请招标适用条件下才可以经过一定程序批准后适用邀请招标。根据招标

投标有关规定，邀请招标适用的情形包括：技术复杂、有特殊要求或者受自然环境限制，只有少量潜在投标人可供选择或采用公开招标方式的费用占项目合同金额的比例过大这两种情形。邀请招标情形需要经有权部门认定，对于项目是否构成第一种情形需要招标人申请有关行政监督部门作出认定，对项目是否构成第二种情形，需要项目审批、核准部门在审批、核准项目时作出认定。

(二)非招标方式的选择适用

对于非招标方式更是有严格的适用条件。具体如下：

1. 竞争性磋商

不少地方在采购社会资本时，将竞争性磋商作为公开招标的替代方式，认为两者可以自主选择，这显然是错误的。首先是从适用范围上，竞争性磋商适用的是按照招标投标法及其实施条例必须进行招标的工程建设项目以外的工程建设项目。其次在批准程序上，对于应当招标而采取竞争性磋商方式的，须设区的市、自治州以上的财政部门批准方可进行。根据《政府采购竞争性磋商采购方式管理暂行办法》(财库〔2014〕214 号)，竞争性磋商具体仅适用于以下几类项目：政府购买服务项目；技术复杂或者性质特殊，不能确定详细规格或者具体要求的；因艺术品采购、专利、专有技术或者服务的时间、数量事先不能确定等原因不能事先计算出价格总额的；市场竞争不充分的科研项目，以及需要扶持的科技成果转化项目。

实务中，不少地方将政府采购 PPP 社会资本视为“政府购买服务项目”，因此无论具体什么项目内容或特点，均可以直接适用竞争性磋商。这种在观点在法律上是不能成立的。根据《政府采购法》和《政府采购法实施条例》规定，服务是指除货物和工程以外的其他政府采购对象，包括政府自身需要的服务和政府向社会公众提供的公共服务。《政府采购法》意义上作为政府购买对象的“服务”，与 PPP 模式下的政府与社会资本合作内容在内涵和外延上存在较大不同。前者是各种具体的服务事项，后者为更为抽象的公共服务，且包括投资、建设运营等内容，不能相互混淆。

对于未达到应当公开招标的 PPP 项目，采购社会资本可以适用《政府采购竞争性磋商采购方式管理暂行办法》(财库〔2014〕214 号)第 3 条第 2 项规定的“技术复杂或者性质特殊，不能确定详细规格或者具体要求的”之规定，将对应项目的社会资本采购通过竞争性磋商方式采购。

2. 单一来源采购

根据《政府采购法》第 31 条之规定，单一来源采购有严格的适用对象：

首先，单一来源采购适用的是政府采购货物或者服务的情形，对于与政府采购“服务”不一致的 PPP 项目社会资本采购适用单一来源采购是有一定法律瑕疵的。

其次，在采购对象为货物或服务的情况下，仅于以下情形可以采用单一来源方式采购：只能从唯一供应商处采购的；发生了不可预见的紧急情况不能从其他供应商处采购的；必须保证原有采购项目一致性或者服务配套的要求，需要继续从原供应商处添购，且添购资金总额不超过原合同采购金额 10%的。

需要对第三种情形的理解和适用作进一步的解析。实务中，有项目将一期内容按 PPP 模式并完成了社会资本采购，二期内容希望通过单一来源采购直接由一期中选社会资本继续承接。暂且不论项目社会资本采购是否构成政府采购服务，适用单一来源采购第三种情形与项目情况相对接近，但相关要求可进一步分解为二：一是与原有采购项目一致或者构成服务配套关系，需要继续从原供应商处添购；二是添购新增投资额不超过原合同采购金额的 10%。对于整体二期项目而言，即使满足第一项要求，却难以满足第二项要求，其新增投资额通常会超过一期项目投资额的 10%。这种情形下，适用单一来源采购存在合规风险。

3. 询价

询价相对于其他向多人采购的程序安排，相关程序较为简便。但其适用对象为采购的货物规格、标准统一、现货货源充足且价格变化幅度小的政府采购项目，不适用于 PPP 社会资本采购。

总之，PPP 规范性文件一再强调要求严格按照《招标投标法》和《政府采购法》规定，通过公开招标等竞争性方式选择 PPP 项目的社会资本方。否则，项目会有被清退出库的法律风险。因此，在选择 PPP 项目社会资本采购时，不宜图快捷、图简易，应依法合规操作，才能确认采购结果的合法有效，为 PPP 项目后续实施打下良好稳定的基础。

第四节　根据 PPP 社会资本采购结果签约的合规性

根据《政府采购法》、《招标投标法》以及《政府和社会资本合作项目政府采购管理办法》(财库〔2014〕215 号)有关规定，对于已完成项目社会资本采购的，应当按中标结果签约相应的 PPP 合同，并不得签署对项目采购或招标文件和中选社会资本响应或投标文件实质性内容进行变更的合同。实务中，有项目在采购结果生效以后，社会资本或政府新诉求没能满足，导致 PPP 合同久拖不签；也有项目通过签订阴阳合同，或由政府方或政府方出资代表为项目融资提供各种形式的担保、还款承诺等方式，由政府实际兜底项目投资建设运营风险的。这些都属于违规行为。

一、PPP项目社会资本中标以后拒绝签约的法律责任

根据《招标投标法》第45条第2款规定，中标通知书对招标人和中标人具有法律效力。中标通知书发出后，招标人改变中标结果的，或者中标人放弃中标项目的，应当依法承担法律责任。《政府采购法》第46条第2款规定，中标、成交通知书对采购人和中标、成交供应商均具有法律效力。中标、成交通知书发出后，采购人改变中标、成交结果的，或者中标、成交供应商放弃中标、成交项目的，应当依法承担法律责任。

对于社会资本中标或成交后无正当理由拒不与政府方签署PPP合同的，违反诚实信用原则，将承担有关行政法律责任和民事法律责任。

其中的行政法律责任包括：取消中标资格，投标保证金不予退还，并处中标项目金额一定比例的罚款；列入不良行为记录名单，在一定年限内禁止参加政府采购活动。民事责任主要为赔偿责任，包括因其拒绝签约给政府方造成实际损失的赔偿，也可以包括对相比较项目如期签约政府方可获得的预期收益的损失的赔偿。

二、中标以后变更中标合同实质性内容的法律后果

在依法应当招标的项目中，对于中标合同，当事人在实践中存在通过“阴阳合同”、工程变更签证、补充协议等显性或隐性的方式手段对中标合同内容进行实质性变更，以达到突破原有中标合同约定内容的目的。对于该等行为，不应片面以当事人“意思自治”原则视之，而应当结合招标投标法规定的“公平、公开、公正和诚实信用”原则考量其合法性和法律后果。如果认定变更中标合同实质性内容的行为和合同依法有效，则无疑将导致强制招标形同虚设。

通过招标投标程序订立合同的过程不同于普通合同，招标人一方发出的招标公告为要约邀请，投标人的投标文件为要约，招标人经过筛选比较，向选定中标人发出的中标通知书为承诺。相较于普通合同，通过招标投标订立的合同在合意形成过程中增加了在同等标准下由各投标人竞争的环节，故维护经由招标投标程序而形成的有效中标结果，不仅关系到合同当事人权益，也关系到其他未中标的投标人及潜在投标人的权益，相关法律规则设定也因此具有特殊性。《合同法》第172条规定，招标投标买卖的当事人的权利和义务以及招标投标程序等，依照有关法律、行政法规的规定。《招标投标法》第5条即规定，

招标投标活动应遵循“公开、公平、公正和诚实信用”的原则，这是以招标投标方式订立合同所特有的法律原则。

在依法应当招标即适用强制招标的项目中，对于已经招标投标程序订立的中标合同，根据《招标投标法》第 45 条、第 46 条和《招标投标法实施条例》第 57 条之规定，中标通知书对招标人和中标人具有法律效力。中标通知书发出后，招标人改变中标结果的，或者中标人放弃中标项目的，应当依法承担法律责任。招标人和中标人应当自中标通知书发出之日起 30 日内，按照招标文件和中标人的投标文件订立书面合同。招标人和中标人不得再行订立背离合同实质性内容的其他协议。由此，《招标投标法》明确禁止招标人和中标人变更或解除中标合同实质性内容，维护中标通知书发出时双方已达成的中标结果。

而依据民法中的“意思自治”原则及《合同法》第 77 条和第 93 条之规定，合同当事人协商一致，可以变更和解除合同。那么，在适用强制招标的项目中，招标人与中标人对中标合同的哪些变更构成对中标合同实质性内容的变更？其法律效力如何？

（一）变更中标合同实质性内容的判断标准和方式

1. 关于中标合同实质性内容的判断

《招标投标法》及有关司法解释没有对《招标投标法》第 46 条中“实质性内容”作出明确界定或集中列举，但可从其他相关规定和释义文件以及判例中收集归纳，以作为裁判依据。

《合同法》第 30 条规定：“受要约人对要约的内容作出实质性变更的，为新要约。有关合同标的、数量、质量、价款或者报酬、履行期限、履行地点和方式、违约责任和解决争议方法等的变更，是对要约内容的实质性变更”。另外，《合同法》第 275 条规定了施工合同的主要条款包括“工程范围、建设工期、中间交工工程的开工和竣工时间、工程质量、工程造价、技术资料交付时间、材料和设备供应责任、拨款和结算、竣工验收、质量保修范围和质量保证期、双方相互协作等条款。”

据此，笔者认为，中标合同实质性内容至少可以以合同法明确列举的要约实质性内容为准，即包括合同标的或工程范围、数量、质量、价款或者报酬、履行期限、履行地点和方式、违约责任和解决争议方法；司法实践中，可再根据中标合同所涉行业具体情况确定实质性内容。对于 PPP 合同而言，合作项目范围、地点、合作期限、项目产出标准、投融资安排、付费安排、绩效考核、建设运营移交标准、调价机制等均应构成合同实质性内容。

2. 变更中标合同实质性内容的方式

《招标投标法》第46条第1款规定："招标人和中标人不得再行订立背离合同实质性内容的其他协议。"《政府采购法》第50条规定："政府采购合同的双方当事人不得擅自变更、中止或者终止合同。政府采购合同继续履行将损害国家利益和社会公共利益的，双方当事人应当变更、中止或者终止合同。"结合《合同法》第10条以及《最高人民法院关于适用〈中华人民共和国合同法〉若干问题的解释(二)》第2条之规定，此处所禁止变更的方式并不限于招标人与中标人双方达成书面变更协议，还应当包括工程变更签证、索赔文件，甚至是表明双方拟另行立约的缔约意向。

实务中，因为相关司法解释和大量案例已明确认定与披露的中标合同内容不符的"阴合同"不具有法律约束力、不能作为双方结算依据，部分当事人更愿意采用隐蔽、暗含于工程专业手法的方式和手段来突破中标合同。

笔者经办的多单工程施工承包合同纠纷案中，施工方即是采用变更签证文件，修改了中标合同约定的工程量清单各子目单价。造价鉴定部门在法院没有明确认定变更效力的情况下，只能根据合同约定和相关变更签证文件就同一项涉案工程分别出具了价格迥然的造价结论。因为相关变更签证单是通过变更人、料、机单价，进而间接调整了合同约定的清单各子目工程单价，没有工程造价专业知识，对相关后果是无法分析和预见的。

故在司法实践中，需要律师、法官借助造价专业人员的判断，对涉案工程专业文件变更中标合同的内容和原理有清醒而明确的认知。

(二)变更中标合同实质性内容的法律效力

1. 我国现行强制招标制度强调维护中标结果的既定效力

为了保护国家利益、社会公共利益及招标投标活动当事人的合法权益，我国通过《招标投标法》等有关法律法规及规章确立了强制招标制度。现行强制招标制度包括以下两层含义：(1)对于涉及国家利益、社会公共利益的基础设施工程建设项目的施工，必须通过招标确定施工单位；(2)经过招标投标文件确立的施工合同的实质性内容应当作为法定招投标活动的成果固定下来，不得再由招标人或中标人另行变更。相关法律依据如下：

《招标招标法》第46条第1款规定："招标人和中标人应当自中标通知书发出之日起30日内，按照招标文件和中标人的投标文件订立书面合同。招标人和中标人不得再行订立背离合同实质性内容的其他协议"；第59条规定："招标人与中标人不按照招标文件和中标人的投标文件订立合同的，或者招标人、中标人订立背离合同实质性内容的协议的，责令改正。”

财政部、建设部《建设工程价款结算暂行办法》(财建〔2004〕369 号)第 22 条规定：“发包人与中标的承包人不按照招标文件和中标的承包人的投标文件订立合同的，或者发包人、中标的承包人背离合同实质性内容另行订立协议，造成工程价款结算纠纷的，另行订立的协议无效，由建设行政主管部门责令改正，并按《中华人民共和国招标投标法》第 59 条进行处罚。”《工程建设项目施工招标投标办法》(交通部令〔2006〕第 7 号)第 83 条规定：“招标人与中标人不按照招标文件和中标人的投标文件订立合同的，招标人、中标人订立背离合同实质性内容的协议的，或者招标人擅自提高履约保证金或强制要求中标人垫付中标项目建设资金的，有关行政监督部门责令改正；可以处中标项目金额千分之五以上千分之十以下的罚款。”

对于依法必须招标的项目，其通过招标文件和中标人的投标文件所确立的合同实质性内容等中标结果，并不仅仅是招标人和中标人形成合意的结果，也是未中标投标人、潜在投标人等招标投标活动其他参与人参与竞标的结果，涉及第三人以及有资格参与投标的公众因未中标所放弃的利益。正是由于强制招标制度下中标结果的“涉公”、“涉他”的性质，招标投标有关法律规定才一再强调维护中标结果的既定效力，禁止招标人与中标人按“意思自治”原则任意变更或解除。

从实质正义层面上讲，中标人的利益与其他投标人及项目工程建设活动中所蕴含的国家利益、社会公共利益是对立的。按照市场竞争法则，通过招投标活动确立的合同对各方利益已作了最公平的分配。根据经验不难判断，若中标人在中标以后基于自身利益提出对中标合同进行变更，要求获得合同之外的利益，则势必会损害国家和社会公共利益及其他投标人的合法权益。因此，对于任何背离招标投标文件及合同实质性内容的补充协议、签证文件，即便是得到招标人认可，也不能受法律保护。最高人民法院曾指出：“对中标合同(‘白合同’)的工程价款、工程质量、工程期限或违约责任任一方面进行了实质性变更，构成与备案的中标合同‘实质性内容不一致’。根据招标投标法第 46 条、最高人民法院《关于审理建设施工合同纠纷案件适用法律问题的解释》第 21 条的规定，法院不应认可其效力”，“为了规范建筑市场，重塑诚信，必须提升中标合同效力，建立招标投标合同强制备案制度，任何与中标合同实质内容相背离的形式，法律都将不予保护。”①

---

① 详见《最高人民法院专家法官阐释民商裁判疑难问题合同裁判指导卷》(增订版)第 59 页，第 70 项“建设工程施工合同纠纷案件中如何认定让利承诺书的效力”。

2. 相对于《合同法》，应优先适用《招标投标法》

《招标投标法》第46条突破了《合同法》第17条规定的“意思自治”原则，内容在此不赘述。尽管《合同法》第17条规定合同当事人经协商一致可以变更合同，但《招标投标法》作为专门适用于通过招投标程序订立合同的民事活动的特别法，其效力是优先于合同法的。因此，当适用《招标投标法》第46条与适用《合同法》第17条相冲突时，应优先适用《招标投标法》第46条。

同时，优先适用招标投标法也符合实质正义。以建设工程承包合同为例，某一位投标人被确定为中标人是因为其作出的要约最有利于保证工程质量、实现经济效益，进而能最大限度地维护国家和社会公共利益。可以说，招投标活动的成果不仅是确定了中标人，更是确定了对项目工程建设来说最优的交易方案。若中标人在中标后对其投标时所作的要约作出了实质性变更，则视为中标人又向招标人提出了新的要约，招标人的认可也视为重新承诺，则双方在经过招投标确立的合同关系之外重新确立了合同关系，该行为违背了招标投标活动的初衷，使整个招标过程失去意义，损害了其他投标人的利益，属于规避招标的行为。因此，对于必须经招投标订立的建设工程合同而言，若可再由合同当事人自主变更，则是把订立施工合同与前期招投标活动割裂开来或者把通过招投标订立合同等同于普通的由当事人自主协商订约，是对《合同法》第17条的错误适用，是不准确的。

3. 对中标合同的实质性变更可构成合同法定无效情形

《合同法》第52条第3项、第4项、第5项规定：“有下列情形之一的，合同无效：……(三)以合法形式掩盖非法目的的合同；(四)损害社会公共利益的合同；(五)违反法律、行政法规的强制性规定的合同。”

若招标人与中标人在中标后，又对中标合同进行实质性变更，使原已进行的中标结果无效或不再执行，其实质仍为规避招标，只不过是在事后规避招标，属于非法目的。因此，相关变更文件即使满足生效要件，也会因构成《合同法》第52条第3项所规定情形而应被认定为无效。

另一方面，根据《最高人民法院关于适用〈中华人民共和国合同法〉若干问题的解释(二)》第14条规定，《合同法》第52条第5项规定中的“强制性规定”仅指效力性强制性规定，那么《招标投标法》第46条第1款以及第4条规定是否属于效力性强制性规定呢？

王利明教授关于如何区分效力性强制性规定与管理性强制性规定提出了“三分法”：第一，法律、法规规定违反该规定，将导致合同无效或不成立的，为当然的效力性规定；第二，法律、法规虽然没有规定违反该规定则导致合同无效或不成立，但若使违反该规定的合同继续有效将损害国家利益和社会公共利益，这也属于效力性规定；第三，法律、法规没有规定违反该规定则导致合同无效或不成立，虽然违反该规定，但若使合同继续有效并不损害国家利益和社会公共利益，而只是损害当事人利益的，属于管理性规定。

《招标投标法》第 46 条规定属于强制性规范中的禁止性规定，虽然法律、法规没有直接规定违反该等规定即导致合同无效或不成立，但违反该等规定的合同若继续有效不仅损害发包人利益，还会直接损害其他投标人及潜在投标人的利益，若招标人为国有企业或招标项目为国有投资项目的，也会导致国有资产流失，损害国家利益和社会公共利益。因此，《招标投标法》第 46 条属于效力性强制性规范，违反该规定则会损害公共利益，违反相关禁止性规定的合同应当认定为无效合同。

当然，笔者也认为，依法维护中标结果不是绝对不允许变更中标合同。当因发生不可抗力、情势变更等情形时，可以按公平原则对中标合同进行调整。只是在成本不高的情况下，尽量通过重新招标、重新确定中标结果的方式调整；若重新招标的成本过高或不利于项目后续进展，则应经第三方评估、鉴定后再根据中立第三方专业意见调整，并履行有关重新报批、重新披露等程序。

随着近代工业革命的兴起，各类社会组织的生产经营活动对社会公共利益的影响越来越大，这使得私人利益与社会公共利益之间的矛盾与冲突在民法调整的社会关系领域中逐渐成为普遍现象。在此背景下，19 世纪伊始颁布的德国民法典确立了新的民法立法精神，即契约自由不再是绝对的民法原则，国家公权力应当代表公众对关系社会公共利益的契约行为进行审查、监督以及干预。该立法精神随着工业革命的推广与深化，在越来越多的法域中得到认可。我国招投标法便是其中一个典型例证，必须招标的项目要么是使用国有资金投资建设的项目，要么是关系社会公共利益、公众安全的大型基础设施、公用事业项目，若仍简单适用合同法的“契约自由”原则则不足以保障社会公共利益。因此，禁止招标人与中标人对依法通过招投标活动确立起来的合同实质性内容进行变更成为保护社会公共利益不受侵害的有效手段，应当在立法和司法实践中得到体现、认可和尊重。

第六章　PPP项目执行常见法律风险及防控

公生明，偏生暗；端悫生通，诈伪生塞；诚信生神，夸诞生惑。

——战国·荀子

第一节　社会资本方在PPP项目执行中的主要法律风险

社会资本在PPP项目执行环节将面临诸多法律风险，这些风险有的是项目进入执行环节后发生的，也有是项目在包装、准备、采购环节遗留的，需要全面估量、正确面对、提前预防。

一、项目立项有关法律风险

PPP项目大多为基础设施或公共服务设施项目，需要在招募社会资本之前完成项目立项。根据国家发展和改革委员会令第11号《政府核准投资项目管理办法》、国务院《关于发布政府核准的投资项目目录的通知》(国发〔2014〕53号)以及项目所在地的投资项目管理办法有关规定，立项申请涉及发改委、国土、环保、规划等相关部门。项目立项管理分核准和备案两种，企业投资建设政府核准的投资项目目录内的固定资产投资项目，须按照规定报送有关项目核准机关核准；若投资建设核准目录外的项目，实行备案管理。

社会资本在投资决策之前应查明项目投资立项有关法律政策，确保项目能够依法立项并准确预估立项工作量及投入，以便在项目投资以及与政府权利义务分配上作出相应安排。

二、PPP项目识别及退出有关法律风险

PPP项目识别确认由政府主导完成，但近来也出现了不少假伪PPP项目，最终使项目陷入PPP项目合规性困境，进而影响政府采购及相关优惠支持政策的落实。因此，社会资本需要核查拟投资的PPP项目识别确认结果。

根据现行 PPP 政策规定，政府应将项目列入本级政府 PPP 备选项目并年度开发计划，由本级财政部门会同行业主管部门共同筛选确认，具体由财政部门会同行业主管部门，开展物有所值评价工作和财政承受能力论证，通“两个论证”后，由本级政府出具 PPP 项目立项批复。社会资本方应及早核查 PPP 项目上述识别确认文件及其有效性。

此外，在 PPP 项目“能进能出”制度下，对于确已通过 PPP 项目识别的项目，社会资本方应在项目实施过程中，尽可能使项目持续满足 PPP 项目各项必备特征，以免被主管部门清出 PPP 项目。

三、采购价款纳入预算有关法律风险

在政府收入支出实施全口径预算管理制度下，各级政府、各部门、各单位的支出必须以经批准的预算为依据，未列入预算的不得支出；本级人大有权撤销本级政府和下一级人民代表大会及其常务委员会关于预算、决算的不适当的决定和命令。因此，为确保社会资本获得投资回报，对涉及政府付费或可行性缺口补助的，需要按《预算法》等有关规定，由财政部门制作预算方案报本级政府和人大审批，通过审批后再报上级政府备案，并且保证因本项目采购不会导致本级政府负担的 PPP 项目财政预算支出总额超过本级政府一般公共预算支出的 10%。

此外，根据《关于公布第二批政府和社会资本合作示范项目的通知》(财金〔2015〕109 号)规定，政府应将 PPP 项目物有所值评价报告、财政承受能力论证报告、采购文件、合同文本等重要资料和数据录入财政部政府和社会资本综合信息平台。实务中，社会资本方无法直接查询本级政府参与的其他 PPP 项目及有关财政预算支出负担情况，无法确认因所拟投项目的增加是否触碰了本级政府一般公共预算支出 10%的红线，故应要求政府方进行全面准确的信息披露并在协议中设置有关风险防范条款。

四、项目采购方式有关法律风险

本项风险包括项目采购方式选择的法律风险和项目采购程序法律风险。现行 PPP 项目采购规则规定了 PPP 项目可采取的公开招标、邀请招标、竞争性谈判、竞争性磋商和单一来源采购等五种采购方式及其适用条件，项目实施机构应依法选择符合条件的采购方式并按采购程序实施采购。若错误选择采购方式或采购程序不当，可能导致社会资本方中标或成交结果无效。社会资本方尤其应注意以下几点：

(一)若属于依法必须招标范围的项目的，应通过招标选择社会资本，否则 PPP 合同法律效力无法保证；

(二)采购程序应严格规范操作，否则采购程序可能因其他(潜在)投标人投诉而受阻；

(三)在将投融资、设计、建设和运营管养一体打包采购的 PPP 项目中，若社会资本方由投资方和 EPC 总包方组成联合体投标，应注意将社会资本和项目 EPC 总包资质条件与项目需要相匹配。

(四)根据《招标投标法实施条例》规定，招资人若能够自行建设、生产或者提供，可不再通过招标选择施工、物资供应商。但该情形仅限于针对“已通过招标选择的特许经营项目投资人”。

五、项目政府方代表资格有关法律风险

PPP 项目实施机构须按 PPP 政策规定由项目所属县级以上政府明确授权，未经授权，所签 PPP 合同效力即存在不确定性。

实务中，有某开发区管委会或其所属管理办公室或地方政府融资平台公司担任 PPP 项目实施机构的情况，社会资本方在签署前有必要核查开发区管委会或其所属管理办公室相关职责权限或授权文件。对地方政府平台公司可以作为政府出资人代表，但若作为 PPP 项目实施机构，不符合财政部有关规定，且如果代表政府与社会资本签署 PPP 合同，会导致 PPP 项目违规出库。

六、采购价款结算有关法律风险

PPP 项目采购价款一般由工程造价及运营管养维护成本、投融资财务成本和投资收益几部分组成。

对于项目工程造价应在 PPP 合同中明确约定造价结算标准以及价格调整方式，同时设置传导条款以将项目承包方合理造价款诉求全部顺利导入采购价款。需要特别说明的是，对于基础设施和公共服务项目一般需要进行政府审计，但根据相关司法解释，政府审计结果并不当然作为双方结算的依据，若政府与社会资产方没有约定项目工程结算最终以政府审计为准的，可以由第三方造价咨询机构按合同约定的计价计量标准出具的造价结论为准进行结算。

即便是社会资本方接受工程造价以政府审计为准，应在合同中明确约定政府审计应遵循的标准，同时应注意约定在政府审计以外但应计入采购价款的款项的计价计量标准。

七、项目公司股权融资有关法律风险

社会资本可能需要通过项目公司股权融资，相关融资方案可能导致项目公司股权转让、甚至控制权转移。而政府方一般希望社会资本在合作期限内能够作到稳定持续的投资，因此对项目公司股权转让，尤其是控股权转移甚为敏感。这就需要在 PPP 合同中提前预留股权融资运作的空间，否则会使股权融资受阻。

八、地方政府支持政策有关法律风险

根据《担保法》、《国务院关于清理规范税收等优惠政策的通知》(国发〔2014〕62 号)、《国有土地使用权出让收支管理办法》(财综〔2006〕68 号)以及《国务院办公厅转发财政部发展改革委人民银行关于在公共服务领域推广政府和社会资本合作模式指导意见的通知》(国办发〔2015〕42 号)以及《财政部关于进一步做好政府和社会资本合作项目示范工作的通知》(财金〔2015〕57 号)等相关规定：

(一)政府出具的担保承诺无效。

(二)未经国务院批准，各级政府不得自行制定税收优惠或财政优惠政策。对违法违规制定与企业及其投资者(或管理者)缴纳税收或非税收入挂钩的财政支出优惠政策，应坚决予以取消。

(三)土地出让收入和支出实行严格的收支两条线，任何地区、部门和单位都不得以"招商引资"等各种名义减免土地出让收入，或者以土地换项目、先征后返、补贴等形式变相减免土地出让收入。

(四)政府不得承诺固定投资回报，严禁通过保底承诺、回购安排、明股实债等方式进行变相融资，将项目包装成 PPP 项目。

社会资本方应注意核查政府就 PPP 项目所给出的相关支持政策是否涉及以上法律风险。

九、项目补贴及资源补偿有关法律风险

政府为大力推广 PPP 模式、提高公共产品和公共服务供给能力与效率，多次出台政策，要在财税、价格、土地、金融等方面加大支持力度，保证社会资本和公众共同受益，通过资本市场和开发性、政策性金融等多元融资渠道，吸引社会资本参与公共产品和公共服务项目的投资、运营管理。

因此，社会资本应充分了解拟投资项目的补贴补偿、政策性贷款及其他支

持政策，尽可能在协议中作出安排，以充分享有相关优待。对于公益性项目，政府财力有限的，尽可能争取资源补偿并在协议中明确约定，如特许经营权、冠名权、广告经营权以及资源开发权、物业服务的机会。

十、项目公司管理及分配有关法律风险

根据现行政策，对于政府与社会资本方合资成立项目公司的 PPP 项目，社会资本方应在项目公司占有控股地位。为保障项目公司决策统一和效率，社会资本一般要求政府出资人代表放弃对项目公司的决策权、选择管理人的权利和分红权利。若项目总承包方也参股项目公司，也可参照处理。实务中，也有政府出资人代表在合作期限内对项目公司一直未实缴出资的情况，此情形下，更应作好安排。

项目公司各股东之间，包括社会资本股东之间以及社会资本与政府出资代表股东之间应就"三会一层"决策事项以及议事规则作出详细明确约定，实务中已存在不少因内部决策程序不明导致公司决策僵局，进而导致项目中止或流产的情况。

十一、政府项目采购价款资金来源有关法律风险

社会资本方应争取政府提前就 PPP 项目采购资金来源及筹措作出计划或安排，涉及税收地方留成部分、地方行政事业性收费和土地出让收入以及政府债券的，应核查政府方相应权限及政策限制。

实务中有政府承诺将配套土地同步上市，以出让收入用于支付项目未来采购价款的。需要依法根据土地管理规定、规划法、土地储备管理规定和土地出让收支管理规定等，核查政府权限及相应安排的合法性和可行性。

十二、政府补贴建设期投入有关法律风险

部分 PPP 项目可以获得专项补贴或税收补贴，应事先核查补贴使用有关政策规范。目前多数补贴可以或必须在建设期投入项目，此时需要依法设置政府补贴在项目建设期投入的途径或方式，务必回避政府提前支付，否则项目会因未实现按效付费、构成固定回报或兜底承诺而被拒绝入库或清理出库。

十三、与 PPP 项目配套或关联项目的规划和建设衔接有关法律风险

PPP 项目中，社会资本应作为项目运营商，对项目整体进行筹划设计，

以确保项目开发进度和投资收益。但在实务中，会涉及以下情形需要事先在协议中作出安排：

(一)项目建设配套要包括项目建设必需的项目用地、施工用地、水电供应、施工道路等配套设施，应由政府承诺在项目开前到位、满足施工条件。

(二)PPP 项目工程包之外的关联工程，如水电网管网、绿化工程、跨铁路桥梁公路段等，往往由地方平台公司或电力及铁路行业指定公司垄断承包，应由政府出面协调，并就相关权利义务及责任作出稳妥设计。

(三)还有与 PPP 项目工程相邻或嵌套的不在社会资本方投资范围内的工程项目，也应提前设置有关权利义务及责任条款，使之对 PPP 项目的规划设计和建设施工的不利影响降到最低。

十四、项目绩效考核有关法律风险

在 PPP 项目中，政府按项目的可用性、使用量或绩效来确认采购对价。因此，对项目的可用性、使用量或绩效考核关系到社会资本投资回报预期的实现程度。为了使考核更透明、可操作及可预期，有必要事先全面明确相关考核标准、方法和程序、考核与可用性付费部分挂钩机制等，甚至应当在专项协议文件中明确。

十五、项目清算移交有关法律风险

对于政府与社会资本合资成立项目公司的 PPP 项目，在项目清算移交时常会面临项目资产移交或股权转让的方式选择，资产移交即由项目公司将项目资产移交政府，再由社会资本将项目公司清算解散。股权转让即由社会资本方将其所持项目公司股权全部转让给政府方出资人，社会资本全面退出项目公司。社会资本方需要结合项目具体情况和财务税收等因素提前作好设计。

十六、项目经营反垄断有关法律风险

PPP 模式下，政府将公共服务交由社会资本提供，授予社会资本在一定期限的特许经营权。这类特许经营权通常是具有“排他性”的，即在特许经营有关合约安排中，约定项目的投资、建设、运营全部由特定社会资本方实施，政府还承诺在一定区域和期限内不在项目附近新建竞争性项目。[①] 由此，项目

① 见财政部颁布的《PPP 项目合同指南(试行)》，国家发改委颁布的《政府和社会资本合作通用合同指南》也规定，如有必要，可作出合作期间内的排他性约定。

公司就有机会成为享有对特定公共产品供给市场支配地位的市场主体。

根据《反垄断法》、《工商行政管理机关禁止滥用市场支配地位行为的规定》有关规定，禁止具有市场支配地位的经营者没有正当理由搭售商品，或者在交易时附加其他不合理的交易条件。滥用市场支配地位的行为具体包括：以不公平的高价销售商品或者以不公平的低价购买商品；没有正当理由，以低于成本的价格销售商品；没有正当理由，拒绝与交易相对人进行交易；没有正当理由，限定交易相对人只能与其进行交易或者只能与其指定的经营者进行交易；没有正当理由搭售商品，或者在交易时附加其他不合理的交易条件；没有正当理由，对条件相同的交易相对人在交易价格等交易条件上实行差别待遇；国务院反垄断执法机构认定的其他滥用市场支配地位的行为。

对于公共服务项目而言，通过 PPP 模式实施以后，政府以授予特许经营权的方式交由企业提供。社会资本出于逐利追求，可以做出利用自身的市场支配地位损害提供公共服务的公平性的行为，进而导致扰乱市场秩序、损害使用人合法权益和社会公共利益等后果。

对于社会资本而言，如与相关方达成并实施垄断协议的，将会承担被责令停止违法行为，没收违法所得，并处上一年度销售额 1%以上 10%以下的罚款；尚未实施所达成的垄断协议的，可以处 50 万元以下的罚款。如果实施滥用市场支配地位有关违法《反垄断法》禁止行为的，将承担被责令停止违法行为，没收违法所得，并处上一年度销售额 1%以上 10%以下的罚款。给他人造成损失的，还要依法承担民事责任。

对于行政机关和法律、法规授权的具有管理公共事务职能的组织而言，如果滥用行政权力，实施排除、限制竞争行为的，由上级机关责令改正；对直接负责的主管人员和其他直接责任人员依法给予处分。

2016 年 12 月，对于苏州市吴江区唯一拥有供水特许经营权的企业吴江华衍水务有限公司，江苏省工商行政管理局作出苏工商案〔2016〕00050 号行政处罚决定书，认定其利用其市场支配地位，没有正当理由，限定房地产开发企业对小区居民供水工程设计、施工和供水材料设备的自主选择，违反《反垄断法》相关规定，构成在交易时附加其他不合理的交易条件，破坏了公平竞争的市场秩序，决定责令当事人停止违法行为，并处罚款计 21429419.08 元。

以上风险还不是 PPP 项目中社会资本的全部法律风险，且具体法律风险的轻重缓急因项目具体情况而异。作为社会资本需要冷静应对，在专业人士辅助下，对有关风险作出全面预估并拟定稳妥的应对和防控方案，才能确保投资回报。

第二节　PPP运营阶段主要法律风险

我国PPP实践自2014年发轫以来，已经历5个年头。尽管有关PPP项目进入运营期的具体数据不明，但按普通项目2至5年建设期大概推算，可以想见，较早完成PPP采购的大量存量项目建设完工并集中进入运营阶段。这些早期项目不少是前PPP时代“重建设、轻运营”思维延续的成果，再加之早期PPP规则不成熟、未形成体系，项目主导参与方又着急“上马”，未对项目运营有缜密的考量和细致的安排。2017年以来，随着项目规范力度加大，新增项目的减少，存量PPP项目运营期的矛盾将会逐渐暴露出来。笔者多年来一直在一线为PPP项目提供法律服务，近期明确感觉到PPP项目咨询所倚重的中介机构已从对通识的咨询公司向专业的律师事务所和会计师事务所转变，重点已从项目整体包装测算、建设管理向项目运营管理、项目考核付费等履约行为转变。据笔者观察，2019年将是我国进入PPP运营实践经验探讨和相关矛盾化解阶段的里程碑年份。

一、项目运营是PPP模式之核心特征

根据《关于在公共服务领域推广政府和社会资本合作模式的指导意见》(国办发〔2015〕42号)规定精神，在政府和社会资本合作模式下，一方面，政府以运营补贴等作为社会资本提供公共服务的对价，并纳入预算管理、财政中期规划，在当代人和后代人之间公平地分担公共资金投入；另一方面强调由社会资本承担公共服务涉及的设计、建设、投资、融资、运营和维护等责任，政府作为监督者和合作者，减少对微观事务的直接参与，加强发展战略制定、社会管理、市场监管、绩效考核等职责。如果PPP项目没有运营期和运营内容，则无法兑现“运营补贴”，也无法实现中长期的代际平衡，更无法体现发挥企业运营管理优势并实现政企之间回归本位的分工协作。

在PPP推行之初，财政部《政府和社会资本合作模式操作指南(试行)》(财金〔2014〕113号)明确PPP模式应当立足于项目设计、融资、建造、运营、维护至终止移交的完整周期即全生命周期考量，规定的相关项目运作方式均包含运营，项目建设倒不是政企合作所必须的。运营补贴是PPP模式下政府主要的支出责任，根据《政府和社会资本合作项目财政承受能力论证指引》(财金〔2015〕21号)规定，运营补贴支出责任是指在项目运营期间，政府承担的直接付费责任。政府付费模式下，政府承担全部运营补贴支出责任；可行性缺口补

助模式下，政府承担部分运营补贴支出责任。国办发〔2015〕42 号文对 PPP 项目的界定中也明确 PPP 系政府采取竞争性方式择优选择具有投资、运营管理能力的社会资本按照平等原则协商订立合同。投资和运营能力是 PPP 项目社会资本的核心能力。

财政部就《关于规范政府和社会资本合作(PPP)综合信息平台项目库管理的通知》(财办金〔2017〕92 号)出台的官方解读中也明确财办金〔2017〕92 号的立法目的是“为贯彻 PPP 以运营为核心、以绩效为导向的理念，推动 PPP 项目由重建设向重运营转变，确保项目长期稳定运行”。该文件规定，对于新申请纳入项目管理库的项目，如果仅涉及工程建设，无运营内容的，不得入库。

综上，项目运营是规范运作的 PPP 区别不规范 PPP 或其他运作模式的核心特征。

二、PPP 项目运营的边界和基本内容

PPP 项目划分“纯政府付费”项目、“可行性缺口补助”项目和“使用者付费”项目三类，而贯通三类项目最常见的运行方式是 BOT 模式。针对完全不含使用者付费的纯政府付费项目，如采用 BOT 方式，其中的“O”即 Operate 或“运营”到底指什么？从项目内容看，只有运维养护，而从其中文语义看，明显应该带有“使用者付费”或会产生“现金流”的事项内容才合适。这一点在早期项目包装过程中还确实引起不少的讨论，有学者最后妥协指出，此处“运营”应从广义理解，包含但不限于运维养护，这种解读显然超出了其中文内涵。但确有必要根据现行 PPP 政策和实践厘清 PPP 项目运营的边界和基本内容，在此基础上方可全面研讨 PPP 运营中的法律风险。

结合 PPP 有关规则，笔者归纳，PPP 项目运营应指公共服务有关的运营、运维，不包括商业地产开发、招商引资项目以及其他不属于公共服务领域或政府不负有提供义务的商业性经营事项。

(一)PPP 运营阶段法律风险分配原则

根据国办发〔2015〕42 号规定的“社会资本承担公共服务涉及的设计、建设、投资、融资、运营和维护等责任，政府作为监督者和合作者，减少对微观事务的直接参与，加强发展战略制定、社会管理、市场监管、绩效考核等职责”的原则，项目运营阶段项目运营和维护的责任和风险应由社会资本承担，社会管理、市场监管、绩效考核等责任由政府承担。

财政部财金〔2019〕10 号文明确规范 PPP 项目的标准之一是：社会资本负

责项目投资、建设、运营并承担相应风险，政府承担政策、法律等风险。此外，财政部《关于进一步加强政府和社会资本合作(PPP)示范项目规范管理的通知》(财金〔2018〕54 号)把相关方将项目运营责任返包给政府方出资代表承担或另行指定社会资本方以外的第三方的行为，认定为违法法规行为。

(二)PPP 项目运营阶段政府与社会资本合作主要内容

从 PPP 项目实践来看，在 PPP 项目运营阶段，政府与社会资本之间主要有以下事项内容：

一是 PPP 项目决算，即项目建设成本确认。PPP 项目完工意味着项目建设期结束，而真正项目决算、尤其是政府决算审计，却因程序原因往往拖至建设期届满一至二年之久。因此，如果各方约定以政府审计作为结算依据，而项目建设成本的最终确认实际上要在运营期内才能完成。故进入项目运营期的首要工作是准确无误地完成项目决算审计确认，为后期政府付费核算打好基础。

二是社会资本开始承担起项目运营，包含运维养护或经营等义务和责任，项目运营费用开始发生，政府方也相应启动项目运营绩效考核工作。

三是项目进入付费期，无论是含政府运营补贴支付，还是使用者付费，项目公司将会获得项目投资收益。

四是项目收入条件成就后，项目公司可将项目权益，包括合同债权、特许经营权作为基础资产，通过发行债券、资产证券化等方式进行基于“项目资产信用”的再融资，以实现投资现金流提前回收。

PPP 项目运营期是 PPP 合作主要矛盾集中发生的阶段，应当结合项目实际情况提前作好研究并筹划应对，如此才能保证 PPP 合作目的顺利实现。

三、PPP 运营阶段的主要法律风险及其应对

笔者团队服务的数个 PPP 项目已进入运营期，现结合目前的项目实践反馈和参与的其他运营期问题处理研讨心得，将 PPP 运营阶段可能出现的主要法律风险及应对汇总整理如下：

(一)项目建安成本决算确认法律风险

尽管项目建安成本已要求完全与项目绩效考核挂钩，但对项目建安成本作全面合理准确的结算确认具有奠基意义。

对于建安成本结算，实务中以有关审计结论为准，而审计在实务中分为政府审计和社会审计。根据《审计法》、《政府投资项目审计规定》(审投发

〔2010〕173 号）等规定，对政府投资和以政府投资为主的项目，由审计机构组织实施审计，是为政府审计。

与之相对的是社会审计，实务中通常表现为由结算当事人双方共同委托的有资质的社会审计机构进行审计，并以审计结果作为结算依据确认项目建安成本。

笔者认为，首先 PPP 项目工程属于法定审计范围，应当经政府审计，而依据《审计法》和全国人民代表大会常务委员会法制工作委员会以及最高院有关答复精神，政府审计之目的在于落实项目预算执行、投资管控，不是必然作为与社会资本方结算的法定依据，PPP 项目工程结算依据或标准属于民事权利范畴，可由双方自主约定。其次，如果双方约定以共同委托的社会第三方审计机构出具的审计结论为准，合法有效，应予遵照执行，即便政府审计结论与该审计结论存在不一致。

（二）项目调整有关法律风险

项目运营期会发生一些超出政府实施机构和社会资本方在签约时预期的调整变化，较为严重的如项目因政府需要提前交付使用进入运营期、因法规政策调整导致项目产出标准提高或特许经营权取消、项目甩项工程处理、项目大中修以及项目资产划转等。

如果项目提前进入运营期，则会突破原根据项目实施方案拟定的政府付费周期和金额安排以及相应的财政预算安排。此情形下如果要求付费期也相应提前，难以得到财政部门认可。各方需要在项目实施方案和预算已建立的支付框架内，就因提前进入运营期而产生的运维费用以及无法提前安排政府付费有关事宜进行协商，签署补充协议。

因 PPP 项目合作期限长达几十年，这期间，国家很有可能颁布规定提高项目产出标准，如污水处理的水质排放标准；也有可能取消或减少某项特许经营权，如公路桥梁通行费收费权。这属于非本级政府能够控制、预见的不可抗力，此情形下，需要各方就调整后的投资与补偿进行磋商。

PPP 项目需要保持使用功能长期稳定，如果出现明显病害或部分丧失服务功能，就需要为恢复技术状况而进行功能性、结构性修复或定期更换，包括大修、中修、小修。对于长达几十年的项目而言，项目资产普通跨五年或十年的养护期，需要历经大中修。甚至对于某些设备资产而言，其使用寿命未长过项目合作期限。此情形下，因项目资产正常使用损耗而发生大中修的投入以及更换设备的投入都是相对较大的支出，如果全部由社会资本自行承担，显然是不公平的。需要就相关费用的范围、计量确认以及分担作出妥善安排。对于相关预算金额超过法定的强制招标标准的，还应当依法进行招标采购。

对于综合性项目或者设定了投入使用期限的项目而言，通常是无法在全部子项完成后才进入运营期的，如特色小镇项目、数个乡镇的污水处理项目或者为某运动会建设的文体场馆等。这使得项目虽已进入运营期，但存在多项甩项工程需要继续建设、结算等。此情形下，对于在运营期内的甩项工程的建设管理、验收、结算还需要在 PPP 项目基本付费安排下，预留一定操作空间，保护各方合法权益。

（三）项目公司股权以及实际控制权调整法律风险

项目进入运营期以后，工作重点由建设管理转为运营管理，尤其是对公司高管人员任命、较大额的运营成本费用、运营收入等项的处理，在各股东之间、尤其是国有企业与民营企业之间，会出现分歧争议；再加上原只想承担项目建设任务的社会资本部分成员打算“全身而退”或者原控股股东期望淡化控制权从而实现项目公司“出表”。这些因素会导致项目公司股权结构进入一个不稳定期，项目公司实际控制权也会变的扑朔迷离起来，相应的法律风险也随之而来。

在笔者看来，项目公司股权结构调整可归为两类，一是内部转让，即社会资本成员之间或社会资本与政府出资代表之间的转让；二是外部转让，即社会资本对项目公司现有股东之外的第三方转让。

从 PPP 项目运作初衷以及 PPP 社会资本采购条件角度讲，外部转让原则是禁止的，社会资本中标签约即意味着社会资本对长达几十年投资和项目全生命周期负责作出了承诺，这种承诺相应法律约束力也会持续至项目合作期间。如果允许社会资本非基于法定或约定事由，对外转让项目公司股权，则影响项目稳定性，也会产生规避此前社会资本招标的法律责任。包括向社会资本方关联企业的转让也应参照上述原则处理。当然，因社会资本自身的合并、分立等重组行为导致的股东变更，需要特别考虑。

对于社会资本方内部转让应该区分情形处理，为维持项目及项目公司的稳定，原则上社会资本股东之间的股权转让不应导致项目公司控制股东发生变化。对于不会导致控股股东变化的股权转让，应以不影响项目实施以及不削弱社会资本履约能力为限。

对于政府出资代表与社会资本股东之间股权转让，首先应当按国有资产管理规定履行国有资产处置有关程序，因政府出资代表通常为地方国企，社会资本也有不少是国有企业。其次，如果是政府方收购社会资本方股权，则会增加政府在 PPP 项目中的股权支出责任，会突破项目实施方案以及物有所值、财政承受能力论证以及项目财政预算已确定的上限框架，构成违规，尤其是导致政府出资代表持有项目公司股权超过 50%的。再次，如果是社会资本收购政府方股权，对于优质项目而言，社会资本可能有动机收购政府方股权，原则上应以不增加政府运营补贴责任和影响政府出资代表对项目公司涉及公共利益、重大事项的决策管理权为限。

（四）项目运营采购有关法律风险

项目进入运营期以后，需要专业的运营单位提供运营服务。项目公司一般为社会资本投资人新成立的公司，既无资质，也缺乏相关运营经验，无法满足项目运营要求。为了保证项目运营质量，项目公司可以采购一家运营单位实施运营。

在委托运营关系下，尽管具体运营事务由委托的专业运营单位实施，但不应影响项目公司在 PPP 合同项下应承担的运营责任，也不应影响政府方对项目公司的运营绩效考核。

实务中，项目运营采购之法律风险主要来自项目公司按什么方式招采运营单位和政府过度干预。笔者认为，可以将项目运营视为项目工程有关“服务”事项，依照《招标投标法》规定，达到法定必须招标标准的，应依法通过招标程序选择运营单位；未达到的，通常也建议在项目实施机构监督下通过一定的公开程序遴选运营单位。项目公司享有 PPP 项目的特许经营权，其选择运营单位也是运营权内容之一，应当维护其独立性，政府不宜过度干预，如审核招标文件、审核评选过程等。实务中，甚至还有要求项目公司必须在政府指定的范围内选择运营单位或直接指定运营单位，这种操作会导致项目运营风险返回政府方，属于违规行为。

（五）项目绩效考核及按效付费有关法律风险

项目进入运营期也意味进入了考核期和付费期。良好的绩效考核体系机制和按效付费制度是 PPP 项目稳妥进行的重要保障。笔者看来，良好的标准至少包括相关制度、机制能够贴合项目实际情况和政府方项目产出需求，能够严谨、可操作实施而有一定包容度，能够保持客观和防范过多人为因素。

而事实上，就现有入库项目而言，对绩效考核、按效付费多是按照一个模板粗糙设计，其针对性、实操性、功能性、严谨性均不容乐观。项目进入运营期，政府与社会资本方将面临就绩效考核、按效付费重新判断确认以及细化的挑战。

根据财政部财金〔2019〕10 号文，规范 PPP 项目应当建立完全与项目产出绩效相挂钩的付费机制，不得通过降低考核标准等方式，提前锁定、固化政府支出责任。因此，对绩效考核、按效付费的再谈判和细化补充，不应导致降低或变相降低项目实施方案、招标投标文件已确认的考核标准。

而实务中，已有不少项目在进入运营期后，通过减少考核范围、降低考核标准或关系按效付费程度的项目考核系数等多种方式，降低考核要求或考核结果对付费的影响，进而提前锁定、固化政府支出责任，这些情况均应得到防控。

当然，问题的另一极端是政府方加大加重考核范围和标准，明显超出实施方案和招标文件要求的，对社会资本方不公平，甚至会导致对招标投标文件的实质性变更，也应当依法纠正和防范。

此外，对于政府方委托第三方考核机构考核的，还应当防止第三方机构在考核评分时的自由裁量权力过大，否则极易形成权力寻租，不仅会造成不公平或虚化考核，还会滋生贿赂腐败等违法犯罪行为。

(六) 项目再融资有关法律风险

PPP 项目投资额大、回报周期长，社会资本方变现需求强烈。在项目进入运营期以后，项目公司会产生收入现金流。以项目特许经营权、合同债权、项目应收账款、下游供应链、股权收益等为基础资产的项目再融资得以全面开展。具体方式包括抵押融资、项目公司债券、项目专项债和资产证券化等。项目再融资，对社会资本而言是 PPP 项目进入漫长运营期后的头等课题，与项目持续稳定实施有重大关系。

项目再融资有关法律风险分散在项目整体运作流程和各个法律文件中，纷繁复杂，限于篇幅，不再一一列举。运营期间法律风险还有一个深层次社会原因是：基础设施运营回报率较小，相应的运营市场也不成熟，专业运营商尚待培育。这项系统性工作需要随 PPP 实践进一步完善解决。

相较于 3 至 5 年的建设期，PPP 项目运营期通常在 10 年以上，占 PPP 项目整体合作期限的绝大多数时间。这期间里，除了上述法律风险外，还有项目运营费用失控风险、项目公司僵局风险、项目信息披露风险等，不一而足。关于项目运营期的法律风险的发现和处理还有待专业人士和机构随着 PPP 运营实践作进一步总结归纳和提炼。这是当前及以后较长时间里摆在 PPP 各参与方和服务机构面前的重大课题，它将验证 PPP 模式能否践行当初 PPP 推进之初心，需要各方多贡献智慧与经验。

第七章　存量项目 PPP 改造合规运作

通其变，天下无弊法；执其方，天下无善教。

——(隋)·王通

第一节　存量项目 PPP 改造路径

相较于传统政府直接投资和由地方融资平台投资模式，PPP 模式肩负着化解地方债务的使命。对已按政府直接投资模式或由地方融资平台公司投资的存量项目，经过调整，转而按 PPP 模式实施，能够立竿见影地化解地方债务。

PPP 模式自推行以来，一直强调其在存量项目上的应用。《财政部关于政府和社会资本合作示范项目实施有关问题的通知》(财金〔2014〕112 号)即要求各级财政部门，要鼓励和引导地方融资平台公司存量项目以 TOT(转让-运营-移交)等方式转型为 PPP 项目，积极引入社会资本参与存量项目的改造和运营，切实有效化解地方政府融资平台债务风险。《财政部关于进一步做好政府和社会资本合作项目示范工作的通知》(财金〔2015〕57 号)指出，优先支持融资平台公司存量项目转型为 PPP 项目。《关于市政公用领域开展政府和社会资本合作项目推介工作的通知》(财建〔2015〕29 号)再次强调坚持存量项目为主。为缓解地方债务风险，当前重点推进符合条件的存量项目按 PPP 模式改造。《关于在公共服务领域推广政府和社会资本合作模式指导意见的通知》(国办发〔2015〕42 号)也提出鼓励引进社会资本参与地方融资平台公司存量项目改造，争取通过政府和社会资本合作模式减少地方政府性债务。《关于规范政府和社会资本合作(PPP)综合信息平台项目库管理的通知》(财办金〔2017〕92 号)明确规定，优先支持存量项目按 PPP 模式实施。国家发改委也专门出台《关于加快运用 PPP 模式盘活基础设施存量资产有关工作的通知》(发改投资〔2017〕1266 号)，对存量项目通过 PPP 模式盘活作了详细的规定。

要理清未采取 PPP 模式的存量项目进行 PPP 改造的合规运作，首先要理清存量项目的分类、状态及存在方式，其次要看采取何种具体的 PPP 运行方式，如委托经营、改建运营移交、移交运营再移交等方式。

一、存量项目的界定

我们首先需要对要按 PPP 模式改造的标的存量项目的特征有全面正确的理解。笔者认为可以从项目原投资模式和项目进展程度两个层面把握。

（一）存量项目主要为已由政府直接投资或融资平台投资的基础设施和公共服务项目

对存量项目进行 PPP 改造的主要目的是化解地方政府债务，PPP 模式本身的优势就在于“物有所值”，即相比较政府传统投资模式而言，能够节约成本、提高效率。因此，调整按 PPP 模式实施的存量项目应当是已按政府直接投资模式或地方平台公司投资模式实施的项目。

实务中存在大量由地方平台公司通过为政府“代建”或直接投资建设的方式建设地方基础设施或公共服务项目的情况。这些项目有的在建成后由政府支付代建费或投资回报；有的只是履行其作为地方建设投融资平台的职能，政府不再买单，项目本身又没有收益或收益不足弥补投资回报，最后是政府向平台公司拨付财政资金作为项目资本金，平台公司通过银行贷款获得项目配套融资，而银行向地方平台公司放贷又以政府兜底为前提。无论是哪种状态，地方平台公司投融资能力是与政府支持分不开的。因此，从地方债管控角度而言，在地方平台公司没有实现市场化转型，即靠自有资金积累和经营能力在市场上获得收入之前，地方平台公司的债务穿透来看，即为政府债务。

存量项目作 PPP 改造就是着眼于化解这些由政府直接投资或由地方平台公司投资所形成的债务风险，将既有因基础设施和公共服务投资而产生政府债务外部化，由引进的社会资本发挥其在项目投融资、运营等方面的优势，提供更高效的投资、建设和运营。

当然还有一类项目已按 PPP 模式实施，但政府出资占比较高，也可以通过降低政府出资比例进行 PPP 模式的优化、盘活存量资产。

（二）存量项目包含项目已完成立项和确认建设单位的项目

存量项目从项目实施进展程度上看，有已完成立项且明确由政府或平台公司作为建设单位的拟建、在建和建成的项目。

对于拟建的项目，在进行 PPP 改造时，实际上只需要按 PPP 采购结果调整项目建设单位或项目法人，较为简单。对于已开工的项目，则需要 PPP 项目社会资本继续完成后续工程和运营工作。对于已竣工的项目，则需要 PPP 项目社会资本提供后续改扩建、运营有关工作。

当然，还有一类已按特许经营模式实施的项目，政府已通过向特定企业授予一定期限的特许经营权的方式实施。这类项目如果涉及政府财政补贴安排或者在项目本身收益不足以弥补特许经营者投资回报时政府承担可行性缺口补助义务的，在能够通过物有所值评价和财政承受能力论证的情况下，也可以考虑调整按 PPP 模式实施。

二、存量项目转 PPP 模式的主要路径

存量项目进行 PPP 改造即将原由政府直接投资的项目或由平台公司投资的项目转而由 PPP 社会资本负责投资和项目后期建设、运营养护，在合作期届满后移交政府方，政府方在合作期限内按效付费。

至于存量项目进行 PPP 改造的具体方式因项目而异。就可采取的路径而言，包括但不限于委托运营、转让-运营-移交(TOT)、改建-运营-移交(ROT)等方式。《财政部关于进一步做好政府和社会资本合作项目示范工作的通知》(财金〔2015〕57 号)规定，融资平台公司存量项目可通过转让-运营-移交(TOT)、改建-运营-移交(ROT)等方式转型为 PPP 项目。《关于加快运用 PPP 模式盘活基础设施存量资产有关工作的通知》(发改投资〔2017〕1266 号)规定，对拟采取 PPP 模式的存量基础设施项目，可通过转让-运营-移交(TOT)、改建-运营-移交(ROT)、转让-拥有-运营(TOO)、委托运营、股权合作等多种方式。

(一)改建-运营-移交(ROT)模式

这种 PPP 改造模式主要是针对原项目设施陈旧老化或需要提标改造或需要改扩建的项目。具体操作要点包括：

(1)将更新或改扩建的设计、投资、建设与项目新旧设施的运营养护一起打包交由社会资本实施。

(2)在按 PPP 模式选定中选社会资本后，由发改部门将原项目法人变更为中选社会资本按 PPP 合同约定成立的项目公司。

(3)原项目建设单位将原项目设施及有关资料向 PPP 项目公司移交，以便于后者能够实现项目改扩建或更新以及统一运营养护。原项目建设单位退出项目管理，其为项目运营签署的运营服务合同等需要提前终止。

(4)项目在 PPP 合作期限届满后，由 PPP 项目公司向政府指定单位移交。

(二)移交-建设-运营-移交(TBOT)

当项目处于拟建或在建阶段，可通过移交-建设-运营-移交(TBOT)与 PPP 模式对接。主要操作要点包括：

(1)通过 PPP 项目公司转让原项目公司股权、将项目在建工程作价转让或者将建设单位在项目工程承包合同项下的发包人权利义务转移至 PPP 项目公司的方式，实现原项目的移交。对于已开工建设的项目，在建工程还需要经过 PPP 项目公司验收确认。

(2)由项目后续建设和投资、运营养护由中选 PPP 社会资本设立的项目公司继续实施。

(3)原项目建设单位已就项目建设投资签署有关合同的，影响 PPP 社会资本在 PPP 合同项下社会资本权利的，需要提前终止。

(4)项目在 PPP 合作期限届满后，由 PPP 项目公司向政府指定单位移交。

依据《国务院办公厅转发财政部人民银行银监会关于妥善解决地方政府融资平台公司在建项目后续融资问题意见的通知》(国发〔2015〕40 号)有关规定，为了解决在建项目后续融资问题，适宜采取政府和社会资本合作模式的融资平台公司在建项目，优先采取政府和社会资本合作模式，弥补在建项目增量融资需求。如果不宜转为政府和社会资本合作模式的，又没有其他建设资金来源的，可增量融资需求纳入政府预算管理，由地方政府按法律要求和有关规定发行政府债券解决。

(三)委托运营(O&M)或转让-运营-移交(TOT)

如果原项目已进入运营阶段，仅需要将项目后续的运营维护内容纳入政府与社会资本合作范围，不含工程建设的，可以考虑通过委托运营(O&M)或转让-运营-移交(TOT)模式进行 PPP 改造。

委托运营(O&M)方式下，保持项目原有建设单位不变，由建设单位将项目后续运营维护委托按 PPP 模式采购的社会资本或其成立的项目公司实施，托管期不少于 3 年。

转让-运营-移交(TOT)方式下，系由原建设单位将项目转让予按 PPP 模式采购的社会资本成立的项目公司，由后者在支付原建设单位转让对价以后，继续负责项目运维经营，PPP 合作期限届满后，再移交给政府指定的单位。

原建设单位向 PPP 项目公司转让时，可以将项目建设投资作价转让或者将项目资产以出租方式将项目资产使用权交由 PPP 项目公司，也可以由原项目投资人将其持有项目公司的股权转让，还可以将其已获得的项目特许经营权、收费权经政府批复后作价转让予 PPP 项目公司。

第二节 存量项目 PPP 改造有关法律风险

一、涉及国有资产转让或特许经营权转让的法律风险

根据《行政单位国有资产管理暂行办法》《事业单位国有资产管理暂行办法》《企业国有资产法》等规定，存量项目由原建设单位投资形成的设施资产、特许经营权或项目公司股权属于行政单位国有资产、事业单位国有资产或企业国有资产的，在向 PPP 项目公司转让时，应按相关规定履行转让程序，避免国有资产流失。

以企业国有资产交易有关规定为例，对于由地方平台公司或其控股企业持有的原项目公司股权，为企业国有资产。根据《企业国有资产法》《企业国有资产交易监督管理办法》《企业国有产权转让管理暂行办法》等相关规定，应当遵循等价有偿和公开公平公正的原则，在依法设立的产权交易机构中公开进行，并依法履行审批、评估、审计和公开交易程序。如此一来，PPP 社会资本方除了按 PPP 采购程序成为 PPP 社会资本外，还需要根据企业国有资产交易有关规定，参与企业国有资产公开转让成为受让人。而 PPP 社会资本采购程序及采购平台与企业国有资产交易的标的、程序和平台并不完全一致，对两个程序合并尚没有具体法律法规支持或作出明确规定。为了保障存量项目顺利实施，下一步需要探索将两个程序合二为一的具体操作规范。如果无法合一，因为社会资本采购和企业国有资产受让方选择均为公开程序，PPP 社会资本在中选成为 PPP 社会资本后，有可能无法成为企业国有资产受让方，所谓存量项目按 PPP 模式实施的目的也难以实现。

原来项目的特许经营权及收费权的权利人系经政府方经过一定法定程序选择的，现在如果因项目进行 PPP 改造之需要将原权利人的特许经营权或收费权转移给 PPP 项目公司，一方面需要遵守相应特许经营权或收费权管理办法和相应特许经营协议的约定，另一方面还涉及原权利人就项目建设运营已签署的劳动合同、委托运营合同、融资合同等上下游合同的提前终止以及由此带来的补偿、赔偿责任问题，需要妥善解决才能实现向 PPP 项目公司转让。仅以收费公路为例，《公路法》《收费公路管理条例》《收费公路权益转让办法》以及

《交通运输部关于加强收费公路权益转让管理有关问题的通知》(交财发〔2008〕315 号)、《关于公路经营企业产权(股权)转让有关问题的通知》(交财发〔2010〕739 号)等规定，在一定情形下，还需要交通主管部门履行严格的审核审批手续。需要在对存量项目 PPP 改造时，对特许经营权或收费权转让的法定程序作充分考虑。

二、涉及变相融资的法律风险

在存量项目进行 PPP 模式改造过程中，对于由新的 PPP 项目公司接管原项目资产而言，在法律上着重强调的是使用权的移交，而不一定要发生资产权属转让。常用的“TOT”模式中第一个“T”不应仅理解为有偿转让，也不应仅理解为对原有项目设施资产的有偿转让。在实务中也有保持存量项目资产权属不变的其他方式，如将项目资产使用权以有偿或无偿方式转移由社会资本方在合作期限内享有，或通过项目公司股权转让、置换、改制重组等方式，使得社会资本取得项目资产在合作期限内的必要的使用权。而且在考虑到有偿转让繁琐的程序和高昂的税负，尤其是 PPP 项目公司所支付的转让对价又成为 PPP 项目成本、纳入 PPP 项目付费回报基数时，采取项目资产有偿转让方式并非理想的方式，也可以采取包括出租、无偿使用等方式。

需要特别指出的是，如果在存量项目 PPP 改造过程中，存在将原项目建设单位前期投资经审计确认本息后，由 PPP 项目公司以资产转让对价方式支付给原项目建设单位，而 PPP 项目公司由此形成的成本计入 PPP 项目成本，再由政府方按 PPP 合同约定从项目政府付费中安排，很可能涉嫌政府变相融资。因为原项目建设单位前期投资折算为金额后，并不具有“公共产品”属性，而是政府债务。以存量项目 PPP 改造名义，将政府债务重新装入 PPP 项目，按 PPP 项目的投资回报率由政府承担支付责任，实质上借 PPP 社会资本提供融资，并没有体现社会资本的公共产品供应能力，也没有体现政府向 PPP 社会资本购买公共产品的交易本质，无非将原来的短期债务或即将到期的债务置换为长期债务。

这种操作实质上构成地方政府变相融资，不仅从长远看没有化解地方债，还严重影响项目对社会资本的吸引力，不利于项目全生命周期管理，应谨慎决策。

第八章　PPP项目融资合规运作

现金流比利润更重要。

——海尔集团第13条管理规则

第一节　PPP项目再融资模式

中央全面深化改革领导小组第二十二次会议2016年3月22日通过的《关于深化投融资体制改革的意见》强调，放宽放活社会投资，完善政府和社会资本合作模式，要拓宽投资项目资金来源，充分挖掘社会资金潜力。PPP项目投资大、期限长，若能够通过适当方式进行再融资，不仅可以减轻政府和社会资本资金压力，分散风险，保障项目持续运营，还可以创造社会资金投资机会，实现项目多元化融资。故此需要对政府和社会资本合作(PPP)项目中的投融资作专门的、立足于项目全生命周期以及旨在联接社会资金的观察和梳理。

一、什么是PPP项目再融资

政府通过PPP模式，选择社会资本参与项目投资，相对于原由政府单独投资模式，本身就是一种多元化的创新型融资方式。以PPP合同签署之日为分界点，笔者将之前的社会资本方投融资安排称为PPP项目原融资活动，之后再以PPP项目的项目公司主体信用和所属项目财产或财产权利发起的投融资安排为PPP项目再融资活动①。

财政部《PPP项目合同指南(试行)》(财金〔2014〕156号)指出，PPP项目融资可以包括再融资的内容。首先，允许项目公司在能够增加项目收益、不影响项目实施且经政府事先批准的前提下对项目进行再融资。其次，对于因再融

① 关于PPP项目再融资的学术研究成果较少，代表成果如清华大学建设管理系李佳嵘、王守清二位学者发表的《再融资在国外PPP项目中的应用及对我国的启示》。

资所节省的财务费用，政府方也可以参与分成。

二、PPP 项目再融资方式

笔者认为，PPP 项目再融资至少可以从项目公司股权性融资、债权性融资以及项目资产（含收益权、未来应收账款）融资三个渠道探讨 PPP 项目再融资方式。如图 8-1 所示。

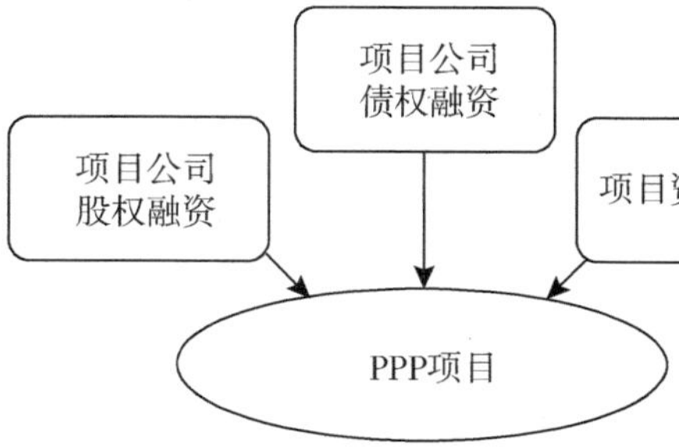

图 8-1

根据《关于固定资产投资项目试行资本金制度的通知》（国发〔1996〕35 号）PPP 项目法人可以通过发行可转换债券或组建股份制公司发行股票方式筹措资本金，可以从银行或资金市场筹措配套债务性资金。又根据《国务院关于加强地方政府性债务管理的意见》（国发〔2014〕43 号）和《国务院关于创新重点领域投融资机制鼓励社会投资的指导意见》（国发〔2014〕60 号）等文件规定，大力发展债权投资计划、股权投资计划、资产支持计划等融资工具，鼓励投资者或项目公司进行资产证券化等结构性融资，发行企业债券、项目收益债券、公司债券、非金融企业债务融资工具、项目收益票据和资产支持票据等方式拓宽投融资渠道。笔者将各类融资方式具体融资手段归纳如图 8-2 所示。

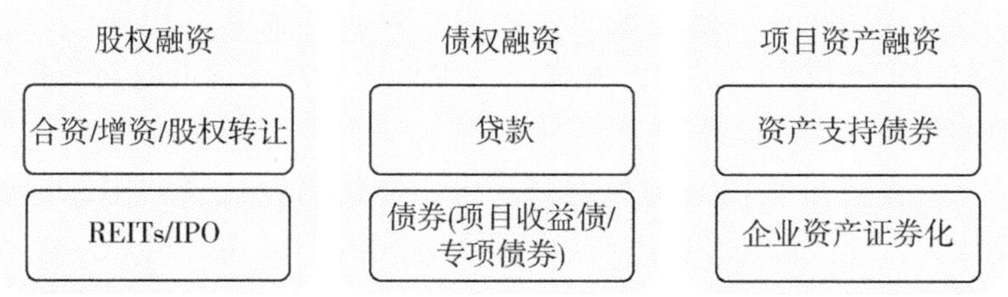

图 8-2

再结合 PPP 项目建设及运营期特点以及投融资平台，笔者将项目再融资方式进一步归纳如图 8-3 所示。

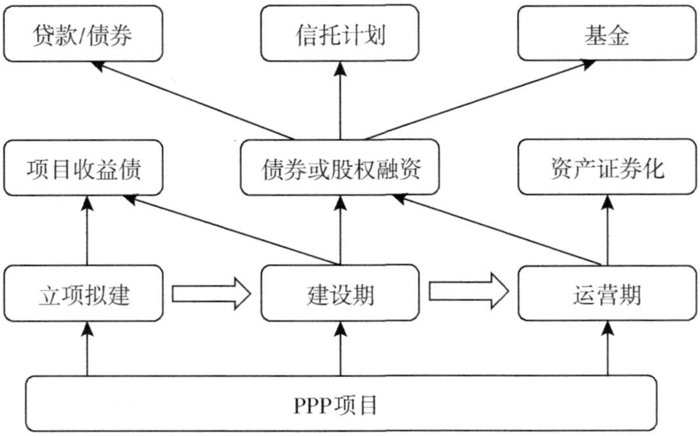

图 8-3

在我国现行规则下，结合笔者相关实务经验，将 PPP 项目可以适用的再融资方式一一简要整理如下：

(一)债券融资类

1. 金融机构贷款

根据《关于实行建设项目法人责任制的暂行规定》(计建设〔1996〕673 号)和《国务院关于固定资产投资项目试行资本金制度的通知》(国发〔1996〕35 号)等规范性文件，PPP 项目法人除了认缴项目资本金外，应负责从银行或资金市场筹措配套债务性资金。其中最常用的融资方式为银行贷款。

根据《国务院关于创新重点领域投融资机制鼓励社会投资的指导意见》(国发〔2014〕60 号文)规定，支持开展排污权、收费权、集体林权、特许经营权、购买服务协议预期收益、集体土地承包经营权质押贷款等担保创新类贷款业务。探索利用工程供水、供热、发电、污水垃圾处理等预期收益质押贷款，允许利用相关收益作为还款来源。

可见，为支持相关 PPP 项目融资，可用以作为银行贷款担保标的的范围也在相应放大，这意味着银行贷款再融资方式的门槛也在降低。当然，可为 PPP 项目提供贷款的金融机构不限于银行，还包括信托机构等可以贷款的非银行金融机构。贷款方式尽管简单、快捷、成本低，但对于贷款条件、资金用途等方面监管严格。

2. 发行项目公司主体信用债券

根据现行债券规则，满足发行条件的 PPP 项目公司可以在银行间交易市场发行永(可)续票据、中期票据、短期融资债券、非公开定向债务融资工具等债券融资，也可以经国家发改委核准发行企业债和项目收益债，还可以在证券交易所公开或非公开发行公司债。发行人主体信用债券以发行人主体信用为基础，对于投资 PPP 项目的发行人而言，募集资金可以用来作为 PPP 项目投资资金来源。债券项目基本交易结构如图 8-4 所示。

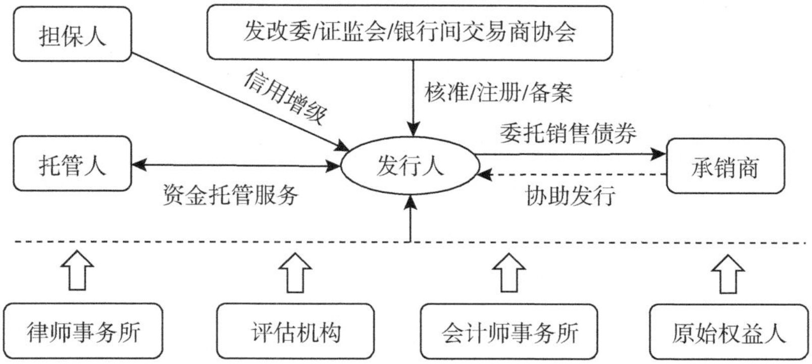

图 8-4

国家发改委连续出台多项可用于支持 PPP 项目债券融资的利好政策，以下债券品种尤其值得在 PPP 项目再融资实践中尝试使用：

(1)项目收益债

根据《项目收益债试点管理办法(试行)》(发改办财金〔2015〕2010 号)，PPP 项目公司在 PPP 项目工程开工前三个月内，可以发行项目收益债券融资，将募集资金用于该项目建设、运营和设备购置以及偿还已使用的超过项目融资安排约定规模的银行贷款。项目收益债券适用的项目实施阶段提前，但对于配套偿债保障措施要求较高，如除债券资金之外，项目建设资金来源应全部落实，在项目收益债券存续期内的每个计息年度，项目收入应该能够完全覆盖债券当年还本付息的规模等。

(2)特别行业领域及项目专项债

根据《关于充分发挥企业债券融资功能支持重点项目建设促进经济平稳较快发展的通知》规定，对于符合评级条件且募集资金用于七大类重大投资工程包和六大领域消费工程，不受发债企业数量指标限制。国家发改委还专门就战略性新兴产业、养老产业、城市地下综合管廊建设、城市停车场等四项专项债券出台了发行指引。

(3) PPP 项目专项债

2017 年 4 月 25 日，国家发展改革委办公厅在《证券法》《企业债券管理条例》基础上出台了《政府和社会资本合作(PPP)项目专项债券发行指引》，PPP 项目公司及社会资本方可以就具体的 PPP 项目发行 PPP 项目专项债券，募集资金用于 PPP 项目建设、运营，或偿还已直接用于项目建设的银行贷款。

(二)股权融资类

1. 总承包企业作为社会资本联合体

实务中有 PPP 项目投资人与总承包企业组成联合体作为 PPP 项目社会资本方，共同出资设立项目公司。尽管此举主要目的为利用承包企业的 EPC 承包资质和能力避免二次招标，但对于真正投资人而言，借项目公司股权吸收了 EPC 承包方的资金，在一定程度上实现了项目融资目的。

2. 基金、信托对 PPP 项目公司的股权投资

社会资本方可以通过基金、信托计划等融资通道工具引进财务投资人作为 PPP 项目公司股东，具体包括由基金或信托与社会资本方一起组成联合体投标，或在企业成为项目社会资本后联合基金与其他股东共同出资设立项目公司等。此种融资方式在一定程度上可以帮助企业实现表外融资，但须保证不影响社会资本方承担 PPP 合同项下的法律责任。

(三)企业资产证券化融资类

对项目公司而言，PPP 项目至少可以在以下两个方面产生可预测的现金流，一是基于项目特许经营权而产生的收费收入，如收费公路项目中的车辆通行费收入；二是基于 PPP 合同和财政预算而产生的政府方未来支付的项目采购款应收账款。

如果将 PPP 项目未来一定时期的现金流相关权益经过改造打包，形成资产支持证券到资本市场上发行融资，也能达到项目融资之目的，这就是 PPP 项目公司资产证券化融资。相比其他基础资产类型而言，PPP 项目收益较为稳定，能够产生很多可证券化的基础资产。具体资产证券化产品品种包括：

1. 企业资产支持票据

根据中国银行间市场交易商协会《银行间债券市场非金融企业资产支持票

据指引》，PPP 项目公司可以 PPP 项目所产生的现金流收入作为还款支持，在银行间债券市场发行在一定期限内还本付息的债务融资工具。此种票据虽然从法律关系上看属于债务融资，但其融资基础不是发行人主体信用，而是基础资产产生的现金流，因此，笔者将之归入资产证券化融资种类之中。

2. 资产支持证券

标准的资产支持证券包括受银监会监管的金融机构信贷资产支持证券、受证监会监管的证券公司及基金管理公司子公司资产管理计划和受保监会监管的保险资金资产支持计划等，这些产品基本特征及其与 PPP 项目对接的基础资产如表 8-1 所示。

表 8-1

类型	信贷资产证券化	企业资产证券化	资产支持计划/投资计划①
监管部门	人民银行、银监会	证监会、交易所	保监会
发起机构	受银监会监管的金融机构	非金融机构	金融机构、基础设施项目法人
基础资产	PPP 项目贷款形成的信贷资产	PPP 项目收益权和 PPP 项目合同产生的应收账款等	PPP 项目贷款形成的信贷资产、PPP 项目收益权和 PPP 项目合同产生的应收账款等
管理人	信托机构	证券公司、基金子公司以及资管公司	保险资产管理机构
主要规范性文件	《信贷资产证券化试点管理办法》(中国人民银行公告〔2005〕第 7 号)	《证券公司及基金管理公司子公司资产证券化业务管理规定》(中国证券监督管理委员会公告〔2014〕49 号)、《资产证券化业务基础资产负面清单指引》	《保险资金间接投资基础设施项目管理办法》(主席令〔2016〕2 号)、《基础设施债权投资计划管理暂行规定》(保监发〔2012〕92 号)

当然，还有在机构间私募产品报价与服务系统发行的非标准资产支持证券产品，如“太平洋证券新水源污水处理服务收费收益权资产支持专项计划”。

满足条件的 PPP 项目公司基于 PPP 合同的应收款债权、基础设施与公共

① 详见本书作者李兵撰写的《保险资金投资计划在 PPP 项目融资中的应用》。

服务收益权等可以通过企业资产证券化融资，贷款机构对 PPP 项目公司就 PPP 项目贷款形成的信贷资产通过信贷资产证券化融资。具体由 PPP 项目公司或金融机构作为发起人(原始权益人)，将 PPP 项目项下未来可预测的能够产生稳定现金流的基础资产进行组合，形成独立资产池，再由资产管理计划、信托计划等特殊目的机构在证券市场向投资者发行资产支持证券，将所募集款项用于购买项目公司上述基础资产。交易完成后，一方面，项目公司和金融机构通过出售基础资产获得现金流、提前实现投资回报变现；另一方面，认购证券的投资人，将通过 PPP 项目基础资产产生的现金流逐期获得投资收益。如图 8-5 所示。

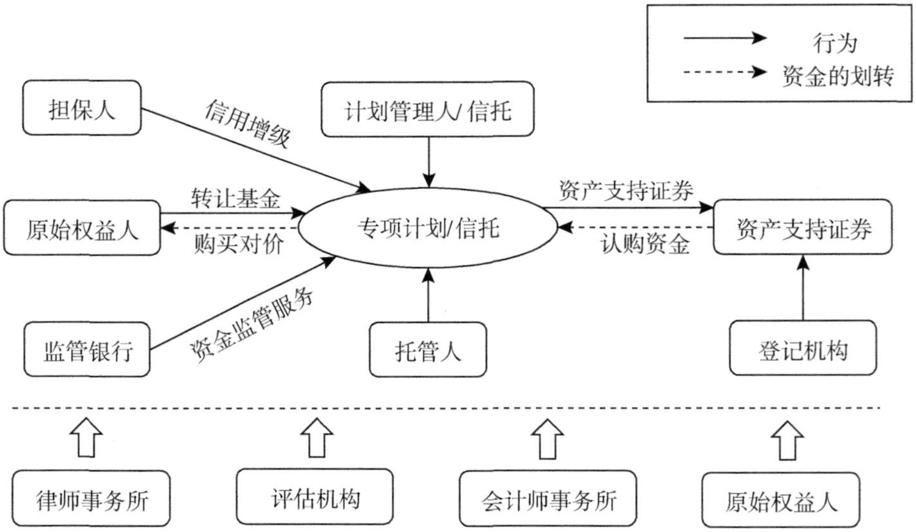

图 8-5

需要特别说明的是，为实现与 PPP 项目对接，《资产证券化业务基础资产负面清单指引》特别规定：地方政府按照事先公开的收益约定规则，在政府与社会资本合作模式下应当支付或承担的财政补贴，尽管政府是债务人，但可以作为企业资产证券化基础资产。

PPP 项目再融资系社会资本方主导，因涉及项目资产和项目公司股权担保甚至转让，需要政府批准或同意，因此建议社会资本方在 PPP 合同谈判时，通盘考虑，对拟采用的再融资计划及政府方有关批准或同意程序等事项预先作出安排，以提高再融资实施效率。

3. REITs

当前市场上正在尝试将不动产信托投资基金(REITs)的操作思路引入 PPP 项目再融资，即由原始权益人设立基金，与实体企业作为社会资本方联合体共同出资设立 PPP 项目公司。再设立资产管理专项计划，发行资产支持证券向资本市场募集资金，认购原始权益人持有的基金份额。这种类 REITs 的融资方式在一定程度上可以实现对项目资本金的证券化，但因交易结构复杂、环节多，会造成融资成本增加。在具体操作上，还要注意如何穿透锁定项目公司实际控制人，使之在合作期限内保持稳定，以符合 PPP 有关规则。如图 8-6 所示。

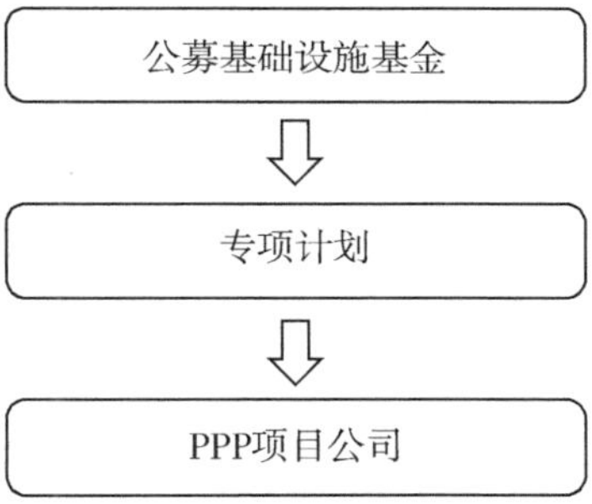

图 8-6

PPP 项目再融资立足于社会资本方(包括 PPP 项目公司)融资需求，使 PPP 项目产生的收益现金流通过各种融资工具与更为广泛的资本市场相联接，解决项目巨额流动性沉淀问题。采取多元化的再融资方式，有利于拓宽融资渠道，分散投资压力和风险，有利于将 PPP 项目投资收益标准化，激活 PPP 项目二级市场，创造更多机会让民营资金或社会闲散资金投入 PPP 项目，也应防范利用 PPP 项目再融资实现项目转让或者隔离中选社会资本方应尽未尽的义务与责任。

PPP 项目再融资涉及项目权益或项目公司股权担保甚至转让，需要事先获得政府批准或同意，因此建议在签署 PPP 合同时，对拟采用的再融资计划及政府方有关批准或同意程序等事项预先作出安排，以提高 PPP 项目再融资的实施效率。

第二节　PPP 项目资产证券化

一、PPP 项目资产证券化常见交易结构与基本规则

自 2012 年以来，新一轮资产证券化浪潮再起，至今方兴未艾。2018 年，我国资产证券化市场延续快速增长势头，全年共发行资产证券化产品 2.01 万亿元，年末市场存量为 3.09 万亿元①。随着主管部门发行试点的不断扩大，越来越多的发起机构参与进来，越来越多的创新品种得到主管部门和投资者认可，已发行信贷资产证券化基础资产涉及对公贷款、个人汽车抵押贷款、个人住房抵押贷款、重整贷款、融资租赁资产和个人消费贷款、信用卡应收款证券化、商业住房抵押贷款证券化等；已发行企业资产证券化基础资产涉及企业合同债权、高速公路收费权收益、小额贷款债权、信托受益权、水电收益、门票收入、公交、地铁、公积金贷款的证券化等。根据 2015 年 5 月份的国务院有关会议精神，资产证券化宏观政策由单纯强调鼓励“优质资产”证券化调整为“推进普通资产证券化，并积极探索不良资产证券化”，由此奠定的可证券化基础资产的包容性格局必将使资产证券化市场前景不可限量。

在如此众多基础资产品类的资产证券化产品中，有一类资产证券化产品在基础资产尚未成熟就规则频出，一经诞生就备受关注且大加鼓励，可谓衔玉而生、不同凡响，那就是以政府和社会资本合作项目为基础的资产证券化。全国各地 PPP 项目自 2014 年实际推行形成基础规模，后经 2015 年、2016 年两年的迅猛增长，到 2016 年末，单从财政部统计口径，全国入库项目共计 11260 个，投资额 13.5 万亿元。② 如此规模的 PPP 项目资产如果在未来长达十几年或几十年的合作期间里价值流动或变现受限，那对 PPP 而言，结果一定是灾难性的。一方面会形成牵制社会资本的沉重负轭，打击社会资本投资 PPP 项目的积极性，另一方面政府基于 PPP 模式所期待的长期且有质量的公共产品供给也得不到保障。因此，基于 PPP 模式下需要政府与社会资本长期合作的特点，称“PPP 的下半场就是融资”一点不为过，社会资本融资、尤其是依赖

① 数据来源于中央国债登记结算有限责任公司和东方金诚国际信用评估有限公司联合发布的 2018 资产证券化发展报告。

② 数据来源于财政部政府和社会资本合作中心发布的全国 PPP 综合信息平台项目库第 5 期季报。

于 PPP 项目自身信用的融资，关系 PPP 项目持续稳定实施的韧性。PPP 项目资产证券化就这样应运而生。

(一)PPP 项目资产证券化规则体系

PPP 项目资产证券化主要为由证券公司及基金管理公司子公司通过设立资产支持专项计划开展的资产证券化业务，主要基础管理规范如表 8-2 所示。

表 8-2

名　　称	文号	颁布机构
《证券公司及基金管理公司子公司资产证券化业务管理规定》及配套的《证券公司及基金管理公司子公司资产证券化业务信息披露指引》《证券公司及基金管理公司子公司资产证券化业务尽职调查工作指引》	中国证券监督管理委员会公告〔2014〕49 号	证券监督管理委员会
《资产支持专项计划备案管理办法》及配套《资产证券化业务基础资产负面清单指引》《资产证券化业务风险控制指引》	中基协函〔2014〕459 号	证券投资基金业协会
《深圳证券交易所资产支持证券挂牌条件确认业务指引》(2017 年修订)	深证上〔2015〕562 号	深圳证券交易所
《上海证券交易所资产支持证券挂牌条件确认业务指引》	上证发〔2017〕28 号	上海证券交易所

相关的主要规范性文件主要如下：

2016 年 12 月 26 日，发改委、证监会联合颁布《关于推进传统基础设施领域政府和社会资本合作(PPP)项目资产证券化的通知》(发改投资〔2016〕2698 号文)，要求各省级发展改革委与中国证监会当地派出机构及上海、深圳证券交易所等单位应加强合作，充分依托资本市场，积极推进符合条件的 PPP 项目通过资产证券化方式实现市场化融资，提高资金使用效率，更好地支持传统基础设施项目建设。

上海证券交易所、深圳证券交易所、中国基金业协会对此作出了迅速且积极的响应，采取措施支持本轮 PPP 项目资产证券化。上海证券交易所、深圳证券交易所于 2017 年 2 月 17 日分别对各自的市场参与人发布了《关于推进传统基础设施领域政府和社会资本合作(PPP)项目资产证券化业务的通知》。依据该文件，交易所成立 PPP 项目资产证券化工作小组，明确专人负责落实相应职责，对于符合条件的优质 PPP 项目资产证券化产品建立绿色通道，提升受理、评审和挂牌转让工作效率。项目申报阶段实行即报即审，受理后 5 个工作日内出具反馈意见，管理人提交反馈回复确认后 3 个工作日内召开工作小组会议，明确是否符合挂牌要求。项目挂牌阶段专人专岗负责，提升挂牌手续办理效率。中国证券投资基金业协会于同日也发布《关于 PPP 项目资产证券化产品实施专人专岗备案的通知》，确定专项计划管理人按照《资产支持专项计划备案管理办法》的要求，通过基金业协会备案管理系统以电子化方式报备 PPP 项目资产证券化产品，从而为 PPP 项目资产证券化构建了“即报即审、专人专岗负责”的“绿色通道”，以保证项目的审批进度。

2017 年 6 月 19 日，财政部、人民银行和证监会联合发布《关于规范开展政府和社会资本合作项目资产证券化有关事宜的通知》(财金〔2017〕55 号)，鼓励项目公司开展资产证券化优化融资安排，探索项目公司股东开展资产证券化盘活存量资产，并支持包括项目总承包人、项目融资债权人等项目公司其他相关主体开展资产证券化。2017 年 7 月，上海证券交易所关于进一步推进政府和社会资本合作(PPP)项目资产证券化业务的通知上证函〔2017〕783 号本所鼓励支持 PPP 项目公司、项目公司股东、项目公司其他相关主体及相关中介机构依法积极开展 PPP 项目资产证券化业务。

2017 年 10 月 19 日，上海证券交易所、深圳证券交易所及机构间私募产品报价与服务系统各自分别首次发布了“政府和社会资本合作(PPP)项目资产支持证券挂牌条件确认指南”和“政府和社会资本合作(PPP)项目资产支持证券信息披露指南”。根据该指南，PPP 项目资产支持证券涵盖以 PPP 项目收益权、PPP 项目资产、PPP 项目公司股权等为基础资产或基础资产现金流来源所发行的资产支持证券。

2018 年 6 月 8 日，沪、深交易所及报价系统各自分别首次发布了“基础设施类资产支持证券挂牌条件确认指南”和“基础设施类资产支持证券信息披露指南”。根据该规则，基础设施类资产支持证券是以燃气、供电、供水、供热、污水及垃圾处理等市政设施，公路、铁路、机场等交通设施，教育、健康养老等公共服务产生的收入为基础资产现金流来源所发行的资产支持证券，如果涉及政府和社会资本合作项目的基础设施类资产支持证券的，适用 PPP 项目资产支持证券挂牌条件确认指南要求。

2019 年 6 月 24 日，中国证券投资基金业协会公布《政府和社会资本合作(PPP)项目资产证券化业务尽职调查工作细则》，就 PPP 项目资产证券化业务项下，对业务参与人的尽职调查和对 PPP 项目基础资产的尽职调查要求作了明确而详细的规定。其中，对于 PPP 项目基础资产尽职调查要求与规范，涵盖项目前期识别立项、项目建设、是否涉嫌地方政府违规融资、项目资产、项目合同、项目运营、项目收入现金流、项目政府支付是否纳入政府财政预算、项目实施风险防控、项目前期融资、社会资本方承担的项目责任风险、项目收款账户管理等 12 项核心调查事项。

综上，针对 PPP 项目资产证券化的专门配套规则已经健全，也有专门的申报通道和机制，只待符合条件的 PPP 项目启动资产证券化融资。

(二)PPP 项目资产证券化主要类别和实施条件

PPP 项目资产证券化是基于 PPP 项目收益权、PPP 项目资产、PPP 项目公司股权等为基础资产或基础资产现金流来源所发行的资产支持证券。

从基础资产类别上，可分为由 PPP 项目公司以其享有的 PPP 项目收益权发起的资产证券化、由社会资本投资人以其享有的 PPP 项目公司股权投资收益发起的资产证券化以及社会资本方(项目公司)以其依据 PPP 合同约定享有的项目运营有关动产(如设备)、不动产(如土地)的所有权及用益物权发起的资产证券化。上述 PPP 项目公司享有的 PPP 项目收益权包括 PPP 合同项下对政府享有的运营补贴应收款债权以及对项目使用者享有的特许经营权或收费权等。这是 PPP 项目资产证券化的主流产品。

从基础资产包装层次上，除以上述 PPP 项目资产直接进行资产证券化外，还可以在上述 PPP 项目资产作为底层资产，嵌套信托、基金，再以信托收益权、基金份额作为基础资产实施资产证券化。

另外，围绕着 PPP 项目还可以实施其他衍生的资产证券化产品，如为 PPP 项目提供贷款的金融机构可以将 PPP 项目贷款所形成的信贷资产进行资产证券化，再如 PPP 项目提供施工和服务的承包人和服务商，将相应工程款和服务报酬债权进行资产证券化或者由保理机构基于这些债权发起 PPP 项目供应链资产证券化。

依据财政部、人民银行、证监会《关于规范开展政府和社会资本合作项目资产证券化有关事宜的通知》(财金〔2017〕55 号)和国家发展改革委、中国证监会《关于推进传统基础设施领域政府和社会资本合作(PPP)项目资产证券化相关工作的通知》(发改投资〔2016〕2698 号)及上海证券交易所、深圳证券交易所及机构间私募产品报价与服务系统各自发布的“政府和社会资本合作(PPP)项目资产支持证券挂牌条件确认指南”等有关规定，拟实施资产证券化的项目至少应满足以下基本条件：

(1)项目审核手续完备，包括项目立项、规划、土地等开工前行政审批手续。

(2)项目完成 PPP 识别入库，包括项目实施方案经过部门联审并获得政府批准，物有所值评价和财政承受能力论证报告获得财政部门批准。PPP 项目已经录入国家发展改革委和/或财政部 PPP 项目库。

(3)PPP 项目涉及新建或存量项目改建、依据项目合同约定在项目建成并开始运营后才获得相关付费的，社会资本方(项目公司)应完成项目建设或改建，按相关规定或合同约定经验收或政府方认可，并开始运营，有权按照规定或约定获得收益。

(4)项目 PPP 合同内容完备、风险分配合理，且获得财政、审计和司法等有关部门的审核同意并报经政府批准，已生效。

(5)项目不在负面清单范围内，包括不存在固定回报承诺、明股实债、政府方回购等违规操作，不存在政府部门或指定机构进行融资担保安排，不属于 BT 或变相 BT 项目，不属于产业类项目，项目公司的管理权和实际控制权为社会资本方而非政府股东。

(6)拟作为基础资产的项目收益权、股权和合同债权等权属独立清晰，有明确的合同依据，没有为其他融资提供质押或担保。PPP 项目合同、融资合同未对社会资本方(项目公司)转让项目收益权、股权或资产权益作出限制性约定，或已满足解除限制性约定的条件。

(7)发起人(原始权益人)信用稳健，最近三年未发生重大违约或虚假信息披露，无不良信用记录。

(8)项目公司作为发起人(原始权益人)的，应当已落实融资方案，前期融资实际到账。项目公司的管理权和实际控制权为社会资本方而非政府股东。社会资本方(项目公司)与政府方不存在因 PPP 项目合同的重大违约、不可抗力因素影响项目持续建设运营，或导致付费机制重大调整等情形；也不存在因 PPP 项目合同或相关合同及其他重大纠纷而影响项目持续建设运营，或可能导致付费机制重大调整的协商、调解、仲裁或诉讼等情形。

对于社会资本投资人以其持有项目公司股权投资收益进行资产证券化的，还应注意以下要求：

(1)项目已竣工；

(2)控股股东发行规模不得超过股权带来现金流现值的 50%，其他股东发行规模不得超过股权带来现金流现值的 70%；

(3)PPP 合同中对股权收益资产证券化预留一定操作空间，尤其是对项目公司股权锁定期或其他关于项目公司股权转让质押等权利的限制性约定，应满足股权收益证券化有关规定条件。

上述可资产证券化的条件是基于现有规范性文件总结归纳的主要条件，具体在项目实施过程中还需要依据有关规范性文件进一步理清有关条件、标准和要求。

对于满足条件的 PPP 项目，由省级财政部门会同行业主管部门择优推荐实施资产证券化。发起人可在向发行主管部门提交申请前，自主向省级财政部门和行业主管部门提出推荐申请。申请材料包括但不限于：PPP 项目实施方案；PPP 合同；物有所值评价报告和财政承受能力论证报告；项目运营年报；项目资产证券化方案说明书、交易结构图、律师事务所出具的法律意见书等。省级财政部门可会同行业主管部门，按照有关监管规定和通知要求，出具推荐意见并抄报财政部。

(三)PPP 项目资产证券化主要交易结构

所谓资产证券化，简而言之，就是将缺乏流动性但能在未来产生可预见的稳定现金流的特定资产(即下文所指标的资产)出售给独立特殊目的机构，通过结构性分离与重组，转换为可以在资本市场上出售和流通的证券，并据以融资的过程。① 以 PPP 项目收益权的资产证券化为例，其发起人即原始权益人为 PPP 项目公司，基础资产现金流是 PPP 合同项下政府应支付的运营补贴和项目运营期间使用者应支付的使用费用。其核心交易结构如下：

PPP 项目公司作为融资方，将未来可预测的能够产生稳定现金流的 PPP 合同债权或特许经营权组合成为基础资产包；由证券公司或基金管理公司子公司设立资产管理专项计划，向投资者发行资产支持证券募集资金；PPP 项目公司向资产管理专项计划转让基础资产包涉及的 PPP 项目收益权，资产管理专项计划以所募集的资金向 PPP 项目公司支付购买对价。基础资产转让完成后，PPP 项目公司获得融资款项，同时将所出售的资产从其资产负债表上分离成为表外资产，保证该资产及相关权益不被原始权益人的其他债权人追索，实现与原始权益人的信用风险和破产风险在法律意义上的“隔离”。而资产管理专项计划获得 PPP 项目收益权，享有 PPP 项目运营收入。在资产支持证券存续期间内，资产管理专项计划委托证券公司或基金管理公司子公司作为管理

---

① 洪艳蓉：《资产证券化法律问题研究》，北京大学出版社 2004 年版，第 4~7 页。

人并委托托管银行、服务机构完全控制由基础资产产生的现金流，并以此为基础向各投资人逐期分配收益，直到资产支持证券的存续期限届满。PPP 项目公司实施资产证券化以后，一般继续作为项目服务机构，负责为资产管理专项计划收集基础资产产生的现金流。

核心交易结构如图 8-7 所示。

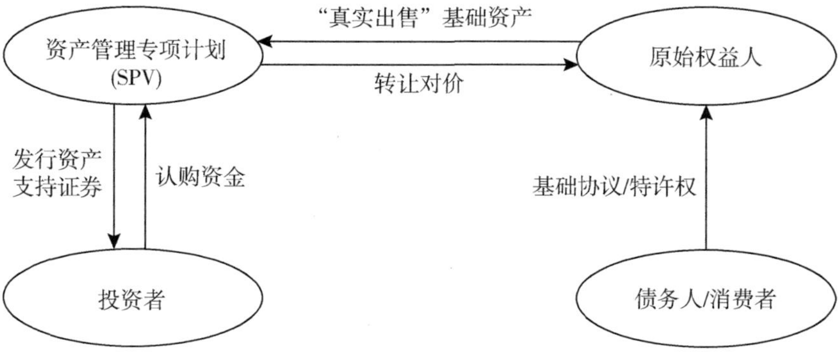

图 8-7

需要特别指出的是，社会资本将 PPP 项目资产证券化，可以实现投资退出即将无形资产或固定资产转为流动资产收回，仅是社会资本方一种项目融资方式，并不意味着与政府方提前终止 PPP 合同、将项目转让予资产支持证券的投资人。为此，财政部、人民银行、证监会《关于规范开展政府和社会资本合作项目资产证券化有关事宜的通知》(财金〔2017〕55 号)明确规定，不得通过资产证券化改变控股股东对 PPP 项目公司的实际控制权和项目运营责任，实现变相"退出"，影响公共服务供给的持续性和稳定性。

二、PPP 项目收益权资产证券化基础资产选择要点

笔者基于所在团队参与的数单企业资产证券化项目，结合最新法规政策和案例实证研究，就证券化项目基础资产选择的相关经验进行归纳总结如下：

(一)资产证券化基础资产的基本法律边界条件

证券化项目中的基础资产，是指符合法律法规规定，权属明确，可以产生独立、可预测的现金流且可特定化的财产权利或者财产。基础资产可以是单项财产权利或者财产，也可以是多项财产权利或者财产构成的资产组合。

由此，通用于各类资产证券化项目基础资产的基本法律特征可以简要概括为：

1. 基础资产应为合法资产

可证券化的基础资产首先应为受法律保护的资产，不包括诸如赌债、非法经营所得等非法资产以及存在尚未生效、无效或可撤销情形的合同债权。同时，要求基础资产合法有效不仅是在其形成阶段，还包括证券化所涵盖的存续期间。

2. 基础资产应权属明确

此处"权属明确"包括两层含义：基础资产应为证券化发起人(或原始权益人)依法享有的资产，且发起人(或原始权益人)有权依法转让。若基础资产存在权利负担或限制转让的情形，则无法实现"有效转让"，进而也无法实现证券化。

此外，基础资产权属若存在争议，有待司法裁判进一步确认，也会影响转让、信托等处分行为的有效性，同样应予剔除。

因此，对基础资产的权属、权利限制和负担、是否涉诉等情况是法律尽调的重点内容。

3. 基础资产应当可以产生独立稳定、可预测的现金流

资产证券化项目的根基为资产信用，投资者看重的是基础资产本身的价值，即收益现金流本身的独立性和可靠性，而非原始权益人或发行人整体的经济实力。因此能产生独立稳定、可预测的现金流是可证券化基础资产的本质特征，所有证券化交易结构设计均是基于此项特征所体现的资产信用而进行的。正是由于基础资产产生独立的和稳定的现金流作为偿付投资者投资收益的来源，证券化交易才得以运作实现。

当然，在证券化过程中，基础资产的现金流还需要根据信用状况和厚薄情况进行特殊包装，以建立最适宜的产品信用层次。

4. 基础资产是可特定化的财产或财产权利

基础资产应是真实确定即可特定化的，能够成为证券化项目投资者及有关参与方权利义务所指向的稳定而明确的对象，这一点与《信托法》规定的信托必须确定的信托财产本质是一致的。特定化不仅是在自然事实层面，更多应该是法律意义上的，《资产证券化业务风险控制指引》第四条即要求：基础资产在法律上能够准确、清晰界定，符合《证券公司及基金管理公司子公司资产证券化业务管理规定》相关规定。

笔者认为，可以参照可抵押的不动产和可质押的财产权利对可证券化的基

础资产给出准确、清晰的界定，相关规定包括《担保法》第 34 条、第 75 条和《物权法》第 180 条、第 223 条以及《应收账款质押登记办法》第 4 条第 2 款。

笔者团队在处理一单某城自来水公司水费收入证券化项目过程中，通过对过往已成功发行的类似项目的分析研究，发现其中对基础资产的定位有“供水合同债权”和“自来水收费权收益”两种情形。前者以既有供水合同为基础，将其未来一定期限内的水费收入证券化；而后者不仅是入池时点的既有合同，还将未来一定期限内收费权范围内新增的供水合同也囊括进来，且收益仅为收费权利的权能之一。在事实和法律层面上，前者比后者更具可特定化，因此被普遍采用。

就 PPP 项目资产证券化而言，依据财政部、人民银行、证监会《关于规范开展政府和社会资本合作项目资产证券化有关事宜的通知》(财金〔2017〕55 号)和国家发展改革委、中国证监会《关于推进传统基础设施领域政府和社会资本合作(PPP)项目资产证券化相关工作的通知》(发改投资〔2016〕2698 号)及上海证券交易所、深圳证券交易所及机构间私募产品报价与服务系统各自发布的“政府和社会资本合作(PPP)项目资产支持证券挂牌条件确认指南”等有关规定可以确定项目基础资产的合格标准。

在各具体项目中选择可证券化的基础资产时，需要结合基础资产所涉行业特性，调查能够反映上述法律边界条件的具体信息，就是否符合基础资产相关法律边界条件作出判断，此为证券化项目中法律尽调的基本内容。

(二)资产证券化基础资产的一般选择过程

基于笔者的实务经验，笔者认为，基础资产的选择是一个初步标准、初步筛选、尽职调查、修订标准、最终确定入池资产的过程，需要原始权益人、律师、评级、审计、券商等中介共同参与并相互配合协同。基本过程可概括如下：

1. 确定初步入池标准和尽调字段数据信息

由于资产证券化涉及的结构性融资技术较为抽象，且尚未广泛推广。一般情况下，原始权益人对证券化项目相关知识了解甚少，需要评级、律师等就应当选择何种基础资产、提取何种字段信息作出清晰充分的说明。初步入池标准有利于原始权益人尽快集中了解可证券化的基础资产的基本特征。

在确定初步入池标准时，律师除在法律上对标准进行把关外，最好能够对近期过往类似项目的入池标准和监管部门的最新政策、倾向性意见或做法进行分析研究，结合发行目的，就初步标准提出完善建议。

同时，评级、律师、审计与券商确定各自需要的字段数据，这些反映基础资产信用信息的字段数据需要尽可能全面、完整且可由原始权益人实际有效和简洁地提供。这些字段、数据将成为各中介尽调的主要内容以及出具专业判断的依据。

2. 原始权益人选出备选基础资产，各中介展开尽调

在初步入池标准和需要采集的字段数据的基础上，各中介制作尽调清单(含访谈问题清单)交由原始权益人。原始权益人选出备选基础资产，并按各中介尽调请求提供相关基础资料和说明。

律师尽调的资料大多数由原始权益人提供，必要时律师可以到债务人、工商部门、自然资源管理部门、房屋登记管理部门、人民银行征信中心、招投标主管部门等机构调查核实，全国企业信用信息公示系统和中国裁判文书网是律师尽调常用的网络平台。为提高团队尽调工作效率，根据笔者团队的经验，律师在此阶段可为基础资产尽调设计三份清单文件：尽调资料清单、尽调对象(问题)清单和尽调信息清单，对每笔尽调对象的情况作好登记、问题风险提示和反馈处理记录。清单文件内容是律师将合规性要求转化为具体数据信息指标的成果，最能体现律师相关经验、技能、智慧和专业水平。

3. 在中介建议下进一步筛选入池资产或修正入池标准

对经法律尽调确认存在合规性问题的基础资产，各中介应高度关注并积极设计补救办法。对尚可补救的，结合其评级水平对其入池价值和必要性再行评估；对于存在严重法律问题以至律师认为不能入池的基础资产，则应当剔除。

正是由于律师意见对确定所选基础资产是否入池起决定性作用，律师在发表相关否定意见时应审慎、理由应充分，且确实无法找到补救方案或者补救方案成本过高。

对确定入池的基础资产，可以根据整体水平修正入池标准。如果整体水平高于初步入池标准的，则应提高标准，有助于提升资产信用；如果整体水平低于初步入池标准的，可在法律规定的底限之上，适当降低或取消部分标准，以确保发行规模。

(三)基础资产具体选择标准的制定

基础资产选择的考量标准主要有二：一是该笔基础资产是否合规？二是该笔基础资产的信用评级如何？前者是能否入池的质的判断，后者是对入池必要性程度的量的判断。前者是后者的前提和基础，只有合规的基础资产方可入池并获得监管部门和投资者认可，入池后再考察其信用评级。笔者基于现行规定

政策和项目经验，就其中的合规性标准问题作归纳阐述。

笔者认为，合规性标准在规范层次上可分为基础法律规范、证券化项目管理规范(含尽调指引、披露规则)、基础资产所属行业规范三个层次，主要分别解决基础资产的法律效力问题、证券化操作合规性问题和交易基础规范性问题。另外从交易环节上看，还可分为基础资产存续本身的合规性标准和基础资产转让或信托的合规性标准。

同时，合规性标准还包括基础交易协议具体约定和担保登记、过户登记的完善性。

1. 制定基础资产选择标准的规范依据

(1)基础法律文件。

该层次的规范如《民法总则》《民法通则》《物权法》《合同法》《担保法》《公司法》《企业国有资产法》《城乡规划法》《土地管理法》《房地产管理法》《建设工程质量管理条例》等。律师需要基于基础法律规范规定将基础资产有关主体适格条件、合同生效要件、原始权益人依法享有转让处分权的条件、处分行为的程序和内部决议和外部审批以及物权及物权担保登记生效条件、担保生效条件及期限等影响证券化操作合规性的要点梳理出来，并转化为具体的印证文件、待核查问题和需要提取的字段数据。

(2)证券化项目管理规范。

证券化项目管理规范即由中国银行保险监督管理委员会、人民银行、证券监督管理委员会、基金业协会、证券交易所等证券化项目行业主管或备案部门颁布的资产证券化业务管理规定、尽职调查工作指引、信息披露指引、风险控制指引、业务流程等规范性文件。对 PPP 项目资产证券化而言，具体规范依据主要为财政部、人民银行、证监会《关于规范开展政府和社会资本合作项目资产证券化有关事宜的通知》(财金〔2017〕55 号)和国家发展改革委、中国证监会《关于推进传统基础设施领域政府和社会资本合作(PPP)项目资产证券化相关工作的通知》(发改投资〔2016〕2698 号)及上海证券交易所、深圳证券交易所及机构间私募产品报价与服务系统各自发布的“政府和社会资本合作(PPP)项目资产支持证券挂牌条件确认指南”等。

律师同样需要在上述规范中收集提炼出能够反映证券化操作合规性的信息点，尤其是禁止性、限制性规定，再将之充分、完整地融入制作的各项尽调文件清单以及法律意见中。

如在证券公司及基金管理公司子公司资产证券化业务项目实务中，资产证券化业务基础资产实行负面清单管理，即负面清单列明的基础资产均不适宜采用资产证券化业务形式、或者不符合资产证券化业务监管要求的基础资产，需要剔除。

现行负面清单为中基协函〔2014〕459 号文的附件《资产证券化业务基础资产负面清单指引》，该文件列明的各项资产均不符合监管要求，不能作为标准证券化项目的基础资产。需要特别说明的是，负面清算所列的“以地方政府为直接或间接债务人的基础资产”不得作为基础资产，但明确指出，地方政府按照事先公开的收益约定规则，在政府与社会资本合作模式(PPP)下应当支付或承担的财政补贴除外。因此，PPP 合同项下政府应当支付给项目公司的运营补贴可以作为资产证券化基础资产。

(3)行业合规性文件。

就 PPP 项目资产证券化而言，拟实施资产证券化的 PPP 项目本身必须满足合规运作要求并持续进行合规运作，反映相应合规运作要求或标准的规范性文件包括《国务院办公厅转发财政部发展改革委人民银行关于在公共服务领域推广政府和社会资本合作模式指导意见的通知》(国办发〔2015〕42 号)、《基础设施和公用事业特许经营管理办法》(国家发展改革委等部门令〔2015〕25 号)、《国家发展改革委关于开展政府和社会资本合作的指导意见》(发改投资〔2014〕2724 号)、《关于依法依规加强 PPP 项目投资和建设管理的通知》(发改投资规〔2019〕1098 号)、《关于推广运用政府和社会资本合作模式有关问题的通知》(财金〔2014〕76 号)、《政府和社会资本合作(PPP)综合信息平台信息公开管理暂行办法(财金〔2017〕1 号)、《关于坚决制止地方以政府购买服务名义违法违规融资的通知》(财预〔2017〕87 号)、《关于规范政府和社会资本合作(PPP)综合信息平台项目库管理的通知》(财办金〔2017〕92 号)、《关于进一步加强政府和社会资本合作(PPP)示范项目规范管理的通知》(财金〔2018〕54 号)、《财政部关于推进政府和社会资本合作规范发展的实施意见》(财金〔2019〕10 号)等。

本书第二章第二节阐述的 PPP 项目合规运作负面清单即是需要重点关注的事项。

2. 制定基础资产选择标准应考虑的宏观风险、合同约定和登记确权情况及过往履约表现等其他因素

基础资产产生稳定持续的现金流需要有一个持续支持性的宏观环境，否则就会因外部或宏观因素产生资产信用风险。如基础资产的分布应防范集中度风险，包括区域集中、行业集中、单户项下资产所涉金额过高等。再如特许权经营基础设施规划调整风险，包括管网拆迁改造、用水单位(如化工企业)因产

业或环保政策关停转移等。宏观风险还有影响基础资产现金流的减免优惠政策，如政府对低保户给予减免水费政策，影响该户缴纳水费之现金流的持续稳定，此类资产建议剔除。

合同约定因素主要是指债权人与债务人有无在合同中约定禁止或限制债权人转让基础资产的条款。如果有，则需要满足转让条件或通过补充协议删除相关条款等方案解决，否则建议剔除。

登记确权因素主要为应收账款质押和物权担保的登记确认。在银行贷款合同格式文本中，常将担保登记确权作为贷款合同的生效要件之一，故律师需要核查相关担保登记文件，以确认担保权已生效。

过往履约表现是推测基础资产项下债务人履约能力和诚信意识的重要指标，对于过往已存在较高违约率的资产，建议剔除。

总之，资产证券化项目涉及行业领域广，制定入池标准时需要考量的因素也会因项目具体情况和环境有所不同，难以一一列举，需要根据具体情况具体设计。

第三节　保险资金投资计划在 PPP 项目融资中的应用

随着 2016 年 6 月 14 日《保险资金间接投资基础设施项目管理办法》(主席令〔2016〕2 号)的颁布，资产证券化中的一个重要分支——保险资金投资的资产证券化业务再次映入眼帘。该办法明确规定，投资计划可以债、股、物等方式投资基础设施项目，无疑对投资计划模式的推广和政府与社会资本合作(以下简称“PPP”)项目融资来说都是重大利好。同月发布的《中共中央国务院关于深化投融资体制改革的意见》也再次强调：要大力发展直接融资，支持有真实经济活动支撑的资产证券化，盘活存量资产，特别提到要逐步放宽保险资金投资范围，鼓励通过债权、股权、资产支持等多种方式，支持重大基础设施、重大民生工程、新型城镇化等领域的项目建设。

那么，保险资金投资的资产证券化如何运作？哪些 PPP 项目适宜作为基础资产？又如何与 PPP 项目对接？笔者基于现行相关规定，作简要整理归纳如下：

一、保险资金投资的资产证券化业务的地位和优势

笔者认为，在中国广义上的资产证券化实践中，有银监会和央行监管的信贷资产证券化、证监会监管的证券公司和基金子公司资产证券化、银行间交易

商协会监管的资产支持票据、国家发改委监管的项目收益债①以及保监会监管的保险资金投资的资产证券化业务②五个分支。如表8-3所示。

表8-3

类型	信贷资产证券化	企业资产证券化	资产支持票据	资产支持计划/投资计划	项目收益债
监管部门	人民银行、银监会	证监会、交易所	银行间交易商协会	保监会	国家发改委
发起机构	受银监会监管的金融机构	非金融机构	非金融机构	金融机构、基础设施项目法人	提供公共产品或服务并享有项目收益的项目公司
基础资产	信贷资产	企业债权、收益权等	非信贷资产	信贷资产、应收款、基础设施项目权益	与项目建设、运营有关的所有直接收益和可确认的间接收益
管理人	信托机构	证券公司、基金子公司以及资管公司	信托机构或金融机构	保险资产管理机构	证券公司

现行《资产支持计划业务管理暂行办法》《项目资产支持计划试点业务监管口径》规定中的“资产支持计划”可投资的基础资产种类限于信贷资产（企业商业贷款、住房及商业性不动产抵押贷款、个人消费贷款、小额贷款公司发放的贷款、信用卡贷款、汽车融资贷款）、金融租赁应收款和满足一定条件的股权资产，尚不包括非金融企业持有基础设施项目等非金融资产。在《保险资金间接投资基础设施项目管理办法》颁布之前，适用于保险资金投资基础设施项目业务的《基础设施债权投资计划管理暂行规定》中的“债权投资计划”也仅限于债权投资模式，依赖于基础设施项目法人主体信用，不能归属于依赖资产本身

① 目前的项目收益债实践中，尚未能体现资产证券化的破产隔离和有限追索等特点，但其现有机制具有结构创新的空间，通过提升改造可以实现真正的资产证券化，因此笔者将之列为国内资产证券化模式之一。

② 《资产支持计划业务管理暂行办法》《项目资产支持计划试点业务监管口径》规定中的“资产支持计划”和《保险资金间接投资基础设施项目管理办法》规定的可采用资产证券化交易结构的“投资计划”。

现金流的资产证券化业务。但根据《保险资金间接投资基础设施项目管理办法》规定，投资计划可以物权及其他可行方式投资基础设施项目，这就意味着保险资金投资计划可以按体现资产证券化融资特点的交易结构投资基础设施项目。本章探讨的业务类型即为可投资基础设施项目的保险资金投资计划业务（以下简称“投资计划”）。

相对于其他资产证券化模式，投资计划投资基础设施 PPP 项目的优势至少有：

（一）投资计划的资金端来源为保险资金。保险资金是保险集团（控股）公司、保险公司等保险机构以本外币计价的资本金、公积金、未分配利润、各项准备金及其他资金，规模大、期限长，与 PPP 项目融资需求较匹配。

（二）根据相关规范性文件明确规定，投资计划可以采取债权、股权、物权及其他可行方式投资基础设施项目，大大突破了《基础设施债权投资计划管理暂行规定》规定的债权投资单一模式。为项目本身的投融资模式以及投资计划投资方式和渠道的多样化留足了空间，体现了较强的灵活性和包容性，与 PPP 多样化的运行方式也是较匹配的。

（三）根据之前由中国保监会保险资金运用监管部颁布的《项目资产支持计划试点业务监管口径》（资金部函〔2014〕197 号），可适用投资计划的基础资产种类尚不包括基础设施项目资产，而根据《保险资金间接投资基础设施项目管理办法》，投资对象明确涵盖基础设施项目资产，且尚未明确负面清单，这给 PPP 项目应用投资计划融资预留了相对较大的设想空间。

二、投资计划的基本交易结构和发行程序

保险资产管理公司依法设立投资计划，面向满足合格投资者条件的保险机构发放受益凭证以募集其持有的保险资金形成计划财产，再以自己的名义受托管理处分计划财产，包括将计划财产用于基础设施项目投资，再以基础资产产生的现金流为偿付支持。

上述架构按照信托原理设计，适用《信托法》，计划完成募集后，投资计划财产独立于受托人、托管人、独立监督人的固有财产及其管理的其他财产，不属于其破产财产。

（一）投资计划的基本交易结构

以投资 PPP 项目为例，投资计划的基本交易结构可归纳如图 8-8 所示。

上述结构中，委托人自己可以成为受益人，也可以指定他人为受益人。受

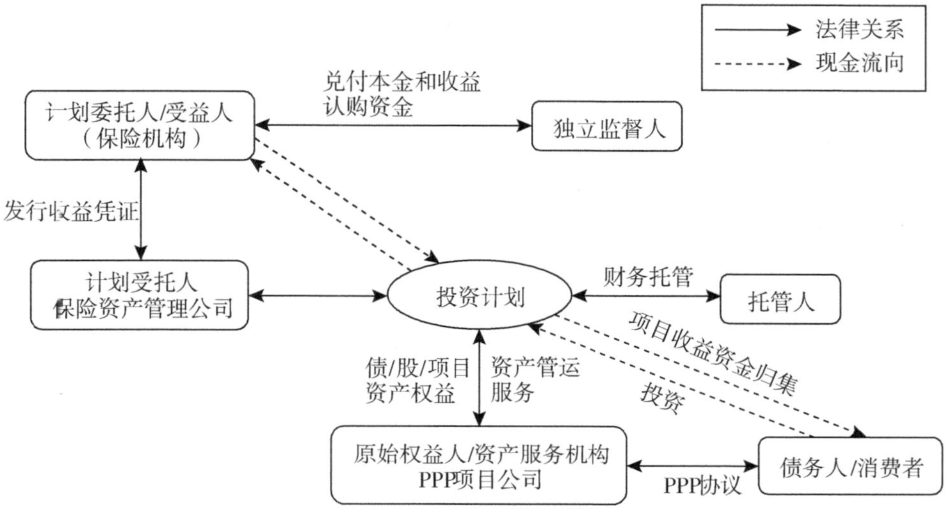

图 8-8

益人有多个的，可成立受益人大会，为控制风险和实现专业管控，受益人可聘请独立监督人履行监督职责。

就上述交易结构、交易文件的合法性，受托人需要聘请专业律师发表独立意见并出具专业法律意见书。

（二）投资计划的主要发行程序

保险资产管理公司设立投资计划，应当向中国保监会指定的注册机构注册。具体哪些机构为保监会指定的注册机构尚需要保监会进一步明确。注册机构对申报注册材料的完备性和合规性进行程序性审核，不对投资计划的投资价值及风险作实质性判断。

受益凭证按照募集说明书约定的条件发行完毕，投资计划即为设立完成。受托人应当在投资计划设立完成后将发行情况报告注册机构。

受益凭证可按规定在保险资产登记交易平台发行、登记和转让，实现受益凭证的登记存管和交易流通。

三、投资计划所投资 PPP 项目的选择要点

基础设施项目是公共服务、公共产品的物质基础，其内涵和外延都较为宽泛。《保险资金间接投资基础设施项目管理办法》没有给出明确定义。从国家

发展计划委员会令第 3 号文《工程建设项目招标范围和规模标准规定》、国发〔2013〕36 号文《国务院关于加强城市基础设施建设的意见》相关规定来看，基础设施项目可以涵盖：(1)煤炭、石油、天然气、电力、新能源等能源项目；(2)铁路、公路、管道、水运、航空以及其他交通运输业等交通运输项目；(3)邮政、电信枢纽、通信、信息网络等邮电通讯项目；(4)防洪、灌溉、排涝、引(供)水、滩涂治理、水土保持、水利枢纽等水利项目；(5)道路、桥梁、地铁和轻轨交通、污水排放及处理、垃圾处理、地下管道、公共停车场等城市设施项目；(6)生态环境保护项目；(7)其他基础设施项目。而目前我国鼓励在基础设施和公共服务领域中推行 PPP 项目，因此，投资计划基础资产与基础设施 PPP 项目存在很大的结合空间。

笔者依据《保险资金间接投资基础设施项目管理办法》，参照《保险资金运用管理暂行办法》《项目资产支持计划试点业务监管口径》以及证监会现行规定，建议投资计划按以下基本要求选择相应的基础设施 PPP 项目作为基础资产：

(1)PPP 项目已依法完成 PPP 项目识别立项，并已进入发改委 PPP 项目库或财政部门 PPP 项目库；

(2)PPP 项目可以产生独立、可持续现金流，投资计划存续期间内预期产生的累计现金流能够覆盖投资计划预期投资收益和投资本金；

(3)PPP 项目涉及的财政支出已依法列入财政预算并取得同级人大或人大常委会批复确认；对特许经营项目，项目法人已获得有效的收费许可且收费定价机制透明；

(4)基础设施项目的 PPP 协议合法有效，项目投资人及项目公司的资格合法有效，对 PPP 项目权益具有完整的财产权利和处置权；

(5)基础设施项目 PPP 协议中没有对项目公司通过投资计划融资进行限制的约定，涉及股权或项目资产转让的，没有限制转让的约定；

(6)PPP 项目资产权利没有附带抵押、质押等担保责任或者其他权利限制，或者能够通过相关安排解除基础资产的相关担保责任和其他权利限制。

上述标准为建议性的初选标准，非强制性标准，也非全部筛选标准，还需要根据具体 PPP 项目以及投资计划要求作调整完善。

四、投资计划投资 PPP 项目的方式

如前所述，投资计划可以采取债权、股权、物权及其他可行方式投资基础设施项目。因此，投资计划至少可以通过以下四种方式对接 PPP 项目：

(一)债权投资

债权投资即投资计划以募集资金作贷款，提供项目公司专项用于基础设施PPP项目投资，再由项目公司还本付息。投资计划通常需要项目公司将项目资产及其收益作为担保，担保不足的，还需要项目公司及投资人提供信用担保。此种模式不能实现项目资产权益与项目公司破产隔离，不属于资产证券化。

(二)项目公司股权投资

投资计划也可以作为社会资本出资设立PPP项目公司，或者也可通过认购PPP项目公司股权投资基金的份额间接持有PPP项目公司股权，再从PPP项目公司股权分红中获得投资回报。相应股东权利将由投资计划管理人保险资产管理公司具体行使。投资计划存续期限短于PPP项目合作期限的，需要在投资协议中明确退出安排。

此种模式同样不能实现项目资产权益与项目公司破产隔离，不属于资产证券化。

(三)受让项目资产权益

投资计划可以以募集资金向PPP项目公司购买项目资产未来权益，并以此构建资产池，通过项目资产未来产生的现金流获得投资本金和收益。PPP项目公司转让项目权益后，继续作为项目资产运营管理服务机构。

此种模式为项目资产证券化模式。项目资产证券化涉及项目资产权益处置、涉及PPP项目投资人投资义务的持续履行，需要提前取得政府方的认可并在PPP协议预留操作空间。

(四)受让以项目资产或未来权益为基础资产的信托收益权

前述第(三)种模式下，如果为加强基础资产未来现金流的稳定性和标准化，可嵌套信托，将PPP项目资产设立信托或锁定为信托贷款的还款来源。投资计划以募集资金受让上述项目公司或资金提供方持有的信托受益权，通过以PPP项目资产为底层资产的信托受益权获得投资回报。

上述模式中第(一)种和第(二)种也可混合配比使用。

投资计划全面对接PPP项目，一方面有助于释放保险资金投资活力，另一方面为PPP项目融资增添了一个重要渠道。在具体实施过程中，需要借助专业力量，结合PPP规则和项目特色，提前设计并作好风险防控。

第九章　PPP合同争议解决

为裁判者应该学问多于机智，处事客观公正而不按个人好恶混淆是非，虚心听取各方意见而毋刚愎自用。

——[英]弗朗西斯·培根《培根论说文集》

第一节　诉讼与仲裁在PPP合同争议中的适用

PPP项目投资额大、期限长，合同体系和内容复杂，出各类争议纠纷的风险也大大增加，尤其是在早期我国推行PPP项目，对合同安排和合规管理不够专业化、精细化的情况下。业内甚至有说法称，就PPP中介服务而言，在项目入库、完成采购并签约落地后，骨干中介服务的接力棒就要从咨询公司移交给律师事务所了，因为后续会发生大量的纠纷争议需要通过法律手段解决。

我国在法律层面出台的与PPP争议解决有关的主要立法有《民事诉讼法》《行政诉讼法》《行政复议法》《仲裁法》和《人民调解法》等，从常规的争议解决方式来看，PPP项目有关争议的主要解决方式为到人民法院诉讼与申请民商事仲裁机构仲裁。然而在具体适用和选择中却存在各种复杂的问题，如对于包含了民事合同法律关系和行政合同法律关系的PPP合同，其合同争议到底能否适用仲裁？适用诉讼解决的，是民事诉讼程序还是行政诉讼程序？如果争议事项既涉及行政法律关系也涉及民事合同关系的，如何处理？等等。

一、PPP合同争议的法律关系性质

参照《最高人民法院关于适用〈中华人民共和国仲裁法〉若干问题的解释》第2条关于“合同争议”的界定，对于PPP合同争议包括基于合同成立、效力、变更、转让、履行、违约责任、解释、解除等产生的纠纷。本书在第四章第二节“PPP合同体系”里专门阐述了PPP合同的性质，核心观点是PPP合同内容

庞杂，既有反映行政法律关系的内容，也有反映民事合同法律关系的内容，不宜笼统地将 PPP 合同整体定性为民事合同或行政合同。

PPP 合同争议的法律关系定性实质是 PPP 合同法律关系定性争议的一个延伸，其总体也不能笼统地定性为民事合同纠纷或行政合同纠纷，但为了确保有关争议解决程序的准确合法适用，有必要厘清 PPP 合同争议事项是民事合同纠纷还是行政合同纠纷。

而要判断 PPP 合同争议的法律关系定性首先要判断争议所涉及的 PPP 合同具体内容或者基础法律关系是行政合同性质还是民事合同性质。比如对因 PPP 合同项下的基础设施和公共事业特许经营许可、行政审批、行政决定、行政裁决、行政强制、行政处罚、行政征用或征用等行政行为而产生的争议纠纷，为行政法律关系，可以适用行政复议、行政诉讼有关规定，而不能适用民事争议解决有关程序。对因项目投资合作、回报补偿、按效付费等交易行为而产生的争议纠纷，为民事法律关系，适用民事法律关系对应的争议解决程序。

当然，在某些情况下，可能会出现一项争议或一系列关系争议既有行政法律关系、也有民事法律关系的状况。对于这种行政纠纷与民事纠纷交叉竞合的处理，就比单一争议法律关系复杂，不能简单地全部适用行政争议解决程序或民事争议程序。

二、诉讼与仲裁在 PPP 合同争议中的选择适用

（一）通过仲裁处理 PPP 有关的民事合同争议必须以合法有效的仲裁条款为前提

依据《仲裁法》第 4 条和第 5 条规定，当事人采用仲裁方式解决纠纷，应当以双方自愿达成合法有效的仲裁协议为前提，没有达成仲裁协议或达成仲裁协议不合法有效的，单方申请仲裁且另外一方不同意仲裁解决的，仲裁委员会不应予以受理。

又根据《仲裁法》第 16 条和第 17 条规定，仲裁协议即合同当事人约定对于相应纠纷事项同时通过仲裁方式解决的协议或条款，在内容上必须涵盖：各方均将纠纷争议交由仲裁处理的意思表示、交由仲裁处理的争议纠纷范围以及所选择的仲裁委员会。在 PPP 合同中，一般表现为 PPP 合同中的仲裁条款。如果 PPP 合同中的仲裁条款存在约定的交由仲裁处理的事项超出法律规定的可以仲裁的范围的，相应仲裁条款无效，在双方未能重新达成合法有效之仲裁条款之前，相关争议不能通过仲裁处理。

(二) PPP 合同有关行政争议不得通过仲裁处理

根据《仲裁法》第 2 条和第 3 条规定，可以仲裁的争议纠纷的范围为平等主体的公民、法人和其他组织之间发生的合同纠纷和其他财产权益纠纷，而依法应当由行政机关处理的行政争议不能交由仲裁处理。

行政争议所涉及的行政权力行使系依据有关法律规定行使，行政权力行使所形成的行政法律关系有关事项不由行政机关和行政行为相对人自主协商、自由处分，行政法律关系当事人行政机关与行政行为相对人在行政法上也并非平等主体。这是行政法律关系不同于强调“意思自治”的平等主体之间的民事法律关系的核心特征所在。

因此，如果将 PPP 合同中的行政争议通过仲裁处理，是超出了法律规定的可以仲裁的范围，在法律上无法实现。即便是双方在 PPP 合同约定本合同项下全部争议纠纷均通过仲裁方式处理，依据《仲裁法》第 5 条规定，相应仲裁条款无效，亦不能起到将有关行政争议交由仲裁处理的效果。

最高人民法院于 2019 年 12 月 10 日发布的《关于审理行政协议案件若干问题的规定》规定，“行政机关为了实现行政管理或者公共服务目标，与公民、法人或者其他组织协商订立的具有行政法上权利义务内容的协议为行政协议。”强调行政协议应至少具备以下要素：

1. 协议一方当事人为行政机关。

2. 订约目的是为了实现行政管理或者公共服务目标。

3. 协议内容应为行政法上权利义务。

该司法解释明确规定符合上述规定的政府与社会资本合作协议为行政协议。对于行政协议约定仲裁条款的，人民法院应当确认该条款无效，但法律、行政法规或者我国缔结、参加的国际条约另有规定的除外。

上述规定的公布引起 PPP 界巨大反响。笔者认为，对统摄 PPP 项目投融资、建设、运营、移交、政府付费、绩效考核等多项内容的 PPP 协议而言，不宜作笼统定性为行政协议或民商事协议，对于上述司法解释的理解和适用还应谨慎，不应作扩张解释。比如，上述司法解释明确规定的行政协议应限于约定了行政法上权利义务的内容部分。

(三) 仲裁方式在审理、执行程序上的特殊安排

根据《仲裁法》和《最高人民法院关于适用〈中华人民共和国仲裁法〉若干问题的解释》有关规定，通过仲裁方式解决争议的，实行一裁终局的制度。与民

事诉讼中的二审终审制不同，在仲裁委员会依法就申请人仲裁请求作出裁决后，裁决即生效，仲裁申请人与被申请人均不能以仲裁裁决不服为由要求更换仲裁机构再次仲裁。

仲裁机关本身没有强制执行权力，因此对于已作出仲裁裁决的案件，当事人申请执行仲裁裁决的，由被执行人住所地或者被执行的财产所在地的中级人民法院管辖。

综上，PPP 合同争议要选择通过仲裁方式解决，至少需要满足两个条件，一是合同当事人约定了合法有效的仲裁条款，二是争议事项不属于行政争议。在仲裁法没有作出进一步修改或最高人民法院作出扩展可仲裁争议范围的司法解释之前，在现有规范性文件下，仲裁是不能覆盖全部 PPP 合同争议的。近些年来，就 PPP 合同争议的可仲裁性已进行多次研讨，已有不少专业人士呼吁将 PPP 合同争议全部纳入可仲裁事项范围内；也有不少仲裁机构成立了专门的 PPP 争议仲裁中心，如中国国际经济贸易仲裁委员会政府与社会资本合作(PPP)争议仲裁中心于 2017 年 5 月成立，同年 12 月武汉仲裁委员会与湖北省和武汉市 PPP 研究院共同组建"一带一路"(中国)仲裁院 PPP 仲裁中心。尽管如此，我们仍然需要理性地分析争议事项是否属于可仲裁的民商事法律关系。

三、行政争议与民事争议交叉的 PPP 合同争议的处理

对于通过诉讼方式解决的 PPP 合同争议而言，还需要就具体争议事项分析研判其为行政争议还是民事争议。如果是行政争议，依据《行政诉讼法》相关程序处理；如果是民事争议，依据《民事诉讼法》有关程序处理。

但如果争议事项既有行政争议，也有民事争议，则处理起来需要兼顾专业性和处理效率，比较麻烦。

依据《行政诉讼法》第 61 条规定，出现行政争议与民事争议交叉的，首先应判断两项不同性质的争议的逻辑次序，如果法院认为行政案件的审理需以民事诉讼的裁判为依据的，可以裁定中止行政诉讼，等待民事诉讼裁判生效后再处理行政诉讼。其次，在两者不存在先后次序或需要其中之一的裁判作为另一方裁判的依据前提的情况下，当事人在已启动的行政诉讼中，申请一并解决相关民事争议的，法院可以一并审理。

《最高人民法院关于执行〈中华人民共和国行政诉讼法〉若干问题的解释》对于将行政诉讼中一并解决民事争议又作了进一步规定，主要内容如下：

(一)关于管辖法院

人民法院决定在行政诉讼中一并审理相关民事争议，或者案件当事人一致同意相关民事争议在行政诉讼中一并解决，人民法院准许的，由受理行政案件的人民法院管辖。

(二)关于立案和审判组织

人民法院在行政诉讼中一并审理相关民事争议的，民事争议应当单独立案，由同一审判组织审理。

(三)关于合并审理请求

公民、法人或者其他组织在行政诉讼中请求一并审理民事争议，应当在第一审开庭审理前提出；有正当理由的，也可以在法庭调查中提出。

对于法律规定应当由行政机关先行处理行政争议的或所提一并审理民事争议违反民事诉讼法专属管辖规定或者协议管辖约定的或相关民事争议已经申请仲裁或者提起民事诉讼的，人民法院应当不予准许一并审理民事争议，并告知当事人可以依法通过其他渠道主张权利。

(四)关于诉讼费用

对行政机关不依法履行、未按照约定履行协议提起诉讼的，诉讼费用按民事案件标准交纳；对行政机关单方变更、解除协议等行为提起诉讼的，诉讼费用适用行政案件标准交纳。

(五)关于审理适用的法律依据和裁判安排

人民法院在审理行政诉讼中一并审理相关民事争议，对民事争议适用民事法律规范的相关规定，法律另有规定的除外。相关行政争议和民事争议应当分别裁判。

当事人仅对行政裁判或者民事裁判结果之一提出上诉的，未上诉的裁判在上诉期满后即发生法律效力。第一审人民法院应当将全部案卷一并移送第二审人民法院，由行政审判庭审理。第二审人民法院发现未上诉的生效裁判确有错误的，应当按照审判监督程序再审。

第二节　调解等非诉方式在 PPP 合同争议中的应用

一、双方调解

为了避免诉讼或仲裁方式使政府和社会资本方矛盾进一步激化和产生高额的争议解决成本，PPP 合同在拟定时可以专门设定有关争议调解机制，主要内容如下：

(一)关于调解优先

约定规定在合同争议发生后，双方首先启动调解，并设定调解期限，在调解期限内调解不成再通过仲裁或诉讼方式解决。

(二)关于调解事项范围和原则

民事争议均可通过调解解决。但根据《行政诉讼法》第 60 条规定，人民法院审理行政案件，不适用调解。但是，行政赔偿、补偿以及行政机关行使法律、法规规定的自由裁量权的案件可以调解。因此，并非所有行政争议都可以调解，可纳入调解的范围为涉及行政赔偿、补偿以及行政机关具有法律、法规规定的自由裁量权的事项。

调解应当遵循自愿、合法原则，不得损害国家利益、社会公共利益和他人合法权益。尤其是因为 PPP 社会资本通过公开采购程序选择，相应的合同也系经公开采购程序确定，如果通过争议调解，对社会资本招标投标文件或采购文件和响应文件中的实质性内容进行变更的，调解所形成的补充协议无效，调解涉嫌规避招标，存在导致各方承担法律责任的风险。

(三)关于调解程序

为保证调解有效展开，需要在 PPP 合同中就调解相关程序作进一步的详细约定。如当争议发生后，一方如何启动调解程序？调解具体如何召集组织？调解委员会如何组成？由各方代表和法律、财务、技术等专业人员参与的程序，专业人士如何选任？调解各方代表身份如何确认？调解所形成的成果通过会议纪要、备忘录、补充协议固定，各方如何签署确认？调解费用如何分担？等等。

二、第三方调解

《基础设施和公用事业特许经营管理办法》第 50 条规定，实施机构和特许经营者就特许经营协议中的专业技术问题发生争议的，可以共同聘请专家或第三方机构进行调解。调解达成一致的，应当签订补充协议并遵照执行。由特许经营项目的非诉解决方式可以交由第三方调解。

PPP 项目合同所涉标的额大、关系复杂、主体多，仅依赖仲裁、诉讼解决，成本较高。因此，实务中也鼓励通过政府协调、行业调解、专家裁判或商事调解方式处理争议。在所争议问题得到专业解决的同时，又降低了成本，提高了效率。2016 年 6 月，最高人民法院发布《关于人民法院进一步深化多元化纠纷解决机制改革的意见》(法发〔2016〕14 号)提出"健全特邀调解制度"。即人民法院可以吸纳人民调解、行政调解、商事调解、行业调解或者其他具有调解职能的组织作为特邀调解组织，吸纳人大代表、政协委员、人民陪审员、专家学者、律师、仲裁员、退休法律工作者等具备条件的个人担任特邀调解员。即便是已步入人民法院诉讼程序，仍可以在法院作出生效判决之前，通过上述调解方式调解。

对 PPP 合同争议而言，尤其值得重视和探索的是法发〔2016〕14 号提出的"探索民商事纠纷中立评估机制"，即"有条件的人民法院在医疗卫生、不动产、建筑工程、知识产权、环境保护等领域探索建立中立评估机制，聘请相关专业领域的专家担任中立评估员。对当事人提起的民商事纠纷，人民法院可以建议当事人选择中立评估员，协助出具评估报告，对判决结果进行预测，供当事人参考"。争议当事人可以根据评估意见自行和解，或者由特邀调解员进行调解。江苏省苏州市姑苏区人民法院与姑苏区司法局于 2019 年 4 月在江苏首创民商事纠纷中立评估机制，将中立评估、律师调解、速裁快审三者有序结合，有效疏导当事人预期、化解纷争。实务中，已有不少项目对于专业性问题，如材料调差、工程造价、审计、项目产出水平等，在 PPP 合同中约定相关争议可交由有关主管部门、行业协会、专业机构、行业专家作中立裁判，双方均服从第三方机构的裁判或决定。

第十章　PPP 法律服务

习惯是很难打破的，谁不能把它从窗户里抛出去，只能一步一步地哄着它从楼梯上走下来。

——[美]马克·吐温(Mark Twain)《傻瓜威尔逊》

本书之前已用大量篇幅介绍了 PPP 合规运作基本内容及标准体系，接下来更重要且更现实的问题是要在项目实施过程中全面贯彻这些合规要求。然而由于这些合规要求既专业、又庞杂，需要 PPP 项目参与主体具备相当的 PPP 项目合规风险识别和管理能力。

就我国过去数年的 PPP 实践来看，PPP 项目政府方和社会资本方的合规管理能力不容乐观。一方面是早期 PPP 运作还在摸索阶段，相关规则不成熟、未形成体系，不少机构和企业在 PPP 合规管理上的精力和专业能力有限；另一方面是 PPP 合规管理与参与主体直接或短期内的部分利益诉求和项目开工效率诉求存在冲突；再加上早期跟潮启动的 PPP 项目过于依赖跨工程、财务、法律等专业领域的咨询机构，缺乏持有工程造价、会计、税务、法律等有关执业许可资质的专业机构的全程深度参与，在专业深度上也远无法达到项目合规管理之需要。不少偏远地方的某些项目实施机构对于工程造价、会计、税务和法律专业机构的资质和专业范围甚至知之甚少。还有些地方甚至要求咨询公司出具法律意见书。

经过这几年的 PPP 实践洗礼、尤其是 2017 年至今这一波规范整顿以后，PPP 项目实施有关的专业的合规管理逐渐被重视起来。PPP 项目合规管理还不仅仅是对过往实施活动的合规性复核和整改，还包括对未来项目合作期限内持续性的合规管理。无论是政府方，还是社会资本方，均需要由有经验的专业机构负责打理项目合规管理事务。

对于 PPP 合规管理，包括项目包装、论证、方案设计、实施程序、采购管理、合同以及履行、项目监管、项目融资、项目调整直到项目纠纷争议解决，均需要熟悉 PPP 规则的律师提供专业的法律服务。同时，因为 PPP 法律服务业务不同于传统的房地产与建设工程法律服务业务，有专门的规范体系和操作惯例，独成一派，专业性强，相应的专业律师也是随着我国 PPP 实践逐渐培育和成长起来的，但仍未能满足本地 PPP 项目法律服务精细化需求。由此，梳理 PPP 法律服务业务，对 PPP 各参与方意义重大，对律师执业专业化整理和创新发展也意义重大。

第一节　PPP 咨询服务管理规范

一、PPP 工程咨询机构的服务范围和局限

关于 PPP 项目需要聘任哪些中介结构，没有专门的规范性文件加以规定。但从 PPP 项目实施全过程来看，涉及工程造价、会计、法律、税务、勘查设计、监理、项目专业运营等多个专业领域，应当按专业需求聘任专业服务机构并就相关专业问题出具专业意见。

PPP 项目聘任的咨询公司①只是上述中介机构中一类中介服务机构。根据国家发改委于 2017 年 11 月颁布的《工程咨询行业管理办法》(国家发展和改革委员会令第 9 号)规定，工程咨询单位提供的项目咨询服务范围含项目投资机会研究、投融资策划，项目建议书(预可行性研究)、项目可行性研究报告、项目申请报告、资金申请报告的编制，政府和社会资本合作(PPP)项目咨询等；评估咨询含各级政府及有关部门委托的对规划、项目建议书、可行性研究报告、项目申请报告、资金申请报告、PPP 项目实施方案、初步设计的评估，规划和项目中期评价、后评价，项目概算、预算、决算审查，及其他履行投资管理职能所需的专业技术服务；以及为项目决策、实施和运营持续提供局部或整体解决方案以及管理服务的全过程工程咨询。由此，PPP 项目在识别、准备阶段的项目可研报告、项目实施方案、项目物有值评价和财政承受能力论证报告，由政府委托咨询公司具体编制。

但需要特别说明的是，对于项目实施方案而言，其中涉及的法律、会计、工程造价以及工艺、产出标准、绩效考核、行业管理还是需要具有专业资质的中介机构进行深入论证和审核。同时，上述咨询服务的重点在项目采购之前，在 PPP 项目采购以及执行阶段还需要采购代理、律师、会计、评估、工程造

① 本书中的咨询公司指《工程咨询行业管理办法》(国家发展和改革委员会令第 9 号)规定的工程咨询单位。

价、行业管理、工程技术、投融资等各方面专业的中介机构介入提供专业服务。实务中，有地方将 PPP 社会资本采购文件、合同、绩效考核也全部交由咨询公司完成，法律、会计这些专业问题只安排由持有执业资格的专业人员临时发表意见。这不仅仅使得咨询公司负担沉重，也会导致相关文件或服务成果专业深度不够。目前不少项目在完成入库和社会资本采购以后，难以继续推进，其主要原因是实施方案和相关合同文件这些重要法律文件编制粗糙，缺乏可行性甚至相关安排和导向错误或者违规。

针对咨询公司服务中的不规范状况，《国家发展改革委关于依法依规加强 PPP 项目投资和建设管理的通知》(发改投资规〔2019〕1098 号)指出，指导监督 PPP 咨询机构严格执行《工程咨询行业管理办法》(国家发展改革委令〔2017〕9 号)，通过在线平台履行法定备案义务、接受行业监督管理。不可否认的是，对我国 PPP 能形成今日之局面，与众多咨询公司的敬业专业细致的服务是分不开的，但对 PPP 项目全程运作健康实施而言，必须说明 PPP 咨询公司服务的局限性。PPP 咨询机构的服务不能覆盖 PPP 实施全部的专业服务需求，尤其对于 PPP 采购文件、PPP 合同以及后续执行阶段的专业服务。

二、PPP 咨询机构库管理

依据财政部《政府和社会资本合作(PPP)咨询机构库管理暂行办法》(财金〔2017〕8 号)第三条规定，PPP 咨询服务是指与 PPP 项目相关的智力支持服务，包括但不限于 PPP 项目的实施方案编制、物有所值评价、财政承受能力论证、运营中期评估和绩效评价以及相关法律、投融资、财务、采购代理、资产评估服务等。该办法规定的 PPP 咨询服务口径不同于《工程咨询行业管理办法》(国家发展改革委令 2017 年第 9 号)规定的 PPP 咨询服务，是广义上的咨询服务。对于其中的法律、投融资、财务、采购代理、资产评估服务等应当由具有相应执业许可或资质的专业中介机构提供。从财政部以及各地建立的 PPP 咨询机构库咨询机构构成来看，有工程咨询公司、管理咨询公司、造价咨询公司、商务咨询公司、会计师事务所、律师事务所、招标代理公司、资产评估公司、技术咨询公司、投资或财务咨询公司等专业机构。

另外，财政部和国家发改委也建立了 PPP 专家库，但从 PPP 咨询服务提供和各行业执业规范来看，专家个人对 PPP 项目提供专业服务是受限的，如根据《律师法》和《注册会计师法》有关规定，不允许以律师或注册会计师以个人名义执业，只能通过所在的律师事务所或会计师事务所提供专业服务。多数专家个人提供的服务仅限于一般咨询，且无法形成规范有效的法律意见书或审计报告。

三、PPP 项目签约落地前主要中介机构服务分工

结合一般 PPP 项目运作操作实务来看，在 PPP 项目识别、准备和采购阶段，政府方主要需要的中介咨询服务如表 10-1 所示。

表 10-1

<table>
<tr><th>委托方</th><th>受托方</th><th>核心委托事项</th></tr>
<tr><td rowspan="4">政府或项目实施机构</td><td>律师事务所</td><td>1. 项目实施方案合规性审核修改；
2. 项目运作程序合规性咨询；
3. 编制招标文件中的 PPP 合同文件；
4. 参与合同谈判；
5. 协助处理采购投诉；
6. 协助向政府就 PPP 项目合规性进行汇报。</td></tr>
<tr><td>咨询公司</td><td>1. 项目策划；
2. 编制可研报告、实施方案、物有所值报告和财政承受能力论证报告；
3. 协助向政府作 PPP 项目可行性汇报。</td></tr>
<tr><td>财务和造价机构</td><td>PPP 值财务测算、工程造价测算。</td></tr>
<tr><td>工程技术咨询</td><td>对工程技术(如水处理、智慧城市等)的可行性进行论证、审核。</td></tr>
<tr><td rowspan="2">财政、发改、司法等主管部门</td><td>律师事务所</td><td>1. 就拟签署的 PPP 合同涉及的政府支出是否超出政府批复的项目实施方案及财政承受能力论证报告。
2. PPP 合同财政监管程序的合规性咨询。</td></tr>
<tr><td>会计师事务所</td><td>对物有所值评价和财政承受论证中的财务测算进行审核。</td></tr>
<tr><td>项目实施机构</td><td>招标代理或采购代理</td><td>依法遴选 PPP 中介机构和社会资本。</td></tr>
</table>

其中，律师事务所与咨询公司在 PPP 项目采购前的服务分工如表 10-2 所示。

表 10-2

机构	主要服务范围
律师事务所	1. PPP 项目实施方案法律审核修改： (1)参与设计交易结构、回报机制、风险分担机制、社会资本采购方式； (2)对 PPP 项目实施方案的合法、合规性进行论证、评审； (3)参与项目评审，就项目合规性问题答复质询或向政府作专项汇报。 2. PPP 项目招标/采购和谈判。 3. 根据批准的 PPP 项目实施方案，协助编制或审核、修改 PPP 项目招标文件/采购文件中的合同文件。 4. 针对招标/采购文件，就其中采购程序、风险管理、特许经营、政府配套支持政策等重要边界条件等提供法律咨询及法律建议。 5. 根据批准的 PPP 项目实施方案，设计 PPP 项目合同体系，起草合同文本。 6. 参与 PPP 合同谈判，拟定、审查、修改谈判会议纪要、备忘录、采购确认结果确认备忘录以及 PPP 补充协议等文件。 7. 协助完成 PPP 项目协议的签署、合同备案公示等。 8. 协助注册 PPP 项目公司，负责起草项目公司成立需要的各种法律性文件，包括但不限于：公司章程、合资协议等。
咨询公司	1. 开展尽职调查，全面收集项目相关资料和基础数据。 2. 协助搭建招商工作组织架构，建立沟通协调机制；在与甲方沟通的基础上，编制工作计划安排；在充分项目调研工作的基础上，协助确定本项目的投融资模式。 3. 根据确定的投融资模式，确定 PPP 项目运作方式、交易结构及重要边界条件，并进行相关的沟通、汇报、修改、完善及协助审批工作。 4. 在财会专业人员协助下，搭建项目财务模型，进行财务分析，为项目决策及招商提供财务依据，并进行相关的沟通、汇报工作。 5. 编制物有所值评价和财政承受能力的报告，协助相关部门完成两评估报告的论证工作。 6. 在上述工作的基础上，编制既定投融资模式下的制定 PPP 项目实施方案，并进行相关的沟通、汇报、完善及协助审批工作。 7. 根据确定的采购方式，协助编制采购文件及相关的工作。

到了 PPP 项目执行阶段，还需要根据具体事项所涉及专业聘任相应的专业机构，如会计师事务所、造价咨询机构等。

第二节　PPP 法律服务范围

对于 PPP 项目需要聘任专业律师事务所提供专项服务在我国多地已形成共识，已有地方将 PPP 需要聘任律师事务所写入 PPP 运作有关规范制度之中。如江苏省财政厅于 2018 年 12 月颁布《关于建立全省政府和社会资本合作(PPP)项目全生命周期法律顾问制度的意见》规定，为有效防范和化解涉及 PPP 管理的现时或潜在各类风险，大幅提高政府 PPP 管理能力、管理质量和管理效率，要求各市、县财政局聘任律师事务所作为 PPP 项目全生命周期法律顾问。该意见将政府方 PPP 法律顾问分为律师事务所接受财政部门委托指派专业律师担任财政部门 PPP 管理常年法律顾问和根据工作需要担任部分 PPP 项目相关业务法律顾问两大类，律师事务所具体通过建言献策、审核把关、质询论证、法律咨询、出具法律意见书等方式参与当地 PPP 宏观管理及 PPP 项目全生命周期事前、事中、事后管理全过程，充分发挥法律顾问在 PPP 相关法律法规和政策制度等方面的经验优势，为 PPP 项目全生命周期管理提供智力支持和专业服务。

一、PPP 法律服务主要模块

PPP 合规管理法律服务由律师事务所提供，涉及 PPP 各参与主体和主管部门，涉及 PPP 运作实施全流程。站在律师事务所角度，就一般意义而言，目前已呈现的主要法律服务模块有以下八种：

(一)PPP 项目实施方案法律审核

主要受项目实施机构委托，就 PPP 实施方案中设计交易结构、回报机制、风险分担机制、社会资本采购方式和主要条件等涉及法律事项的内容进行编制、审核修改、合规性论证等。

(二)PPP 合同草拟、修改、谈判

受托编制 PPP 相关合同文件，负责进行合规性审核、参与谈判、协助修改、出具合规审核的法律意见书等。本项服务可以受政府方委托，也可以受社会资本方委托。目前已有不少参与主体将律师事务所出具确认合规的法律意见

书作为签署 PPP 合同的前置程序。

（三）PPP 项目融资

受项目公司委托，就 PPP 项目贷款、发行债券、资产证券化提供专项法律服务，包括交易结构论证、进行尽职调查、出具法律意见书等。

（四）PPP 项目规范整改

受政府或社会资本委托，对于 PPP 项目前期实施已出现的违规行为、尤其是涉及地方政府违规举债或隐性债务问题，进行整改，包括出具整改方案、草拟有关协议文件、参与谈判磋商、提供法律论证、协助向主管部门沟通汇报等等。

（五）PPP 合同履约管理

就 PPP 合同履行过程出现的合同争议条款解释、纠纷斡旋调解、违约或赔偿责任认定、工程变更或概算调整或调价、履约事项有关法律程序等提供法律咨询和专业服务。

（六）PPP 项目税务筹划

对于在税务上有专长的律师事务所可以受托提供 PPP 项目税务筹划有关法律服务。

（七）PPP 项目管理课题研究、制度制定

根据政府或社会资本委托，就其主管或参与的 PPP 项目有关专项合规管理课题、管理制度建立健全提供专项法律咨询服务。

（八）PPP 项目争议解决

就 PPP 项目争议纠纷进入仲裁、诉讼环节的，律师事务所受托指派律师作为代理人参与诉讼或仲裁，提供诉讼或仲裁代理服务。

另外，从服务种类上还可以如表 10-3 所示。

表 10-3

服务种类	委托方	服务范围
PPP 项目识别、准备、采购全程专项法律服务	实施机构	识别、准备、采购全流程
PPP 项目竞标专项法律服务	社会资本	意向策化、投标响应、合同谈判、项目公司成立
PPP 行政监管专项法律服务	财政、发改或司法部门	各部门行政监管职责内合规性服务
PPP 项目(再)融资专项法律服务	社会资本/项目公司	项目公司/项目收益权融资，债券、ABS、信托、基金
PPP 项目公司法律顾问	项目公司	项目运营管理、上市等
PPP 项目整改	实施机构/企业	重新编制方案、合同，结算清算
PPP 项目执行法律顾问	实施机构	绩效考核、按效付费争议处理
PPP 争议解决	当事人	行政诉讼、民商事诉讼/仲裁

二、PPP 运作各环节中的法律服务

从 PPP 运作各环节上看，都需要律师介入提供法律服务。

(一) 项目采购前阶段的法律服务

律师可以提供就项目范围、交易结构、付费机制进行合规性论证，协助编制有关法律文件，协助完成项目立项、PPP 项目入库等程序事宜，协助就财政、发改、司法等主管部门有关法律问题进行反馈汇报等。

(二) 项目社会资本采购阶段的法律服务

律师可以协助确认社会资本采购方式，依据实施方案参与编制和审核采购文件中的社会资本资格条件和评标细则，协助编制 PPP 合同，依法完成公开采购程序，参与谈判磋商，对社会资本情况进行法律尽职调查，协助处理采购异议和投诉等。

(三) 项目执行阶段的法律服务

律师可以协助确定项目融资方案，包括基金、信托、项目债、企业债、项

目收益证券化等债务融资、股权融资以及资产证券化融资等，协助争取项目支持政策，包括金融、土地、税费、补助补贴等，协助办理项目施工、经营许可，就项目建设和运营管养所涉法律事务提供法律服务，协助处理合同变更、调价、材料调差等事项，协助根据项目需要完成补充协议的草拟、修改和谈判、签署等。

(四)项目终结阶段的法律服务

在 PPP 项目终止或合同被提前解除时，律师可协助有关方处理解散、清算、移交等事项，包括设计终止合同有关事宜处理方案、准备终止协议、协助完成终止有关法律程序、参与谈判磋商以及提供案件代理。

上述服务范围仅是对一般项目服务的归纳，是对 PPP 项目法律服务事项纵向观察的结果。若从横向来看，PPP 项目涉及行业领域广，又贯穿资本、产业、房地产、税费、固定资产投资等各专业领域，再加上实施机构为体现规模效益，会将 PPP 项目所涉各类不同性质的资产在项目中打包、将各类不同的交易结构进行嵌套并列，使 PPP 项目法律服务对象更为复杂、综合。

第三节 PPP 法律服务操作要点

一、关于对律师事务所的委托

PPP 模式下，政府与社会资本是利益诉求相冲突的，围绕政府和社会资本法律关系展开的诸多法律事项，需要政府和社会资本各自聘请律师服务，以保证忠诚度。

不少早期推行的 PPP 项目对法律服务重视不够，在委托律师事务所上存在种种乱象。如政府在聘请咨询公司时，将所涉及的法律、财务一起打包交由咨询公司，咨询公司另自行委托律师事务所提供法律服务。这种模式下，将法律服务作为咨询公司咨询服务的附属，不利于维护法律服务的独立性，也无法确保咨询公司聘任的律师事务所对政府的忠诚度。同时，由于咨询费采取包干制，律师费被包在咨询费中，由咨询公司决定律师费，有咨询公司为实现自身咨询收入的最大化，会挤占律师费空间，低廉的律师费难以保护法律服务质量。还有一种是，政府为了节约成本，使用由社会资本聘任的律师事务所。如果政府和社会资本之间的争议已进入诉讼或仲裁，已受一方聘任作为代理人的律师事务所不得作为另一方的代理人。即便双方尚未进入诉讼或仲裁，也应尽量避免共同聘任一家律师事务所服务。

实务中，也有由政府聘任律师事务所、由社会资本支付律师费的情况，如果聘任程序合法合规，且就律师费支付签署了三方协议，在法律上也是可行的。但作为律师事务所和经办律师应谨守职业操守，忠诚于委托人合法利益的最大化。

二、关于 PPP 合同合规性的法律意见书

(一) PPP 合同合规性法律意见书要点

就 PPP 合同合规性出具法律意见书的要点，根据委托方需求而异。

对于政府或实施机构而言，可从以下几个方面出具律师意见：

(1) 合同体系的完备性；

(2) 合同是否符合预算法、政府采购法、招标投标法等法律法规；

(3) 在项目边界、合作范围、合作年限、回报机制、考核及按效付费机制等核心方面是否符合 PPP 有关规范性文件；

(4) 是否存在政府兜底承诺、固定回报、变相融资等；

(5) 是否突破经批复实施方案和物有所值评价、财政承受能力论证中的政府付费责任；

(6) 采购及合同谈判程序是否合法合规。

对于财政、发改和司法等监管部门在各自监管职责范围内就监管事项合法性聘请律师出具法律意见书，重点审查报审合同与经批准的可研报告、两评一案等文件的一致性和 PPP 是否存在变相融资、兜底承诺、固定回报。

(二) PPP 合同是否涉及地方政府隐性债务审核要点

笔者曾受托为某项目实施机构核查其负责的 PPP 项目是否涉及地方政府隐性债务，这项合规性审核在未来也会成为常规性核查。笔者经研究地方政府隐性债务特点，归纳以下几项审核重点：

(1) 未通过两评一案批复和项目入管理库，即先进行社会资本方采购；

(2) 投资建设运营模式的项目，合作期限少于 10 年；

(3) 社会资本方是本级政府所属的各类融资平台公司、融资平台公司参股并能对其经营活动构成实质性影响的国有企业；

(4) 实施方案、PPP 合同中存在实施机构向社会资本回购投资本金或兜底本金损失、承诺固定回报或保障最低收益；

(5)实施方案、PPP 合同中，存在实施机构或政府出资代表为项目融资提供各种形式的担保、还款承诺；

(6)实施方案、PPP 合同中，存在政府出资代表或政府指定单位承担项目融资、施工以及运营，导致项目相应风险转移由政府方承担；

(7)实施方案、PPP 合同中，未建立按效付费机制或虚化按效付费机制或通过中标后又通过签署补充协议方式降低绩效考核标准或考核系数，导致提前锁定、固化政府支出责任；

(8)PPP 项目实施方案、股东合同、公司章程，存在社会资本方名股实债安排，项目资本金不符合国家规定比例。

三、对律师参与 PPP 法律服务业务的几点建议

对于传统基础设施业务，律师主要为建设业主服务。而在 PPP 项目里，律师的服务对象和服务事项更多，服务周期更长，可以为实施机构作全流程服务，也可以为某主管部门提供专项服务，还可以为社会资本服务，服务从传统的招标招标、建设施工、工程纠纷争议解决延伸到政企合作、项目运维、投融资等。无论从知识结构、思维方式都对传统房地产与基础设施律师带来的挑战。

律师需要从传统房地产与基础设施法律服务业务的发展瓶颈中解脱出来，可以在传统房地产业务边缘、从传统房地产业务客户业务的上下游、新业态上开拓新的房地产相关联的业务，让老树发新芽。为此，就律师参与 PPP 法律服务提供如下建议：

(一)律师服务切入的立场角度

PPP 模式为政府与社会资本合作，律师可选择为政府或 PPP 实施机关服务，还是为社会资本或项目公司服务，各方立场角度不同、利益诉求也不同，律师可根据委托方和项目具体情况，通过尽善尽美的法律服务实现委托方利益的最大化。

以笔者类似服务经验来看，政府一方关注的主要是项目出资能否及时、项目质量能否达标、项目建设运营养护管理能否符合合同约定即项目绩效考核等问题；而社会资本关注的是项目投资回报方案及保障、政府支持政策的落实、项目融资等问题。律师可以上述问题为纲要分别深入研究。

(二)律师服务切入的阶段环节

一单运作规范的 PPP 项目，从前期到终结，均需要律师提供全程法律服务。如律师参与 PPP 项目识别及合规性论证，剔除不适宜 PPP 法规政策要求的项目，完善有关交易结构，使项目顺利得到主管部门的确认以及后续项目支持政策。

根据现行法规政策，在中央各部委、人民银行对 PPP 模式的大力推广和鼓励下，PPP 项目融资渠道、方式也完成多元化布局。股权性融资、债权性融资以及项目资产证券化均在鼓励范围之内，政府引导性基金也将有效撬动资管、信托、基金等形式的公/私募投资。故单是 PPP 项目融资服务，律师就大有可为。笔者团队基于以往为基础设施与房地产项目、债券项目、资产证券化、私募基金、信托等领域服务的经验，现专注于就 PPP 项目融资提供专项法律服务。

熟悉工程建设、招标投标、运营管理等业务领域的律师可在项目建设及运营养护阶段切入，提供项目专项法律服务或为项目公司提供常年法律顾问服务。

熟悉公司清算、争议解决的同行也可在项目清算、所涉争议解决等领域提供法律服务。

(三)律师服务团队的资源整合

PPP 交易模式复杂、时间跨度长、阶段环节完整，在规则体系上在 PPP 有关规则为核心，涉及政府采购、招投标、预算法、地方债管控、固定资产项目投资建设和土地、建筑、环保以及公司法、合伙企业法、证券、基金、信托等，存在行政法与民商法的交叉、项目建设与运维规范的交叉、项目投资与融资的交叉、非诉与诉讼的交叉。这需要多项专业领域的律师搭建团队、互为配合协同，这不仅要求律师服务的专业化、精品化，还要求在此基础上能够搭配融合律师资源，以实现专业性的综合法律服务。

律师事务所和律师在 PPP 业务谋篇布局中也应相应进行资源融合，以期尽可能覆盖项目全流程和非诉与诉讼法律服务需求。

以笔者团队的培育和开发为例，单就 PPP 项目融资，我们配备有基础设施项目律师、土地一二级开发项目律师、PPP 项目律师、熟悉项目融资(含基金、信托、债券及资产证券化等方式)的律师等。

(四)选择重点领域精耕细作

PPP 项目覆盖范围广，律师法律服务不可能做到面面俱到。为保持服务专业深度和精细化，建议选择重点领域精耕细作。如在行业领域选择产业新城、特色小镇以及田园综合体类的片区综合开发项目或医养教育项目、智慧城市项目、环境保护项目作重点研究和积累，如在项目融资上注重债券、基金、信托、保险计划、资产证券化等产品法律服务技能的提升。

从律师行业发展来看，笔者认为，律师专业化已有多年积累且成绩斐然。但目前的大型项目多为打包项目，是资本、土地、产业等的多重唱，其综合程度越来越高，特别注重律师在专业化分工基础上的综合服务能力和协同能力。对于高端法律服务业，已进入一个专业有机综合服务的时代，也只有将不同专业领域、侧重不同阶段环节服务的律师融合在同一项目平台上，才能整体把握 PPP 项目业务需求，才能保证 PPP 项目整体法律服务的质量和效率。

下　编

PPP 项目合规运作 100 问答

以下是笔者从数十个 PPP 项目法律服务实操经验以及参照其他类似典型项目运作实践中提炼的关于 PPP 合规运作常见的 100 个问题，并结合现有规范性文件和处理经验编制的初步参考答案，分 PPP 项目参与主体、PPP 项目采购、PPP 项目融资、PPP 项目建、PPP 项目运营、PPP 项目履约担保、PPP 项目终止与移交、PPP 项目合同、PPP 项目合规风险、存量项目转 PPP 模式、PPP 项目争议解决等十一个类别。相关意见仅为笔者基于一般项目状况总结归纳个人观点，不是正式法律意见书，也并不代表所在律师事务所意见，在理解和适用过程中需要充分考量项目具体情况进一步研判酌定。

一、关于 PPP 项目参与主体

1. PPP 项目是否一定需要政府出资代表？

答：根据《政府和社会资本合作项目财政承受能力论证指引》(财金〔2015〕21 号)和《传统基础设施领域实施政府和社会资本合作项目工作导则》(发改投资〔2016〕2231 号)规定，PPP 项目出资人代表系由政府指定代政府承担对项目公司股权投资支出责任的主体，政策鼓励地方政府采用资本金注入方式投资传统基础设施 PPP 项目，但并非强制要求 PPP 项目均需要安排政府出资代表。社会资本可以单独全资组建项目公司，此种情形下政府不承担股权投资支出责任。

2. 事业单位能否作为项目实施机构？

答：根据财政部《政府和社会资本合作模式操作指南(试行)》(财金〔2014〕113 号文)第 10 条规定，经政府授权，事业单位也可作为项目实施机构，负责项目准备、采购、监管和移交等工作。

但从当前实务当中，很少项目以事业单位作为项目实施机构，主要是因为 PPP 项目涉及行业管理职权(尤其是绩效考核)，涉及与政府、财政、发改、司法等部门的协调。从这些因素考虑，项目实施机构由对项目实施管理的有关职能部门担任更有保障。

3. 政府下属企业或其二级公司能否作为社会资本会参与 PPP 项目？

答：根据国办发〔2015〕42 号《关于在公共服务领域推广政府和社会资本合作模式的指导意见》规定，本级政府所属融资平台公司及其他控股国有企业不得参与本级政府所属 PPP 项目。即 PPP 项目社会资本不包括本级政府所属平台公司和由本级政府控股的其他国有企业。

财金〔2019〕10 号文进一步明确，不得出现本级政府所属的各类融资平台公司、融资平台公司参股并能对其经营活动构成实质性影响的国有企业作为社会资本参与本级 PPP 项目。

对于已脱离平台公司身份，即已经建立现代企业制度、实现市场化运营的；在其承担的地方政府债务已纳入政府财政预算、得到妥善处置并明确公告今后不再承担地方政府举债融资职能的地方国企，可以作为其上级或下级政府所属 PPP 项目的社会资本。

因此，对于本级政府所属融资平台公司和由平台公司控股、参股并能对其经营活动构成实质性影响的国有企业均不能成为本级政府 PPP 项目的社会资本。

4. 项目实施机构能否授权政府出资代表行使项目实施机构有关权利？

答：根据《国务院关于投资体制改革的决定》(国发〔2004〕20 号)、国办发〔2015〕42 号《关于在公共服务领域推广政府和社会资本合作模式的指导意见》《国家发展改革委关于印发〈传统基础设施领域实施政府和社会资本合作项目工作导则〉的通知》(发改投资〔2016〕2231 号)、财金〔2014〕156 号附件《PPP 项目合同指南(试行)》和《政府和社会资本合作项目财政承受能力论证指引》第 10 条规定，政府出资人代表是由地方政府指定、代表地方政府以资本金注入 PPP 项目公司的政府投融资平台企业法人主体，是 PPP 项目公司中代表政府出资的参股股东，承担的政府股权投资支出责任并享有与注册资本金出资相应的股东权利。政府出资代表在项目公司中的持股比例应当低于 50%，对项目公司不具有实际控制力及管理权。

PPP 项目管理实践中，实施机构限于人力、专业不足，授权其他机构代为进行 PPP 规范性文件规定或 PPP 合同约定的项目管理职责，如代为管理项目建设、委托跟踪审计、全过程造价咨询单位进行审计和造价计量确认。

根据《民法通则》《民法总则》《合同法》约定的法律原则，委托法律关系下，不发生项目实施机构资格、项目管理职权职责、PPP 合同项下实施机构的义务与责任及相关行为法律后果由委托人向受托人转移，受托人行为造成的法律后果和责任仍由委托人承担，即仍由项目实施机构承担。

PPP 项目管理是 PPP 规范性文件和 PPP 合同规定的应由 PPP 项目实施机构实施的职权，管理行为所带来的法律后果和风险均由项目实施机构承担。即便项目实施机构选择将部分管理权利委托给包括政府出资人代表代为行使，受托管理相关法律后果和责任应由项目实施机构承担。

5. 原已批复由平台公司作为建设单位，按PPP模式实施后如何调整项目法人？

答：根据《关于实行建设项目法人责任制的暂行规定》（计建设〔1996〕673 号）、《国务院办公厅转发财政部发展改革委人民银行关于在公共服务领域推广政府和社会资本合作模式指导意见的通知》（国办发〔2015〕42 号）和《传统基础设施领域实施政府和社会资本合作项目工作导则》相关规定，PPP 项目应由项目公司根据 PPP 合同就项目合作范围内的设计、投融资、建设、运营、移交承担责任。项目公司应该是唯一责任主体，在按 PPP 模式实施后，项目法人应转移由项目公司一人担任。

根据《传统基础设施领域实施政府和社会资本合作项目工作导则》（发改投资〔2016〕2231 号）规定，纳入 PPP 项目库的投资项目，应在批复可行性研究报告或核准项目申请报告时，明确规定可以根据社会资本方选择结果依法变更项目法人。PPP 项目法人选择确定后，如与审批、核准、备案时的项目法人不一致，应按照有关规定依法办理项目法人变更手续。

实务中，不少项目在按 PPP 模式实施之前，已经投资主管部门批准由政府或政府平台公司作为建设单位或项目法人，按 PPP 模式实施并确定社会资本以后，应变更为由项目公司作为建设单位或项目法人。

6. 基金能否作为社会资本投资人？

答：基金作为一种投融资工具，如果合法存续，可以作为 PPP 项目社会资本投资方。在实务中，基金在形式上有契约型基金、合伙型基金和公司型基金，即基金可以以通过契约联结的合作方、合伙企业或有限公司等形式存在。如果以基金作为 PPP 社会资本方，在做项目公司股权登记时，基金是合伙企业、有限公司的，可直接以合伙基金、有限公司名义登记为项目公司股东；而对于契约型基金，因基金本身不具有法人资格，需要以基金管理人名义登记为项目公司股东。

7. 社会资本联合体牵头方是否必须为承担投融资义务的一方或项目公司控股股东？

答：PPP 社会资本采购时，社会资本以联合体投标的，为投标和联络方便设联合体牵头方和成员方，一般牵头方负责代表联合体各成员收发资料、收缴款项、完成投标程序和组织签约等事务。

至于联合体成员内部由谁承担项目投融资义务、由谁承担工程建设义务或者如何分担项目出资任务，则由各成员自主商定，与是否为联合体牵头方没有必然联系，不必要求联合体牵头方是否必须为承担投融资义务的一方或项目公司控股股东，否则可能构成歧视或排斥其他投标人的情形。

8. 社会资本联合体成员内部能否转让股权或代持股权？

答：为维持 PPP 项目持续稳定性，无论是股权锁定期内还是锁定期后，即便是社会资本联合体成员内部进行股权转让也必须经政府同意后方可实施。

财办金〔2017〕92 号要求社会资本的股份不得由第三方代持，遏制当前部分社会资本中选后自行指定其关联企业、子公司、基金等第三方代为履行出资义务，以及部分联合体参与方只承揽项目施工或设计任务、不实际出资入股等不规范操作现象，确保社会资本选择程序的严肃性、公正性，夯实社会资本的投资建设运营责任。

9. 央企在项目公司中持股低于 50%，是否就可以实现出表？

答：根据《企业会计准则第 33 号——合并财务报表》和《国务院国有资产监督管理委员会关于加强中央企业 PPP 业务风险管控的通知》(国资发财管〔2017〕192 号)有关规定，即便央企在项目公司持股低于 50%，也应按照“实质重于形式”的原则综合判断对 PPP 项目的实际控制程度，进而确定项目公司是否在其合并报表范围内。

相关考量因素包括央企与其他社会资本股东之间的关联关系，有无提供兜底担保、提供劣后级出资，对项目融资、建设和运营的参与程度、风险回报分担机制以及股东合同或公司章程约定决策机制及议事规则等。因降杠杆和降资产负债率双重要求下，实务中的中央企业在投资 PPP 项目时存在较大的出表诉求，甚至不惜签署阴阳合同、隐名或幕后控制项目公司，这些都可能带来违规操作的法律风险。

二、关于 PPP 项目采购

10. PPP 项目范围应注意排除哪些项目？

答：PPP 项目的合作范围应当是政府职责范围内的公共产品，包括基础设施和公共服务。根据《预算法》规定，不具有公益属性的商业项目不属于各预算科目列支范围。《国务院办公厅关于政府向社会力量购买服务的指导意见》(国办发〔2013〕96 号)规定，对应当由政府直接提供、不适合社会力量承担的公共服务，以及不属于政府职责范围的服务项目，政府不得向社会力量购买。《产业用地政策实施工作指引》(国土资厅发〔2016〕38 号)规定，PPP 项目主体或其他社会资本不得作为项目主体参与土地收储和前期开发等工作。财政部《关于规范政府和社会资本合作(PPP)综合信息平台项目库管理的通知》(财办金〔2017〕92 号)规定，不适宜采用 PPP 模式实施的项目包括：不属于公共服务领域，政府不负有提供义务的，如商业地产开发、招商引资项目等；因涉及国家安全或重大公共利益等，不适宜由社会资本承担的；仅涉及工程建设，无运营内容的；其他不适宜采用 PPP 模式实施的情形。

对于应当由政府直接提供、不适合社会力量承担的公共服务，以及不属于政府职责范围的服务项目，不得采取 PPP 模式。不具有公益属性的商业项目、土地收储和前期开发项目以及不含项目运营内容的，应当排除在 PPP 项目合作范围之外。

11. 如何确定以公开招标还是竞争性磋商方式采购 PPP 项目社会资本?

答:《政府和社会资本合作项目政府采购管理办法》(财库〔2014〕215 号)规定的采购社会资本的方式包括公开招标、邀请招标、竞争性谈判、竞争性磋商和单一来源采购。公开招标主要适用于采购需求中核心边界条件和技术经济参数明确、完整、符合国家法律法规及政府采购政策，且采购过程中不作更改的项目。而竞争性磋商方式的适用条件包括：(1)政府购买服务项目；(2)技术复杂或者性质特殊，不能确定详细规格或者具体要求的；(3)因艺术品采购、专利、专有技术或者服务的时间、数量事先不能确定等原因不能事先计算出价格总额的；(4)市场竞争不充分的科研项目，以及需要扶持的科技成果转化项目；(5)按照招标投标法及其实施条例必须进行招标的工程建设项目以外的工程建设项目。

就 PPP 项目而言，建议以公开招标为原则，非招标方式要判断法定适用条件确认在符合条件的情况再行采用。

原则上，对于需要政府出资代表与中选社会资本签署的股东合同和项目实施机构与未来成立项目公司签署的 PPP 项目合同、承继协议文本最好一并挂网。这样把合同文本主要内容在公开采购之前确认好，一方面保持各投标人竞争的公开、公平和公正，另一方面也可大大减少采购成交以后的合同谈判难度。

12. PPP 项目社会资本采购与政府采购服务的区别与联系?

答:根据《政府采购法》和《政府采购法实施条例》等规定,政府采购,是指各级国家机关、事业单位和团体组织,使用财政性资金采购依法制定的集中采购目录以内的或者采购限额标准以上的货物、工程和服务的行为。《政府采购法》意义上的服务范围不限于工程有关的勘察、设计等服务,指除货物和工程以外的其他政府采购对象,包括政府自身需要的服务和政府向社会公众提供的公共服务。

在此基础上,根据《关于坚决制止地方以政府购买服务名义违法违规融资的通知》(财预〔2017〕87 号)规定,严禁将建设工程、金融等作为"服务"对象或与"服务"打包作为政府购买服务项目。

而根据财库〔2014〕215 号文规定,PPP 项目社会资本采购指政府按照相关法规要求完成 PPP 项目识别和准备等前期工作后,依法选择社会资本合作者的过程。所采购的社会资本将向政府方履行项目的投融资、设计、建设、运营、维养、移交等一系列义务,其与勘察、设计、监理等政府采购对象中的常规"服务"显然存在不同,不按一般政府采购之"服务"对象,通过政府采购服务名义实施。

实务中,有地方政府为避免 PPP 模式的复杂程序,转而通过"政府采购服务"程序,直接采购有关单位实施包括项目投融资、建设、运营有关活动,属于违规行为。

13. 评审报告确定社会资本候选人后,在启动合同谈判前是否先进行成交候选人公告?

答:根据《招标投标法实施条例》规定,依法必须进行招标的项目,招标人应当自收到评标报告之日起 3 日内公示中标候选人,公示期不得少于 3 日。投标人或者其他利害关系人对依法必须进行招标的项目的评标结果有异议的,应当在中标候选人公示期间提出。招标人应当自收到异议之日起 3 日内作出答复;作出答复前,应当暂停招标投标活动。

故对于以招标方式采购社会资本的项目,在评审报告确定推荐中标候选人排名后应当予以公示,进入预中标结果异议期。而对于非招标方式采购社会资本的项目,建议参照执行,以保证采购过程公平公开公正。

14. PPP 社会资本采购谈判工作组如何组成？采购谈判的范围和期限有无限制？

答：PPP 采购确认中选社会资本后进行采购结果确认谈判环节，需要成立采购结果确认谈判工作组。工作组成员及数量由项目实施机构确定，至少包括项目实施机构、财政部门、行业主管部门，以及财务、法律等方面的专家。如果涉及价格管理、环境保护，还应当包括价格管理、环境保护行政执法机关代表。PPP 社会资本公开采购评审/评标小组成员可以作为采购结果确认谈判工作组成员。

采购结果确认谈判工作组按确定的候选社会资本排名，依次进行谈判磋商，并执行以下基本规则：

一是谈判对象可以是候选社会资本；

二是谈判内容仅就项目合同中可变的细节问题，不得涉及项目合同中不可谈判的核心条款；

三是谈判规则是率先达成一致的候选社会资本即为预中标、成交社会资本，不得与排序在前但已终止谈判的社会资本进行重复谈判。

四是谈判确认达成一致后，需要在谈判确定预中标、成交社会资本后 10 个工作日签署确认谈判备忘录。

实务中，有大量项目采购前准备不足，着急上马，采购文件制作粗糙，对项目边界、各方权利、义务与责任未厘定清晰，即完成采购，导致采购确定候选人后仍存在大量需要谈判的细节，项目也陷入其中无法推进。

15. PPP 项目能否在社会资本采购前先与个别社会资本签署意向合作协议？

答：为保证 PPP 项目采购效果，PPP 项目采购前可以进行社会资本响应的市场测试，允许政府方在社会资本采购前对有意向的社会资本进行市场调研或项目实施方案咨询，就项目实施听取各方意见或建议。

因社会资本应当通过公开程序遴选确定，在上述沟通过程中，应尽量避免向特定社会资本透露项目信息或按特定社会资本意图实施项目，排斥其他潜在的合格的社会资本。《招标投标法》第 43 条规定，在确定中标人前，招标人不得与投标人就投标价格、投标方案等实质性内容进行谈判。第 55 条进一步规定，依法必须进行招标的项目，招标人违反本法规定，与投标人就投标价格、投标方案等实质性内容进行谈判的，给予警告，对单位直接负责的主管人员和其他直接责任人员依法给予处分。前款所列行为影响中标结果的，中标无效。

因此，在招标之前双方不得就 PPP 项目投标价格、方案等采购实质性内容进行谈判磋商，更不能就谈判磋商结果达成协议。如果要签署意向协议或战略合作协议，在不涉及具体项目合作实质性内容的前提下，达成战略性意向合作协议，但需要明确相关协议仅为表达双方合作意向，不具有法律效力，项目将依法进行社会资本采购，确定谁为社会资本以及签署怎样的合作协议将以依法公开采购结果为准。

16. PPP 项目工程设计方能否参与社会资本投标？

答：根据《工程建设项目施工招标投标办法》（七部委〔2013〕30 号令）（2013 年 4 月修订）及《国家发展改革委、工业和信息化部、财政部等关于印发简明标准施工招标文件和标准设计施工总承包招标文件的通知》（发改法规〔2011〕3018 号）有关规定，为招标项目前期提供设计、咨询服务的任何法人及其附属机构（单位），都无资格参加该项目施工总承包的投标。

又根据《政府采购法实施条例》（国务院令〔2015〕第 658 号）规定，除单一来源采购项目外，为采购项目提供整体设计、规范编制或者项目管理、监理、检测等服务的供应商，不得再参加该采购项目的其他采购活动。

因此，如果将 PPP 项目设计与社会资本采购分别分阶段实施采购，对于参与项目整体设计、规范编制或者项目管理、监理、检测等服务的供应商，均不得再参与项目社会资本采购投标，包括为项目提供整体设计服务的设计方。对于中选社会资本又因具有相应建设资质而直接承担项目总承包的项目，已承担项目设计的主体及其附属机构也不应再参加项目社会资本采购投标。

17. PPP 项目在选定社会资本之前的前期费用如何分担？

答：实务中，不少 PPP 项目在采购社会资本之前，政府方或平台公司已经承担了项目可研编制、勘察设计、法律服务、招标代理、征迁补偿等前期费用。在政府依法选定社会资本之后，不少项目会在 PPP 合同中约定由项目公司或社会资本投资人承担政府方或平台公司已付的前期费用，然后将相关费用计入项目建设成本，进入项目回报核算基数。

该部分费用因已由政府一方签约并承担，且无法体现社会资本的运营能力，如果要求由社会资本承担，宜适当控制金额，否则有变相融资之嫌；同时，由于相关前期工作已由政府一方与有关第三方签约，还需要妥善处理相应的税票和税负问题。

18. 如果中选社会资本中有两家以上主体均具有施工资质的，中标后如何安排其承包人地位？

答：根据《招标投标法实施条例》规定，中选社会资本能够自行建设的，可直接与项目公司签署承包合同。而对于中选社会资本有两家以上都具有施工资质且两家均不放弃施工承包权利的情况，一般无法让其中一个主体作为施工总承包，另外一个主体从总承包人处分担部分工程作分包商，这种安排涉嫌将工程肢解转包。

上述情况一般可酌情考虑由社会资本联合体内部就承包工程量、区位桩号自行商定分割方案，但分别就所施工之工程向项目公司负责。项目公司又就项目工程之全部向项目实施机构负责。

19. 社会资本个别成员不出资，能否作为联合体成员参与投标？

答：根据 PPP 有关规范，社会资本必须承担项目投资责任。而在实务中，为规避招标程序，社会资本组成联合体投标时，个别成员不承担出资责任或约定承担的出资比例为零，仍作为社会资本投标。这种情形未达到社会资本作为投资人身份的最起码要求，属于虚假的社会资本，是不允许的。

《招标投标法实施条例》规定可以免除施工招标的条件是：已通过招标方式选定的特许经营项目投资人依法能够自行建设、生产或者提供。而上述操作是假借“投资人”之名，而无“投资人”之实，即便中标，也不应适用《招标投标法实施条例》有关规定可以免除二次招标。

20. PPP 项目社会资本采购文件是否可以将注册资本、资产总额、纳税额等作为资格条件或评审因素？

答：根据《政府采购货物和服务招标投标管理办法》(财政部令第 87 号)规定，采购人、采购代理机构不得将投标人的注册资本、资产总额、营业收入、从业人员、利润、纳税额等规模条件作为资格要求或者评审因素，也不得通过将除进口货物以外的生产厂家授权、承诺、证明、背书等作为资格要求，对投标人实行差别待遇或者歧视待遇。

国家发展改革委关于鼓励民间资本参与政府和社会资本合作(PPP)项目的指导意见(发改〔2017〕2059 号)合理确定社会资本方资格，不得设置超过项目实际需要的注册资本金、资产规模、银行存款证明或融资意向函等条件，不得设置与项目投融资、建设、运营无关的准入条件。

规范投标保证金设置，除合法合规的投标保证金外，不得以任何其他名义设置投标担保要求，推行以银行保函方式缴纳保证金。科学设置评标标准，综合考虑投标人的工程技术、运营水平、投融资能力、投标报价等因素。

21. PPP 项目咨询中介机构有哪些？由谁委托？

答：律师事务所、会计师事务所、咨询公司等。律师事务所的主要工作包括提供合规性审查服务、编制 PPP 项目合同、参与 PPP 项目合同谈判并协助项目落地等。会计师事务所的主要工作是结合项目特点建立财务模型、进行财务测算。咨询公司的主要工作包括协助确定项目边界、编制 PPP 项目实施方案、物有所值报告和财政承受能力论证报告等。为保证中介服务质量，所选中介机构应具备一定的专业服务能力。

根据《律师法》《注册会计师法》等规定，律师、注册会计师应在律师事务所、会计师事务所单位执业，禁止私自接受委托。咨询机构如果将律师、注册会计师个人作为外部顾问的，不符合律师、注册会计师执业规范。

实务中 PPP 项目咨询中介机构由项目实施机构或政府出资代表委托。

22. PPP 项目的哪些内容可以委托第三方监管，分别由谁委托，费用可否纳入总投资？

答：工程监理、运营绩效评价、中期评估、移交后评价可以委托第三方监管。由政府方委托的，对政府方负责，相关费用可以由项目公司支付，支付以后计入项目总投资。如果项目公司需要聘任监理监督其总承包人的工程施工行为，也可以自行聘任监理。运营绩效评价由项目实施机构委托第三方对公共产品和服务的数量、质量以及资金使用效率等方面进行综合评价，评价费用一般不计入项目总投资。中期评估由项目实施机构委托第三方专业机构每 3 至 5 年对项目进行评价，重点分析项目运行状况和项目合同的合规性、适应性和合理性，评估费用不计入项目总投资。移交后评价由实施机构进行委托，对项目产出、成本效益、公众满意度、监管成效、可持续性、政府和社会资本合作模式应用等进行绩效评价，评价结果作为完善 PPP 模式制度体系的参考依据，评价费用一般不计入项目总投资。

三、关于 PPP 项目融资

23. PPP 项目在项目资本金以外的融资责任如何分担？

答： 根据《关于在公共服务领域推广政府和社会资本合作模式的指导意见》(国办发〔2015〕42 号)规定，PPP 模式下，社会资本承担公共服务涉及的设计、建设、投资、融资、运营和维护等责任，政府作为监督者和合作者，加强发展战略制定、社会管理、市场监管、绩效考核等职责。财政部《关于推进政府和社会资本合作规范发展的实施意见》(财金〔2019〕10 号)第二条规定，社会资本负责项目投资、建设、运营并承担相应风险，政府承担政策、法律等风险。规范实施的 PPP 项目不得通过签订阴阳合同，或由政府方或政府方出资代表为项目融资提供各种形式的担保、还款承诺等方式，由政府实际兜底项目投资建设运营风险。财政部《关于规范政府和社会资本合作(PPP)综合信息平台项目库管理的通知》(财办金〔2017〕92 号)规定，政府不得为社会资本或项目公司融资提供任何形式的担保，要求社会资本按合同约定落实项目债权融资义务，防止项目因融资不能及时足额到位而搁置甚至失败。因此 PPP 项目在项目资本金以外的融资责任应由社会资本方承担。

实务中，常见的由项目公司作为融资主体，与供应融资的金融机构或其他主体签署融资协议，以 PPP 合同项下应收合同债权或特许经营权提供担保，为项目实施进行融资。当项目公司自身信用或项目权益不足以支持项目融资时，中选社会资本投资人通过股东担保、股东借款等方式协助解决项目配套融资问题。故从融资责任角度看，最终由社会资本投资人承担。这也是社会资本的优势和 PPP 模式推行目的之一。

24. 政府出资代表是否应承担项目融资责任？

答： 对于政府出资代表参股的 PPP 项目，除其认缴的项目资本金之外，项目配套融资通常由社会资本投资人负责，允许社会资本以项目公司为主体实施项目融资，对融资不足的，社会资本投资人应当以自身信用承担补充融资责任，保证项目所需资金及时足额到位。

政府方及政府出资代表均不对社会资本方融资或者项目公司融资承担任何形式的担保责任，包括向金融机构或投资人出具承诺函或带有担保性质的安慰函等文件。政府方可以就项目合规性和社会资本投资人及项目公司的合法地位出具有关证明文件，协助社会资本方融资。

25. 在社会资本联合体成员中，央企能否承担超过其持股比例的融资责任？

答：根据国务院国有资产监督管理委员会《关于加强中央企业 PPP 业务风险管控的通知》(国资发财管〔2017〕192 号)规定，在 PPP 项目股权合作中，各中央企业不得为其他方股权出资提供担保、承诺收益等项目债务融资需要增信的，原则上应由项目自身权益、资产或股权投资担保，确需股东担保的应由各方股东按照出资比例共同担保。

因此，如果安排由央企承担项目全部的或超过其出资比例的融资责任或担保责任，可能触发央企内部 PPP 业务风险管控问责。

26. PPP 项目融资成本、拆迁投入超出预期的风险如何分担？

答：PPP 项目融资成本、代付拆迁费成本从本质上讲不具有公共服务属性，不能体现 PPP 模式中对社会资本应承担的公共服务的核心价值角色设定。为控制项目投融资成本，项目融资成本和拆迁投入均可设定限值，在限值以内可计入项目总投资和政府付费核算范围。超出限值的融资成本由社会资本方承担，同时应合理考虑同期银行贷款利率大幅上调或资本整体市场价格上涨等因素；超出限值的拆迁投入可由政府方承担。

27. 项目公司注册资本能否低于项目资本金，低于部分如何落实投资责任？

答：目前，我国已经取消了一般有限公司注册资本金下限和实收资本制度，根据现行《公司法》以及《公司注册资本登记管理规定》规定，项目公司注册资本金没有强制下限要求。项目公司注册资本可以低于项目资本金，注册资本金不足项目资本金的部分，继续由投资人注入项目公司形成项目公司自有资金，计入项目公司所有者权益科目。该部分投资责任可以约定由社会资本投资人单方承担或者由社会资本与政府出资代表按出资比例分担。

为保障落实项目资本金要求，实务中不少项目要求将项目公司注册资本金设置与项目资本金同等金额，并要求依法在项目建设期内按建设进度实缴到位。用同一笔自有资金，在完成项目公司注册资本金缴纳的同时，也完成项目资本金缴纳，这样可以减少社会资本“小股大债”或以债务性资金充当资本金的不规范运作空间。

28. 项目资本金和项目公司注册资本金是否必须在项目公司成立时一次性实缴到位?

答:根据《国务院关于固定资产投资项目试行资本金制度的通知》(国发〔1996〕35 号)规定,项目资本金由投资人一次认缴,并根据批准的建设进度按比例逐年到位。当前法律没有明确限定资本金必须在项目公司成立时一次性实缴到位。

根据《公司法》和《公司注册资本登记管理规定》(国家工商行政管理总局令第 64 号)有关规定,项目公司注册资本采取认缴制,没有单纯对一般的有限责任公司注册资本金实际缴纳时限作出明确要求,当前法律并未要求项目公司成立实缴全部注册资本金。

29. 项目资本金能否计息?

答:根据《国务院关于固定资产投资项目试行资本金制度的通知》(国发〔1996〕35 号)规定,项目资本金是项目总投资中,由投资者认缴的出资额,系投资人自有资金,对投资项目来说是非债务性资金,项目法人不承担这部分资金的任何利息和债务。

因此,如果在核算项目建设期利息时,不分项目资本金和配套融资,而将项目建设期成本整体计息,是不符合国发〔1996〕35 号和《关于加强固定资产投资项目资本金管理的通知》(国发〔2019〕26 号)规定的。

30. PPP 融资可包括哪些方式?

答:根据国务院《关于创新重点领域投融资机制鼓励社会投资的指导意见》(国发〔2014〕60 号文)、国家发改委《关于切实做好传统基础设施领域政府和社会资本合作有关工作的通知》(发改投资〔2016〕1744 号)等有关规定,大力发展债权投资计划、股权投资计划、资产支持计划等融资工具,延长投资期限,允许 PPP 项目通过发行债券(含专项债券、收益债券、票据等)、基金、信托、资产证券化等多种方式融资。根据《保险资金间接投资基础设施项目管理办法》(保监会令〔2016〕2 号),保险资金也可以通过保险资金投资计划为 PPP 项目提供融资支持。

从融资提供方来看,除银行外,PPP 项目还可以得到信托机构、基金机构、证券公司、保险机构等的融资支持。

31. PPP 项目中有哪些资产可作为资产证券化的基础资产？

答：可应用于 PPP 项目中的资产证券化产品包括信贷资产证券化和企业资产证券化，涉及到的发起人（原始权益人）有银行、项目公司和项目投资人以及项目承包商、供应商等主体，证券化产品包括资产支持计划、资产支持票据等。

信贷资产证券化即将银行等金融机构的项目贷款债权证券化，在 PPP 项目中具体以银行等金融债权人作为原始权益人，以 PPP 项目的融资债权（银行贷款、融资租赁等）作为基础资产发行资产支持证券。

企业资产证券化指非金融机构以非信贷资产为基础资产发起的资产证券化。(1)参与主体主要包括：发起人（原始权益人）、项目公司、社会资本投资人、项目工程承包方；(2)基础资产包括：PPP 项目合同债权或未来收益、持有的 PPP 项目公司股权收益、PPP 项目工程的应收工程款。

32. PPP 项目资产证券化应满足哪些基本条件？

答：依据财政部、人民银行、证监会《关于规范开展政府和社会资本合作项目资产证券化有关事宜的通知》（财金〔2017〕55 号）和国家发展改革委、中国证监会《关于推进传统基础设施领域政府和社会资本合作（PPP）项目资产证券化相关工作的通知》（发改投资〔2016〕2698 号）及其有关配套规定，拟实施资产证券化的项目至少应满足以下基本条件：

(1)项目审核手续完备，包括项目立项、规划、土地等开工前行政审批手续。

(2)项目完成 PPP 识别入库，包括项目实施方案经过部门联审并获得政府批准，物有所值评价和财政承受能力论证报告获得财政部门批准。PPP 项目已经录入国家发展改革委和/或财政部 PPP 项目库，或纳入财政部示范项目。

(3)项目 PPP 合同内容完备、风险分配合理，且获得财政、审计和司法等有关部门的审核同意并报经政府批准。

(4)项目不在负面清单范围内，包括不存在固定回报承诺、明股实债、政府方回购等违规操作，不存在政府部门或指定机构进行融资担保安排，不属于 BT 或变相 BT 项目，不属于产业类项目，项目公司的管理权和实际控制权为社会资本方而非政府股东。

(5)项目公司预期产生的现金流，能够覆盖项目的融资利息和股东的投资收益。

(6)拟作为基础资产的项目收益权、股权和合同债权等权属独立清晰，没有为其他融资提供质押或担保。

(7)发起人(原始权益人)信用稳健，最近三年未发生重大违约或虚假信息披露，无不良信用记录。项目公司作为发起人(原始权益人)的，应当已落实融资方案，前期融资实际到账。

(8)项目公司作为发起人(原始权益人)的，应当已落实融资方案，前期融资实际到账。项目公司的管理权和实际控制权为社会资本方而非政府股东。社会资本方(项目公司)与政府方不存在因 PPP 项目合同的重大违约、不可抗力因素影响项目持续建设运营，或导致付费机制重大调整等情形；也不存在因 PPP 项目合同或相关合同及其他重大纠纷而影响项目持续建设运营，或可能导致付费机制重大调整的协商、调解、仲裁或诉讼等情形。

有关规范性文件规定的其他条件。

33. 社会资本以其持有项目公司股权收益进行资产证券化的操作要点有哪些？

答：社会资本可以其持有项目公司股权收益进行资产证券化，操作中应注意：

(1)在项目建成运营 2 年后实施；

(2)控股股东发行规模不得超过股权带来现金流现值的 50%，其他股东发行规模不得超过股权带来现金流现值的 70%；

(3)PPP 合同中对股权收益资产证券化预留一定操作空间，尤其是对项目公司股权锁定期或其他关于项目公司股权转让质押等权利的限制性约定，应满足股权收益证券化有关规定条件。

34. PPP 项目资产证券化项目省级推荐材料有哪些？

答：PPP 项目资产证券化项目可由省级财政部门会同行业主管部门择优推荐。发起人(原始权益人)可在向发行主管部门提交申请前，自主向省级财政部门和行业主管部门提出推荐申请。申请材料包括但不限于：

(1)PPP 项目实施方案；

(2)PPP 合同；

(3)物有所值评价报告和财政承受能力论证报告；

(4)项目运营年报；

(5)项目资产证券化方案说明书、交易结构图、律师事务所出具的法律意见书。

省级财政部门可会同行业主管部门，按照有关监管规定和通知要求，出具推荐意见并抄报财政部。

35. 社会资本通过 PPP 项目资产证券化能否实现退出项目或将项目转让?

答：PPP 项目投资额巨大、资产流动性差，为吸引或激发社会资本投资积极性，发改、财政、人行以及证监会等部门颁布多项支持政策，如开通“绿色通道”、“专人专审”，推动 PPP 项目与资本市场深化发展相结合，依托证券交易市场，丰富社会资本投资退出渠道。

但需要特别指出的是，社会资本将 PPP 项目资产证券化，可以实现投资退出即将无形资产或固定资产转为流动资产收回，仅是社会资本方一种项目融资方式，并不意味着与政府方提前终止 PPP 合同、将项目转让予资产支持证券的投资人。为此，财政部、人民银行、证监会《关于规范开展政府和社会资本合作项目资产证券化有关事宜的通知》(财金〔2017〕55 号)明确规定，不得通过资产证券化改变控股股东对 PPP 项目公司的实际控制权和项目运营责任，实现变相“退出”，影响公共服务供给的持续性和稳定性。

四、关于 PPP 项目建设

36. PPP 项目中供地方式有哪些?

答：PPP 项目因其“公共服务”项目属性，项目供地的方式一般为划拨或由原用地单位无偿或有偿出租给项目公司使用。根据《关于联合公布第三批政府和社会资本合作示范项目加快推动示范项目建设的通知》(财金〔2016〕91号)规定，不得直接以 PPP 项目为单位打包或成片供应土地，应当依据区域控制性详细规划确定的各宗地范围、用途和规划建设条件，分别确定各宗地的供应方式。符合《划拨用地目录》的，可以划拨方式供应；不符合《划拨用地目录》的，对于不以盈利为目的、具有公益性质的农产品批发市场用地，可以由政府出资代表经本级政府批准后作价出资注入项目公司方式供应，其他用地一般租赁方式供应。PPP 项目社会资本，除通过规范的土地市场取得合法土地权益外，不得违规取得未供应的土地使用权或变相取得土地收益。

根据《物权法》《土地管理法》《招标拍卖挂牌出让国有土地使用权规定》(国土资源部令第 39 号)等规范性文件，就经营性土地，应当依法通过招标、拍卖、挂牌方式出让取得。经营性土地的出让与 PPP 项目社会资本采购为两个独立事项。为提高效率，财政部《关于联合公布第三批政府和社会资本合作示范项目加快推动示范项目建设的通知》(财金〔2016〕91 号)规定，将通过竞争方式确定项目投资方和用地者的环节合并实施，即 PPP 项目社会资本采购与土地出让合并通过公开招标方式一次选定社会资本和土地受让人。具体程序尚待有关部门出台规范。

37. 项目建设管理费有哪些构成？如何取值？

答：项目建设管理费主要包括：建设单位人员薪酬费用、办公费、办公场地租用费、差旅交通费、劳动保护费、工具用具使用费、固定资产使用费、招募生产工人费、技术图书资料费(含软件)、业务招待费、施工现场津贴、竣工验收费和其他管理性质开支等。

PPP 项目中的项目建设管理费实行总额控制，分年度据实列支。具体按《基本建设项目建设成本管理规定》(财建〔2016〕504 号)规定的标准计取。

38. 项目建设管理费应由谁来收取和分享？

答：项目建设管理费系项目建设单位从项目筹建之日起至办理竣工决算之日止发生的管理性质的支出。在 PPP 项目中，系指项目公司在建设期间发生的管理性质的支出。而实务中，部分项目因政府出资代表参股并委派管理人员，进而要求在将管理费计入项目建设成本后获得相应对价收入，由政府出资代表与项目公司分享。该种处理与项目建设管理费的概念不符，建议按照“谁承担管理以及相关管理费用支出，谁享有相应建设管理费”的原则处理。

39. 计入建设成本的建设期利息能否按固定利率计？

答：根据 PPP 有关规范性文件，项目融资风险由社会资本方承担，其中就包括融资成本过高的风险，这一风险就来自于融资利率的波动。

PPP 项目合作期限长，建设期利息在建设期内发生波动较为常见。一般项目的处理是设定建设期利息上限，约定超出部分由社会资本自行承担，不再计入项目建设成本，不足的，由政府方确认后按实际利息计入建设成本。实务中，也有项目按某一固定利率计算，无论实际利率高于或低于该利率，均按该固定利率计算建设期利息并计入建设成本，这也不失为一种利率风险分担的方式，只是对固定利率的取值需要相当谨慎，体现签约当时能够预期的融资风险的包容度。一旦设置失准，就会导致风险分配不公或涉嫌政府兜底承诺。

40. PPP 项目能否在建设期支付政府补贴？

答：PPP 项目的付费机制要求在 PPP 项目运营后才进入付费期，如果在建设期安排支付政府付费，则会构成提前支付 PPP 价款。在没有绩效考核的情况下，上述付费会形成提前固化、锁定政府付费的违规行为。

此外，对于部分项目本身就会享有政府专项补贴，相关补贴与 PPP 模式无关，系政府对于特定项目在建设阶段投资的扶持措施。这类专项补贴不同于 PPP 模式下的政府付费，可以按有关补贴政策拨付给项目公司。拨付以后，实质上减轻了社会资本对项目的投融资压力，因此，需要在 PPP 合同基础上，就后期确认由社会资本承担的项目建设投资中核减相应款项，并以此作为核算政府付费的基数。

41. PPP 项目是否必须要建设期绩效考核？

答：财政部《关于规范政府和社会资本合作（PPP）综合信息平台项目库管理的通知》（财办金〔2017〕92 号）规定，“通过政府付费或可行性缺口补助方式获得回报，但未建立与项目产出绩效相挂钩的付费机制的 PPP 项目不得入库”，“项目建设成本不参与绩效考核，或实际与绩效考核结果挂钩部分占比不足 30%，固化政府支出责任的 PPP 项目不得入库”。财政部《关于推进政府和社会资本合作规范发展的实施意见》（财金〔2019〕10 号）进一步规定，建立完全与项目产出绩效相挂钩的付费机制，不得通过降低考核标准等方式，提前锁定、固化政府支出责任。因此，PPP 项目政府支出责任必须与项目运营绩效考核挂钩。

需要指出的是，实务中有部分项目也同时设置了建设期绩效考核，且与政府付费挂钩。建设绩效考核的主要内容为工期、质量和安全事故等项，其机制也与运营绩效考核不同，一般而言只能覆盖建设期，此时项目效益尚未“产出”，也不能如运营绩效考核一样在“项目产出”期即运营期内按一定频率考核。这种考核机制一旦设置不当，一则无法在合作期持续实施考核；二则会与社会资本方工期、质量以及安全事故有关违约责任重复设置，失之公允。就笔者参与有建设绩效考核的项目合同谈判而言，给后期 PPP 合同设计也出了很大难题，政府方觉得麻烦没有必要，社会资本方也苦不堪言。如果在对项目建设和相应违约责任条款约定已齐备的前提下，不必强制再设置建设期绩效考核。

42. 预备费、不可预见费能否计入政府采购价款的核算范围？

答：PPP 项目工程费中的预备费、不可预见费为项目实施预计可能会发生的费用，会随项目建设据实进入有关建筑安装费用或其他费用。原则上，政府采购价款的核算口径应当以据实发生的费用为准，不包括预先计提而没有实际发生的费用。双方也可以将与预备费、不可预见费相关联的项目实际费用按固定包干价进行约定，但应防止造成国有资产流失或损失。

43. 项目结算以政府与社会资本双方共同认可的审计机构审计为准，还是以政府审计部门的审计结论为准？

答：依据《最高人民法院关于建设工程承包合同案件中双方当事人已确认的工程决算价款与审计部门审计的工程决算价款不一致时如何适用法律问题的电话答复意见》(〔2001〕民一他字第 2 号)，政府审计是国家对建设单位的一种行政监督，不影响建设单位与承建单位的合同效力，建设工程承包合同案件应以当事人的约定作为法院判决的依据。对于项目结算以政府审计还是以双方认可的第三方社会审计为准，法律没有作强制规定，由双方自主约定。

44. PPP 项目中由社会资本承担的拆迁费应否得到限制？

答：根据目前征迁有关规范文件，PPP 项目征迁应由政府负责，相应征迁费用由政府向被拆迁人支付。而 PPP 项目允许要求社会资本承担一部分拆迁费用，具体按政府指令支付。这在法律上为代付或垫付性质，PPP 项目社会资本本身并非拆迁人，没有与被拆迁人发生法律关系，不承担拆迁补偿之义务与责任。再加上所垫付之征迁费用本身不具有公共产品属性，与 PPP 项目的公益性和禁止政府变相融资规定不相契合。

因此，建议对 PPP 项目中需要社会资本承担的征迁费用进行适当控制。

45. PPP 项目中的社会资本因垫付征迁费相应的政府付费收入如何缴纳增值税？

答：财政部《PPP 项目合同指南(试行)》第二章“PPP 项目合同的主要内容”第六节“项目用地”中载明“即使由政府方负责取得土地权利以及完成相关土地征用和平整工作，也可以要求项目公司支付一定的相关费用。具体项目公司应当承担哪些费用和承担多少，需要根据费用的性质、项目公司的承担能力、项目的投资回报等进行综合评估。

不少项目的 PPP 合同约定，由社会资本方根据政府方需要和指令支付，具体由政府方作为拆迁补偿人作为征迁补偿费向被拆迁人支付，相关费用支付后计入项目总投资，纳入政府付费核算基数中。当项目公司基于 PPP 合同约定收取政府付费时，相应款项的性质不是征迁费，而是 PPP 合同价款，一般要求开具增值税发票。而在项目公司按指令支付征迁费时，并不能像支付工程款一样能够获得收入方提供的增值税进项税票，从而无法与前述销项税标抵销，导致收益低于预期。这是比较现实的问题，但由于对政府方依据 PPP 合同支付给项目公司的 PPP 合同价款如何缴纳增值税，目前尚无针对性的立法规范，具体执法口径应由所属税务部门意见为准。

五、关于 PPP 项目运营

46. 如何确定项目建设期与运营期的起算点？

答：项目建设期的起算点应以工程监理下发开工令明确的开工日期为准，实际开工日期在前的，也可以考虑以实际开工日期为起算时点；项目运营期通常为合作期间扣除建设期后的剩余期限，不宜固定。

运营期的时长涉及每期政府付费额度的计算，而在实施方案和物有所值评价和财政承受能力论证中是基于：(1)假设社会资本方可以按可研报告批复的工期完工，且(2)将 PPP 合同签约之日作为项目合作期限第一天和开工日，并由此计算的运营期系合作期限减去建设期。而实际上，多数项目并不是签约即开工，尤其是还需要注册成立项目公司，再由项目公司与项目实施机构签署 PPP 项目合同或继承合同后，方开始施工；同时，运营期是要随着合作期限的届满而到期的，这样“掐头去尾”，运营期也基本无法按“两评一案”测算时的运营期兑现。

因此，建设期与项目合作期限的起点不一致，进而导致后面的运营期即政府付费期不是简单的按项目合作期限减去建设期剩余的期限计算，这就会导致真正的政府付费每期额度很容易超出“两评一案”测算的额度，使得“两评一案”测算失真，更会导致政府超支的不利后果与责任。

47. PPP 项目支出列入财政预算要走哪些程序？

答：根据《预算法》和《政府和社会资本合作项目财政管理暂行办法》(财金〔2016〕92 号)有关规范性文件规定，对于已纳入中期财政规划的 PPP 项目，先由项目实施机构会同行业主管部门按照预算编制程序和要求，根据 PPP 合同约定的政府财政支出责任相关的下一年度财政资金收支编制 PPP 项目收支预算；再将预算报请财政部门审核后纳入本区域内整体财政预算草案；再由财政部门将相关预算草案报经本级政府同意；本级政府同意后再报本级人民代表大会审议。实务中，也有本级人民代表大会常委会通过预算审议的情况。

48. 政府基金预算能否作为 PPP 项目政府付费资金来源？

答：根据《预算法》规定，我国财政预算包括一般公共预算、政府性基金预算、国有资本经营预算、社会保险基金预算四类。根据《政府和社会资本合作项目财政承受能力论证指引》(财金〔2015〕21 号)规定，对于 PPP 项目而言，每一年度全部 PPP 项目需要从预算中安排的支出责任，占一般公共预算支出比例应当不超过 10%。《产业用地政策实施工作指引》(国土资厅发〔2016〕38 号)规定，PPP 项目的资金来源与未来收益及清偿责任，不得与土地出让收入挂钩。

为鼓励地方积极盘活存量资源、资产等吸引社会资本参与，财政部于 2017 年 7 月 7 日以财金函〔2017〕85 号答复称，10%"上限"控制的仅是需要从一般公共预算中安排的支出责任，并不包括政府从其他基金预算或以土地、无形资产等投入的部分。部分项目根据此答复，将地方政府土地基金预算为作 PPP 项目政府付费资金来源之一，以此解决一般公共预算对 PPP 项目政府支出指标不足的难题。

而于 2019 年 3 月 7 日颁布实施的《关于推进政府和社会资本合作规范发展的实施意见》(财金〔2019〕10 号)规定，确保每一年度本级全部 PPP 项目从一般公共预算列支的财政支出责任，不超过当年本级一般公共预算支出的 10%。新签约项目不得从政府性基金预算、国有资本经营预算安排 PPP 项目运营补贴支出。由此，自 2019 年 3 月 7 日起，新签约项目的政府支出不得从政府性基金预算中安排。

49. PPP 项目公司分配时，政府出资代表能否不分红或少分红？对于政府出资代表放弃分红的部分沉淀在项目公司由社会资本方享有还是抵扣政府付费？

答：《国家发展改革委关于切实做好传统基础设施领域政府和社会资本合作有关工作的通知》(发改投资〔2016〕1744 号)第五条"建立合理投资回报机制"明确表示，支持采取政府投资股权少分红、不分红等多种方式支持项目实施。

但政府出资代表作为国有企业对其股权投资负有国有资产保值增值的责任与义务，如果少分红或不分红，将不利于政府出资代表国有资产运营绩效考核。这一点需要在 PPP 模式作特殊考虑，如果政府出资代表不分红或少分红的安排列入实施方案或专门经政府批准后，相应股权投资所形成国有资产的绩效考核就应该有所调整。

对于政府出资代表不分红的项目，实务中一般将项目公司可向股东分配的利益 100%交由社会资本投资人。如此一来，在中标的项目投资回报收益率基础上，政府出资代表不分红或少分红的安排实质上是向社会资本方又让渡了一些利益。该部分利益如果在编制实施方案、物有所值评价、财政承受能力论证报告中已明确归属社会资本方，则不必在核算政府付费予以考虑，如果没有明确归属社会资本，可以在核算政府付费按模拟分红，将政府出资代表分红所得予以扣减。这在实质上相当于政府出资代表并没有放弃分红。

在可以纳入 PPP 项目投资成本的情况下，如果属于社会资本方责任范围内的项目工程质量缺陷，修复费用由社会资本方承担且不应计入政府付费核算范围内，如果属于维护保养，则可以在预算管控下计入政府付费。

50. 政府付费能否绕过项目公司，直接支付给社会资本投资人？

答：一般而言，政府付费系按照《政府和社会资本合作项目财政管理暂行办法》(财金〔2016〕92 号)等 PPP 有关规范性文件和 PPP 合同约定，由项目实施机构完成考核和当期应付费用结算，报财政部门审核，财政部门根据绩效评价结果和申报情况安排资金向社会资本方及时足额支付。

在社会资本投资人已注册成立专门项目公司的情况下，政府运营补贴的支付对象应当为项目公司，尤其是对由政府出资代表和社会资本共同出资成立的项目公司。如果非基于法定原因，绕开项目公司，直接支付至社会资本投资人，则会规避项目公司收入确认、摊还项目公司费用和负债以及股东分红等环节，实质为向社会资本方股东提前分配，损害了项目公司、其他股东以及项目公司债权人的合法权益，还会导致逃税的法律责任。

51. PPP 项目配套经营性项目与商业经营项目如何区分？

答：《国务院办公厅关于政府向社会力量购买服务的指导意见》(国办发〔2013〕96 号)第 3 条第 5 款“购买内容”：“对应当由政府直接提供、不适合社会力量承担的公共服务，以及不属于政府职责范围的服务项目，政府不得向社会力量购买。”《预算法》也明确规定，不具有公益属性的商业项目不属于各预算科目列支范围。

根据财办金〔2017〕92 号文规定，不属于公共服务领域，政府不负有提供义务的项目不应按 PPP 模式实施，如商业地产开发、招商引资项目等。

在实务中，大量经营性和准经营性项目项下均有经营性事项或附属子项，如特色小镇项目里的餐饮住宿、绿道项目里的驿站商铺经营和电动车、广告、停车场等等。不宜一刀切地认为，有经营性收入的项目即为商业项目，不应包含在 PPP 合作范围内。重点是判断是否属于公共服务领域以及政府有无提供相应服务的义务。基础设施或公共服务项目必要的配套经营性项目虽有商业经营行为，但是 PPP 项目可以包容的。

一般而言，PPP 项目经营性收入包括项目本身收入现金流、项目配套项目现金流和外部补偿现金流，如收费公路的通行费收入、停车场配套的停车费收入、作为项目补偿性经营性资料的广告牌收入等。

52. PPP 项目中的绩效考核机制能否设置项目公司异议和限期整改程序？

答：PPP 项目内容复杂、周期长，在绩效考核指标上一般难以尽善尽美，再加之绩效考核结果完全与建设成本挂钩，考核结果直接影响项目收益。为给项目后期长达十数年、数十年的运营足够的调试的空间，可以允许在绩效考核机制中设置项目公司异议和整改程序。

如在项目实施确认绩效考核报告前，先将报告草案提供给项目公司，并给出一定期限的异议期，项目公司在限期内对考核结果提出异议的，应当附相关客观性支持资料，交由考核单位复核。

再如，当考核结果未达标但尚能通过整改补救的，允许项目公司根据整改要求在限期内完成整改，整改不到位再启动相应扣费措施。

53. PPP 项目签约后违规降低考核标准的表现方式有哪些？

答：《关于推进政府和社会资本合作规范发展的实施意见》(财金〔2019〕10 号)规定，建立完全与项目产出绩效相挂钩的付费机制，不得通过降低考核标准等方式，提前锁定、固化政府支出责任。

实务中，有项目通过以下方式降低考核标准：一是减少绩效考核范围；二是降低考核标准；三是调整考核评分办法，降低核心考核指标的评分标准，减轻其对总评分结果的影响；四是降低考核系数，减轻考核对付费的影响。这四种方式都属于违规以直接或间接方式降低考核标准，应当予以防范。

54. PPP 项目绩效评价与财政资金绩效评估的区别与联系？

答：根据《政府和社会资本合作项目财政管理暂行办法》(财金〔2016〕92号)等规范性文件规定，各级财政部门应当会同行业主管部门在 PPP 项目全生命周期内，按照事先约定的绩效目标，对项目产出、实际效果、成本收益、可持续性等方面进行绩效评价，也可委托第三方专业机构提出评价意见。项目实施机构应根据项目合同约定，监督社会资本或项目公司履行合同义务，定期监测项目产出绩效指标，编制季报和年报，并报财政部门(PPP 中心)备案。这是 PPP 产出绩效评价机制要求。

根据《中共中央　国务院关于全面实施预算绩效管理的意见》规定，预算绩效包括针对政府收支的政府预算绩效、衡量部门和单位整体及核心业务实施效果的部门和单位预算和衡量政策和项目预算资金使用效果的政策和项目预算三个方面。由此，按绩效评价对象不同将“政府预算绩效”分为“一般公共预算绩效”和“其他预算绩效”，其中“一般公共预算绩效”即包括对“政府采购”、PPP、政府债务项目的预算绩效。

由此可见，对于政府预算绩效评价是以财政资金使用效益为核心展开，而对于 PPP 项目产出绩效评估是以社会资本方所提供公共产品及相关服务的数量和质量及效益展开，其委托人、程序、评价指标关注点、评价机制以及评价结果使用上均不同。

实务中已有项目，将政府预算绩效考核混同于对 PPP 项目产出绩效考核，统一由财政部门组织实施，而置行业主管部门对 PPP 项目考核和实施方案、PPP 合同规定的 PPP 项目产出标准要求于不顾，需要纠正。

六、关于 PPP 项目履约担保

55. 对于项目公司申请银行出具的履约保函，能否由社会资本投资人缴纳担保费？担保费能否进入项目成本、进而计入政府付费核算基数？

答：对于项目公司出具保函，而要求社会资本投资人缴纳保费，是项目公司、社会资本投资人与担保银行之间自主协商确定的商业行为，法律没有强制性规定。

至于因为项目公司或社会资本方提供的银行履约保函相应产生的保费成本系社会资本一方为履约按 PPP 合同约定应当支出的费用，不在 PPP 项目可资本化的费用范围内，不应列入项目投资成本，进而作为政府付费核算的基数，不应最终由政府方来买单。

56. 建设期履约保函、运维保函、移交保函由谁提供？保函金额多少为宜？

答：双方可约定保函由社会资本投资人或者由项目公司申请银行出具。原则上，应使各保函担保期限不间断。在项目公司成立前，可以考虑先由社会资本申请银行出具建设期履约保函，若项目公司在合作期限届满后到期注销，可以约定项目移交保函由社会资本申请银行出具。

各保函的担保金额由当事人在法定范围协商确定。《政府采购法实施条例》第 48 条和《招标投标法实施条例》第 58 条等，履约担保金额不得超过合同金额的 10%；《政府和社会资本合作项目政府采购管理办法》第 21 条进一步规定，履约担保的数额不得超过 PPP 项目初始投资总额或者资产评估值的 10%，无固定资产投资或者投资额不大的服务型 PPP 项目，履约保证金的数额不得超过平均 6 个月服务收入额。运维保函金额建议以能够覆盖项目一到两年的运维投入为宜。在实务中常见的移交保函金额在项目总投资的 3%到 5%左右。

57. 投标保证金或保函是否在 PPP 社会资本履约担保体系内？能否设置投资履约保函？

答：投标保证金或保函是社会资本采购阶段投标人提供的承诺完成投标签约的担保。此阶段尚未进入 PPP 合同履行阶段，故不在社会资本履行 PPP 合同有关担保体系内。在当前强调减轻企业负担的政策引导下，部分地方通过立法已多次降低甚至取消了投标保证金。

实务中，也有项目设置了投资履约保函，由成交社会资本投资人向项目实施机构在中标后即提供，用于担保投资人履行 PPP 投资合作合同项下投资人承担的项目投融资、成立项目公司、促成项目公司与实施机构签署具体 PPP 项目合同等行为。此项担保能够有效弥补投资人履行投资义务的担保空白，可以设置。本保函将与建设期履约保函、运维期履约保函和移交保函共同构成社会资本一方的履约担保体系。

七、关于 PPP 项目终止与移交

58. PPP 项目社会资本能否以向政府出资代表转让股权的方式实现项目最终移交？

答：实务中，有项目在项目合作终止移交时，安排政府出资代表以股本金价格收购社会资本持有的项目公司股权，以此实现项目移交。尽管可以最大程度地维持项目平稳移交，但股权收购因存在法律障碍难以实现。

首先，根据财金〔2018〕54 号文规定，PPP 合同中不得约定由政府方或其指定主体回购社会资本投资本金。由政府出资代表收购社会资本持有项目公司股权的行为即构成政府方收购社会资本投资本金，属于政府固定回报或兜底承诺。

其次，对于国有企业性质的社会资本，其持有项目公司的股权属于国有产权，如要转让应按国有产权交易规范在产权交易所内公开进行，而不能定向、定价交易至政府出资代表。

再次，项目合作期限内，社会资本控制项目公司，在项目建设运营期间累积了不少负债、纠纷、风险等，这些责任和风险应由社会资本一方承担，而在政府出资代表通过股权收购以后，难以防范合作期间的相关风险、责任随之回流给政府一方，构成违规。

59. 项目移交前是否必须进行恢复性修复？费用如何分担？

答：参照财政部《PPP 项目合同指南（试行）》规定，项目移交前可以进行专项评估确认是否进行恢复性修复。在确有必要的情况下，才进行恢复性修复。PPP 项目合作期限一般较长，跨项目大修或中修期限，通常需要进行恢复性修复。然而恢复性修复投资较大，实施方案及 PPP 合同签署时尚无法预计具体修改范围、事项及相关费用，在进行财务测算时没有将此项支出纳入项目成本，或者预测值少于实际值，此情况下，恢复性修复很可能在法律上应被认为构成一个新的采购项目重新走采购流程。

60. PPP 项目合作期限届满后是否有必要安排缺陷责任期或质保期？

答：缺陷责任即工程质量责任，缺陷责任期是施工承包合同项下，要求施工承包人承担工程缺陷责任的期限。根据《建设工程质量保证金管理办法》第八条规定，缺陷责任期从工程通过竣工验收之日起计算。在缺陷责任期内，由施工承包人原因造成的缺陷，承包人应负责维修，并承担鉴定及维修费用。

同时，在建设工程施工领域，一般还有保修期安排，自工程竣工验收合格之日起计算。《建设工程质量管理条例》第 40 条规定了建设工程的最低保修期限，如基础设施工程、房屋建筑的地基基础工程和主体结构工程，为设计文件规定的该工程的合理使用年限。在缺陷责任期之外的保修期间，原承包人承担修理责任，保修费用可根据约定由发包人支付。

而 PPP 项目属于投资项目，上述约束施工承包人的缺陷责任期与保修期将在项目公司作为发包人与施工承包人签署的施工合同中约定。PPP 项目建设期满即进入运营期，而且项目运营期一般覆盖了缺陷责任期。如果在 PPP 合作期限届满后，再给项目公司安排缺陷责任期或自逾期期限届满之日起算的质保期，对社会资本一方有失公允，需要结合项目具体情况安排。

61. PPP 合同提前终止的，能否由基于自行建设而直接作为项目承包人的社会资本作为总承包人继续施工？

答：《招标投标法实施条例》第 9 条第 3 项规定，已通过招标方式选定的特许经营项目投资人依法能够自行建设的，可以不进行施工招标。该规定明确的不进行施工招标的条件有三：一是适用对象的身份为特许经营项目投资人；二是投资人已经招标方式选定；三是投资人依法能够自行建设。

在 PPP 项目中，基于 PPP 合同，所公开采购的社会资本是 PPP 项目的投资人，如果投资人本身具有施工资质能够依法自行建设的，可以直接作为项目公司的施工人，与项目公司签署施工合同。但这是基于其已作为项目投资人之身份。反过来，如果 PPP 合同提前终止，那么基于 PPP 合同的投资人身份及相关权利义务也相应灭失，基于投资人身份而依据《招标投标法实施条例》第 9 条第 3 项规定享有的直接作为项目施工承包方的权利也相应灭失。因此，在中标人丧失 PPP 项目投资人身份的情况下，继续由其承担施工承包任务，在法律上存在瑕疵。

八、关于 PPP 项目合同

62. 政府和社会资本之间的 PPP 合同体系包括哪些？

答：实务中，政府与社会资本间的 PPP 合同体系的常见设计是包括政府与中选社会资本之间的《投资合作协议》和政府与项目公司之间的《PPP 项目合同》。投资合作协议涉及项目投融资、项目公司成立以及项目建设运维移交整体安排，是 PPP 项目合同的前提和基础；PPP 项目合同具体约定项目的投资、建设、运维、移交，两份合同之间应作好衔接补充。

也有少数项目设置为先由政府与成交社会资本签署 PPP 项目合同，项目公司成立后签署继承协议。此种模式下，容易造成投资人与项目公司义务、责任划分不清。

在合同设计上，结合实务经验，需要注意明确社会资本本身应承担而不能转移由项目公司承担的义务与责任，比如资本金出资责任、补充融资责任、成立项目公司责任、股权锁定期责任等。

63. PPP 合同体系包括哪些组成文件？

答：PPP 项目的合同关系以政府方与社会资本方为核心展开，涉及政府、项目实施机构、政府出资代表、社会资本投资人、项目公司、融资机构、承包人、供应商以及中介服务机构等主体之间的合约关系。PPP 合同体系也由上述主体之间的相关合同构建。

第一层级的核心合同文件为项目实施机构与社会资本以及项目公司签署的 PPP 合作合同、项目合同或继承协议、补充协议。与核心合同文件相关的采购文件、中选社会资本投标或响应文件、谈判备忘、履约保函等作为合同组成部分，部分项目甚至把项目实施方案也作为合同组成部分之一。

第二层级是围绕项目的股东合同或合资合同或合作经营合同、公司章程等政府出资代表与中选社会资本投资人之间形成的法律文件。

第三层级为 PPP 项目执行阶段由项目公司签署的融资协议、总承包合同、采购合同等法律文件。

第四层级为保障项目规范实施的咨询服务合同、法律服务合同、审计服务合同、监理服务合同等中介服务合同。

64. 政府出资代表能否作为 PPP 项目合同签署方？

答：PPP 项目合同通常由项目实施机构与项目公司签署，合同当事人不含政府出资代表。政府出资代表代表政府方履行出资责任，为 PPP 项目公司股东，是签署项目公司合资合同和公司章程的法律主体。PPP 项目实践中，有地方在推行 PPP 项目中，存在“政府出资代表强而项目实施机构弱”的情况，项目出资代表为履行城建职责、积极推进项目上马开工，而项目实施机构则因担心项目存在相关风险责任以及人手和管理经验有限等原因，对项目推进谨慎有余。部分地方政府出资代表对 PPP 项目包装、项目采购以及项目合同谈判过度干预、甚至起主导作用。政府出资代表的出发点如果不能与 PPP 项目物有所值评价、财政承受能力论证所秉持的价值观、大局观一致，极易导致项目推进出现方向性错误。

实务中也存在部分项目的项目实施机构将部分项目管理权利委托由政府出资代表代为行使，即便如此，代表政府签署 PPP 合同的主体也应当是项目实施机构，而非出资代表。《财政部关于进一步加强政府和社会资本合作(PPP)示范项目规范管理的通知》(财金〔2018〕54 号)也明确规定，国有企业或地方政府融资平台公司不得代表政府方签署 PPP 项目合同。

65. 财政部门是否应为 PPP 合同当事人?

答：财政部门为本区域内 PPP 项目的监管单位，尽管承担项目有关财政支出审核拨付责任，但不是具体 PPP 项目项下 PPP 合同的当事人，不宜作为 PPP 合同约定的政府方付费义务主体。PPP 项目具体付费条件的把控、监督和付费义务的履行宜由政府或政府指定代表项目实施机构具体实施。

财政部《政府和社会资本合作项目财政管理暂行办法》(财金〔2016〕92 号)规定，各级财政部门应依据绩效评价结果合理安排财政预算资金。对于绩效评价达标的项目，财政部门应当按照合同约定，向项目公司或社会资本方及时足额安排相关支出。对于绩效评价不达标的项目，财政部门应当按照合同约定扣减相应费用或补贴支出。

《财政部关于印发政府和社会资本合作模式操作指南(试行)的通知》(财金〔2014〕113 号)规定，项目实施机构应根据项目合同约定的产出说明，按照实际绩效直接或通知财政部门向社会资本或项目公司及时足额支付。

66. 项目公司成立前，能否由社会资本投资人先行签署应由项目公司与政府签署的 PPP 项目合同?

答：根据《公司法》及《公司法司法解释(三)》有关规定，股东以设立中公司名义对外签订合同，公司成立后合同相对人请求公司承担合同责任的，人民法院应予支持。

社会资本作为项目公司发起设立股东和控股股东，在项目公司筹建期间，可以先行以项目公司名义签署，其签署行为意味着项目公司控股股东对项目合同内容的确认，也意味着承诺在项目公司成立后按之前已确认的内容进行签约，有利于提交项目成交落地之效率，促成项目公司尽早与项目实施机构签署项目合同。

实务中有不少项目着急上马，在社会资本采购(招标)完成后，招标文件没有附完整的合同文本，计划先由政府与社会资本签署合作框架协议，将签署合作框架协议视为“签约落地”，后期待社会资本进场开工后再慢慢谈、细细谈。然而“欲速则不达”，这实质上在采购阶段并未就项目合同有关权利、义务和责任全面、系统、细致的安排好，加之社会资本风险防控要求必须就合同基本内容谈妥后才满足进场施工条件，导致很多项目采购完成后，尽管已“签约落地”，却实际上陷入漫长的合同谈判周期，工程因此也一再拖延不能开工。

建议在采购前在专业有经验的律师事务所等中介机构协助下，结合项目特点和具体情况，先草拟较为完备的合同文件，报经政府部门和政府预批准后与采购文件一并挂网，将规则定在招标之前。实践证明，这种模式更加公平公正且有效率。

67. PPP 合同谈判完成后，如何在通过政府审批前草签经谈判确认的 PPP 合同内容？

答：PPP 合同谈判完成后，在通过本级政府审批前，项目实施机构谈判代表可与中选社会资本方谈判代表先行就谈判成果进行草签，草签内容包括招投标文件所附的合同文件以及合同谈判备忘录等，可以采取由双方授权谈判代表签字的方式草签，待政府批复后再行加盖公章。

这需要提前安排相关授权及草签协议的内容，草签的法律意义为对合同文本的确认，在订约阶段属于预约行为，合同的生效尚需要满足一系列有关生效要件。

68. 如何确定 PPP 项目合同体系的不可谈判条款？

答：《招标投标法》第 46 条规定，招标人和中标人应当自中标通知书发出之日起 30 日内，按照招标文件和中标人的投标文件订立书面合同。招标人和中标人不得再行订立背离合同实质性内容的其他协议。《政府采购法》第 50 条规定，政府采购合同的双方当事人不得擅自变更、中止或者终止合同。政府采购合同继续履行将损害国家利益和社会公共利益的，双方当事人应当变更、中止或者终止合同。《合同法》第 30 条规定，受要约人对要约的内容作出实质性变更的，为新要约。有关合同标的、数量、质量、价款或者报酬、履行期限、履行地点和方式、违约责任和解决争议方法等的变更，是对要约内容的实质性变更。根据《财政部关于规范政府和社会资本合作合同管理工作的通知》(财金〔2014〕156 号)，并参照《最高人民法院关于审理建设工程施工合同纠纷案件适用法律问题的解释(二)》及有关司法裁判案例，原则上，对涉及社会资本主体、项目范围、项目的融资、项目规划、项目的建设标准、项目的运营标准、项目运行方式、合作年限、回报(付费)机制、绩效考核标准、按效付费机制、履约担保、核心违约责任、提前终止及终止后处理机制、项目的移交、争议解决等项目合作实质性内容的条款，建议设置为不可谈判条款。

相应的，可以谈判磋商的内容是原招标文件与中标人投标文件中非实质性内容的细节问题以及不影响已确定的实质性内容的招标文件和中标人投标文件之外的内容。

69. PPP 项目“股东合同”与 PPP 项目公司“合资合同”有何区别？

答：工商部门关于股东之间签署的关于共同出资设立公司的协议一般称为“合资合同”，“股东合同”是 PPP 规范性文件中对各股东出资成立 PPP 项目公司有关事宜签署的合同文件的称谓，两者在实质上为同一类合同。建议统一名称为“合资合同”，以方便进行工商登记。

对于外资企业作为社会资本的，其与政府出资代表合资成立的项目公司为中外合营企业，应当按照《中华人民共和国中外合资经营企业法》(2016 年修正)有关规定，由各股东签署中外合资经营合同，在合同内容和地位上相当于“股东合同”。中外合营企业不设股东会，最高权力机构为董事会。

70. PPP 项目合同与特许经营合同的区别与联系？

答：根据《国家发展改革委关于开展政府和社会资本合作的指导意见》(发改投资〔2014〕2724 号)规定，PPP 项目指政府为增强公共产品和服务供给能力、提高供给效率，通过特许经营、购买服务、股权合作等方式，与社会资本建立的利益共享、风险分担及长期合作关系。特许经营是经营性以及准经营性项目的一种实施方式。

根据《基础设施和公用事业特许经营管理办法》(国家发展改革委等部门令 2015 年第 25 号)规定，特许经营协议主要是处理政府方授予被授权企业特许经营权相关权利、责任和义务的协议。

因此，在 PPP 模式下，如果涉及通过特许经营方式实施的，需要就特许经营有关内容达成协议，这类协议在实务中一般合并入 PPP 项目合同之中，作为一个章节；也有在 PPP 合同基础上，单独签署特许经营协议，如部分污水处理项目。

71. PPP 项目合同的性质是民事合同还是行政合同？

答：PPP 项目合同系基于政府采购程序，由项目实施机构与中选社会资本投资人以及项目公司就项目的投融资、建设、运营、回报、移交等达成的协议。

因 PPP 项目合同内容庞杂，不宜单纯将合同定性为民事合同或行政合同。根据《行政许可法》、《行政诉讼法》及《行政诉讼法司法解释》有关司法解释，对合同中包含的基础设施和公共事业特许经营许可、行政审批、行政决定、行政裁决、行政强制、行政处罚、行政征用或征用等行政行为有关法律关系，为行政合同内容；除此以外的项目投资合作、回报补偿、项目协调、按效付费等为民事合同内容。

因此，PPP 项目合同既包含行政合同内容，也包含民事合同内容。

72. 哪些合同文件可以随 PPP 项目社会资本采购文件一起挂网？

答：因实务中，对 PPP 合同的安排和表现形式各种各样，法律规范对此并没有强制性规定。就一般经验而言，需要政府实施机构与中选社会资本方签署的 PPP 合同，无论是 PPP 投资合作合同还是 PPP 项目合同，均应将包含了实质性合作内容条款的合同文本随招标文件一起挂网。

73. 律师事务所就 PPP 合同出具的法律意见书主要从哪些方面论证 PPP 合同体系的合法合规性？

答：根据委托方需求而异，对于政府或实施机构而言，可从合同体系的完备性、是否符合预算法、政府采购法、招标投标法等法律法规和在项目边界、合作范围、合作年限、回报机制、考核及按效付费机制等方面是否符合 PPP 有关规范性文件、是否存在政府兜底承诺、固定回报、变相融资等、是否突破经批复实施方案和物有所值论证、财政承受能力论证中的政府付费责任或回报责任、采购及合同谈判程序是否合法合规等方面出具律师意见。

对于财政、发改和司法等监管部门在各自监管职责范围内就监管事项合法性聘请律师出具法律意见书，重点审查报审合同与经批准的可研报告、两评一案等文件的一致性和 PPP 是否存在变相融资、兜底承诺、固定回报。

74. PPP 合同审批阶段政府方能否修改合同?

答：根据《关于规范政府和社会资本合作合同管理工作的通知》(财金〔2014〕156 号)和《PPP 项目合同指南(试行)》有关规定，在 PPP 项目社会资本采购发出中标通知书或成交通认书后，政府方与中选社会资本会进入对可谈判细节的磋商阶段，在磋商形成一致意见后，就完善后的 PPP 合同文本报经本级政府批准后方可生效。

实务中，本级政府批准 PPP 合同需要先经财政局、发改委、司法局等有关职能部门联审，联审通过后再送交政府会议审核批准。这一环节中，对于采购或招标文件、投标或响应文件已明确的实质性内容，政府及有关职能部门也应遵守《招标投标法》和《政府采购法》有关规定，不得修改变更，除非相关约定违法或会导致公共利益、国家利益受损。

九、关于 PPP 项目合规风险

75. 如何设置项目风险分配体系?

答：结合财政部财金〔2014〕156 号《PPP 合同指南(试行)》《财政部关于推进政府和社会资本合作规范发展的实施意见》(财金〔2019〕10 号)第二条有关规定和项目实务操作经验，PPP 项目风险内容上应涵盖项目土地获取、立项审批、投融资、设计、建设、运维养护、移交以及不可抗力等方面，风险分配应涵盖政府方承担的风险、社会资本方承担的风险和双方共担或按情形(阶段)分担的风险。

双方共担风险也不是无原则的共担，需要明确在何种情形下由政府分担、何种情形下由社会资本方分担，甚至根据项目风险具体情况下进一步明确分担的比例以及政府方或社会资本一方分担风险的上限。比如对融资成本而言，设定一定的利率标准为基准，约定超出基准利率的融资成本由社会资本承担。再如对征迁费用承担风险，可约定以概算明确的征迁费用为上限，对于超出概算明确的项目征费用的部分由政府方自行出资。

实务中注意应由社会资本承担的项目风险责任不宜完全从社会资本转移由项目公司承担，如补充融资责任、股权锁定期责任和委派称职关键人员的责任等。

76. 社会资本投资人在项目公司成立后，能否将融资、设计、建设、运维和移交责任完全交由项目公司承担？

答：为落实社会资本遴选竞争成果和确保项目顺利推进，原则上，对项目投融资责任应继续由投资人与项目公司承担连带责任。就项目实施过程的其他环节，项目公司无法以自己能力履约的，社会资本投资人应承担确保项目继续实施的责任，具体由双方约定。

77. PPP 项目中不可抗力的风险分担原则是什么？

答：根据财政部《PPP 项目合同指南(试行)》等文件规定，通常将不可抗力分为政治不可抗力和自然不可抗力，政治不可抗力(包括非因政府方原因且不在政府方控制下的征收征用和法律变更等)由政府承担；自然不可抗力由政府和社会资本依法承担。又根据《民法通则》第 107 条、《合同法》第 117 条以及借鉴 FIDIC 有关条款，不可抗力引起的后果及造成的损失由合同当事人按照法律规定及合同约定各自承担。

78. 什么是项目公司关联交易？项目公司关联交易如何设置决策机制以防范公司资产转移风险？

答：根据《公司法》第 216 条第 4 项规定，关联关系是指公司控股股东、实际控制人、董事、监事、高级管理人员与其直接或者间接控制的企业之间的关系，以及可能导致公司利益转移的其他关系。《民法总则》第 84 条规定，营利法人的控股出资人、实际控制人、董事、监事、高级管理人员不得利用其关联关系损害法人的利益。利用关联关系给法人造成损失的，应当承担赔偿责任。根据相关司法裁判案例，要求公司关联交易信息披露充分、交易程序合法、交易对价公允。

项目公司因受社会资本方实际控制，为防范控股股东滥用控投地位转移公司资产，需要对关联关系主体与项目公司之间的借贷、发承包和其他交易加以约束和监督。根据《招标投标法实施条例》规定的投资人自己可以建设的不必进行二次施工招标，实务中存在大量社会资本投资人兼做项目总承包的情况。具体系由中选社会资本投资人主导设立项目公司，再由项目公司直接与该社会资本就项目工程签署项目总承包合同，也有社会资本投资人为防止项目公司资金闲置，向项目公司举借款项。

这些关联交易本身并未违反法律法规的强制性、禁止性规定，只是当关联交易出现转移公司资产、损害公司以及其他股东和债权人合法权益时，则需要承担法律责任。因此需要对之进行适当合理的规范、监督。一般是在项目公司的公司章程或具体议事规则中，将有关关联交易事项列为需要集体决策或报批报备的事项，政府出资代表有相应的参与决策或监督管理权。

79. 社会资本股东中，有个别股东无法按时出资，由其他股东代为出资是否合法？

答：社会资本联合体中选成为项目社会资本，而在实际履约过程中，因个别社会资本股东无法按时足额出资，由其他股东代为出资，以实现在整体上履行社会资本联合体之出资义务。

在联合体协议约定的社会资本联合体共同就项目出资向政府方承担连带责任的背景下，上述安排实际上是其他承担连带责任的股东为出资不到位股东承担连带责任的一种方式，是可以允许的。

即便如此，不影响政府一方和代为承担了股东出资责任股东方向未按约出资的社会资本投资人追究违约责任和损失赔偿的权利。

80. PPP 项目公司能否为社会资本出借款项或提供担保？

答：实务中，存在有社会资本以避免项目公司资金闲置为由，在 PPP 项目合作期限内，以借款名义从项目公司抽调资金使用，尤其是在项目进入运营期，相关支出大幅减少，同时又能获得项目收入的情况下。项目公司向社会资本股东出借资金，属于关联交易，应当严格按关联交易有关规范和公司章程有关程序操作，不能导致项目公司资金被转移至社会资本，而使项目公司及其他股东、债权人合法权益受损。

实务中也有社会资本股东要求项目公司为其债务提供担保的情况，根据《公司法》有关规定，项目公司向社会资本股东提供担保应当经过股东或股东会决议，而且被担保的社会资本股东应回避，不得参加前款规定事项的表决。该项表决由出席会议的其他股东所持表决权的过半数通过，具体还要遵守项目公司的公司章程及有关制度规定。

项目公司系为项目投资、建设、运营专门设立的专门公司，负有利用自身资金、人力向指定项目专门服务的职责。上述向股东出借资金或提供担保，当相关资金和所担保债务与项目无关时，相关方应当谨慎决策。

81. PPP 项目公司中政府出资代表的一票否决权如何行使?

答:由政府出资代表参股的项目公司,对于重大事项,应当在股东会、董事会以及执行层各层面形成会议决议或决定,而且必须由包含政府出资代表或其委派人员通过方为有效,这是政府出资代表的一票否决制。

实务中,常将项目公司重大资产处置、设置担保、对外借款、修改公司章程、公司合并分立以及增减公司注册资本以及解散和其他涉及公共利益、公共安全的事项按上述机制决策。

82. 项目公司股权转让锁定期是否绝对不得转让?一般多长为宜?

答:根据财政部《PPP 项目合同指南(试行)》规定,项目公司股权转让锁定期,是指限制社会资本转让其所直接或间接持有的项目公司股权的期间。在该期间内,未经政府批准,项目公司及其母公司不得发生任何股权变更。期限是自合同生效日起,至项目开始运营日后的一定期限,通常至少直至项目缺陷责任期届满。

在锁定期内,如果发生以下特殊的情形,可以允许发生股权变更:(1)项目贷款人为履行本项目融资项下的担保而涉及的股权结构变更;(2)将项目公司及其母公司的股权转让给社会资本的关联公司;(3)如果政府参股了项目公司,则政府转让其在项目公司股权的不受上述股权变更限制。

83. PPP 项目资产权属如何约定?

答:根据财政部《PPP 项目合同指南(试行)》第二章第五节中关于"项目公司的融资权利和义务"的规定,合作期内相关资产和权益的归属通常会在 PPP 项目合同中明确约定。

根据《物权法》、《土地管理法》以及《公路法》等规定,铁路、公路、电力设施、电信设施和油气管道等基础设施,依照法律规定为国家所有的,属于国家所有。划拨用地也为国家所有。PPP 合同产生的应收款或特许经营收费权以及附属权益由项目公司享有,项目合同应在此基础上确认项目资产权属。

PPP 项目维持正常使用功能所需要的动产、设备等,根据项目具体情况确认产权归属。如果约定为政府享有,尽管可以维持项目整体资产的完整性,但会导致有关采购、折旧处理、维修维权、采购合同签署、税票等一系列问题;如果约定为社会资本方享有,尽管可以在一定程度上减少了采购和折旧的麻烦,但需要就项目合作期限内相关设备、动产的使用构建新的法律关系,如租赁关系，以便进行项目成本计量。

84. PPP 项目概算超过估算 10%的情况如何处理？法律责任有哪些？

答：PPP 项目多数基于可行性研究报告即进入社会资本采购程序，PPP 项目概算及批复基本是在 PPP 合同签约后才能确定。如果 PPP 项目概算超过依据可行性研究报告确定的估算的 10%的，将构成对原采购项目边界的重大变更。

《政府投资条例》(国务院令第 712 号令)规定，初步设计提出的投资概算超过经批准的可行性研究报告提出的投资估算 10%的，项目单位应当向投资主管部门或者其他有关部门报告，投资主管部门或者其他有关部门可以要求项目单位重新报送可行性研究报告。项目单位如果擅自增加概算，责令改正，根据具体情况，暂停、停止拨付资金或者收回已拨付的资金，暂停或者停止建设活动，对负有责任的领导人员和直接责任人员依法给予处分。未按照规定核定政府投资项目的投资概算的，责令改正，对负有责任的领导人员和直接责任人员依法给予处分。

根据《政府采购法实施条例》第 67 条第 5 项规定，政府采购合同履行中追加与合同标的相同的货物、工程或者服务的采购金额超过原合同采购金额 10%的，由财政部门责令限期改正，给予警告，对直接负责的主管人员和其他直接责任人员依法给予处分，并予以通报。

85. PPP 项目政府支出是否构成地方政府隐性债务？

答：根据《政府会计准则第 8 号——负债》和《中共中央关于关于防范化解地方政府隐性债务风险的意见》有关规范性文件，政府隐性债务，是指政府及其部门、融资平台公司、国有企业、事业单位等以非政府债券方式举借(包括各种融资方式)的，用于公益性项目的、最终需由财政性资金偿还的债务，以及签订协议约定未来财政支出责任事项的金额。即违法违规举债、变相举债所形成的，而又没有纳入政府债务限额管理的地方政府债务。

对基础设施和公共服务项目按 PPP 模式实施，是国家法规政策已明确鼓励的。就规范运作的 PPP 项目所产生的政府支出责任，虽然在满足支付条件的情况下构成政府债务，但不属于违法违规举债、变相举债所形成的，而又没有纳入政府债务限额管理的地方政府债务，即不属于地方政府隐性债务。

实务中，需要结合《关于加强地方政府融资平台公司管理有关问题的通知》(国发〔2010〕19 号)、《关于进一步规范地方政府举债融资行为的通知》(财预〔2017〕50 号)、《关于规范政府和社会资本合作(PPP)综合信息平台项目库管理的通知》(财办金〔2017〕92 号)、《关于推进政府和社会资本合作规范发展的实施意见》(财金〔2019〕10 号)、《关于依法依规加强 PPP 项目投资和建设管理的通知》(发改投资规〔2019〕1098 号)等规定，判断 PPP 项目有无违规操作导致有关政府支出演化为地方政府隐性负债，判断标准比如：是否存在项目识别阶段完成项目可研立项、两评一案批复、入库程序，项目实施的是否列入政府财政预算；是否存在未建立按效付费机制，构成政府固定回报、兜底承诺；是否存在政府出资代表兜底承诺，是否存在项目公司社会资本注册资本出资明股实债安排。

86. PPP 项目能否预付政府补助或付费？

答：根据 PPP 现行政策规定，应当防范固化或提前锁定政府付费。实务中，部分 PPP 项目因为政府绩效考核安排迟缓或因程序、约定标准等问题导致考核结果久拖不出或政府付款程序原因导致财政资金拨付推迟，社会资本无法承受回款压力，会动议政府筹措资金安排预付运营补贴。

PPP 规范要求政府付费的支付的条件之一即根据绩效考核结果支付，如果为一时解决流程问题，安排提前预付社会资本运营补贴，即便约定在满足支付条件时多退少补，也构成违规。预付款项在会计和法律上构成政府方向社会资本方出借款项，这一安排会导致项目实施过程应由社会资本承担的运营、投资风险向政府方回流。

当然，如果因政府原因导致运营补贴支付条件不能成就，可以追究政府方违约责任。双方在确认支付延迟系政府方原因后，可以协商在合法合规范围安排政府补偿，以解决争议。

87. PPP 项目设置保底量是否必然构成政府兜底承诺或固定回报？

答：根据《财政部关于推进政府和社会资本合作规范发展的实施意见》(财金〔2019〕10 号规定，不得存在政府方或政府方出资代表向社会资本承诺固定回报或保障最低收益，或由政府实际兜底项目投资建设运营风险。

在上述风险分配的大原则下，《财政部关于推广运用政府和社会资本合作模式有关问题的通知》(财金〔2014〕76 号)规定，项目最低需求风险由政府承担。财政部《关于规范政府和社会资本合作合同管理工作的通知》(财金〔2014〕156 号)所附的《PPP 项目合同指南(试行)》规定，在原料无法从公开市场上取得、仅能由政府供应(例如污水、垃圾)，或者项目公司无法承担有关原料供应风险的情形下，通常会约定由政府负责供应原料，同时会在合同中对原料的质量和数量予以明确约定。同时规定“最低使用量”为政府与项目公司约定一个项目的最低使用量，相应机制为“在项目实际使用量低于最低使用量时，不论实际使用量多少，政府均按约定的最低使用量付费。”

因此，在污水和垃圾处理有关 PPP 项目上，通常对污水或垃圾供应设置了保底量或基本量。

笔者认为至少可以从以下标准判断是否构成兜底承诺：首先是保底量数额设置是否科学，一般是在设计处理量基础打折，如果过高，则构成兜底承诺；其次是实际处理量如果低于保底量的，在核算政府按保底量付费时，是否考虑了实际处理量低于保底量而带来的运营处理成本的减少，如果完全没有考虑，也涉嫌构成政府兜底承诺。

88. 签约社会资本能否与中选社会资本不同？

答：根据《政府采购法》《招标投标法》规定，PPP 项目采购选定社会资本以后，由中标或成交社会资本在规定时间与政府方完成合同谈判并签署合同。实务中，因各种原因会出现 PPP 合同签约社会资本与中标或成交社会资本不同的情况，签约社会资本联合体成员多于或者少于中标或成交社会资本联合体成员。这种行为规避招标，构成违规。

89. 社会资本联合体签约时的出资比例能否与投标文件中的出资比例不同？

答：根据《合同法》《招标投标法》之规定，PPP 项目社会资本招标文件或采购文件为要约邀请，成交或中选社会资本的响应或投标文件为要约，政府方经评选后发出的中标通知书或成交确认书为承诺。故在中标或成交后，双方应按招标文件和投标文件内容签署 PPP 合同，并不能有实质性变更。所选社会资本为联合体且在投标时已明确各成员之间的出资任务分担或持股比例的，在签署 PPP 合同时原则上应按投标文件进行确认。如果擅自调整出资比例，可能会导致对投标文件的实质性变更，尤其是已将控股股东的投融资能力作为评审因素之一的情况，事后在签约时又变更控股股东的，将构成违规。

90. 中选社会资本联合体成员一方在签署 PPP 合同后退出，能否由其他成员继续作为社会资本方实施项目？

答：根据《招标投标法实施条例》有关规定，招标人接受联合体投标并进行资格预审的，联合体应当在提交资格预审申请文件前组成。资格预审后联合体增减、更换成员的，其投标无效。

中选社会资本联合体在依法与政府方签署 PPP 合同以后，其中一方违约退出，即与政府方解除 PPP 合同，原则上是要整体解除 PPP 合同，不允许其他成员方继续作为社会资本、继续履行 PPP 合同，尤其是就该提前退出的社会资本资格条件能力业绩指标已在中标或成交社会资本评标时进行了有效评分的情况下。

社会资本联合体经公开程序确认后不得增减或更换，否则构成在中标签约后双方又对招标文件、投标文件进行实质性变更，根据《政府采购法》和《招标投标法》有关规定，违法无效。

91. PPP 项目社会资本中标以后拒绝签约，将承担什么法律责任？

答：根据《招标投标法》第 45 条第 2 款规定，中标通知书对招标人和中标人具有法律效力。中标通知书发出后，招标人改变中标结果的，或者中标人放弃中标项目的，应当依法承担法律责任。《政府采购法》第 46 条第 2 款规定，中标、成交通知书对采购人和中标、成交供应商均具有法律效力。中标、成交通知书发出后，采购人改变中标、成交结果的，或者中标、成交供应商放弃中标、成交项目的，应当依法承担法律责任。

结合相关法律规定，对于社会资本中标或成交后无正当理由拒不与政府方签署 PPP 合同的，违反诚实信用原则，将承担有关行政法律责任和民事法律责任。行政法律责任包括：取消中标资格，投标保证金不予退还，并处中标项目金额一定比例的罚款；列入不良行为记录名单，在一定年限内禁止参加政府采购活动。民事责任主要为赔偿责任，包括因其拒绝签约给政府方造成实际损失的赔偿，也可以包括对相比较项目如期签约政府方可获得的预期收益的损失的赔偿。

92. PPP 项目实施后能否调整概算？

答：投资概算是政府投资项目投资管控重要措施，一旦经有权机关批复确认，项目后续实施应在概算范围内进行。《政府投资条例》(国务院令第 712 号)规定，经投资主管部门或者其他有关部门核定的投资概算是控制政府投资项目总投资的依据，政府投资项目建设投资原则上不得超过经核定的投资概算。因国家政策调整、价格上涨、地质条件发生重大变化等原因确需增加投资概算的，项目单位应当提出调整方案及资金来源，按照规定的程序报原初步设计审批部门或者投资概算核定部门核定；涉及预算调整或者调剂的，依照有关预算的法律、行政法规和国家有关规定办理。

对于 PPP 项目而言，依据《关于依法依规加强 PPP 项目投资和建设管理的通知》(发改投资规〔2019〕1098 号)规定，实施方案、招投标文件、合同的主要内容应与经批准的可行性研究报告、核准文件、备案信息保持一致。实施方案、招投标文件、合同或建设中出现以下情形的，应当报请原审批、核准、备案机关重新履行项目审核备案程序：(1)项目建设地点发生变化；(2)项目建设规模和主要建设内容发生较大变化；(3)项目建设标准发生较大变化；(4)项目投资规模超过批复投资的 10%。

因此，在 PPP 项目实施过程中发生概算调整，触发上述规定的需要报请原审批、核准机关重新履行项目审核程序的，则会导致项目提前终止、PPP 合同提前终止。

十、关于存量项目转 PPP 模式

93. 核准项目或备案项目能否按 PPP 模式实施？如何进行投资规模确认？

答：《关于依法依规加强 PPP 项目投资和建设管理的通知》(发改投资规〔2019〕1098 号)规定，所有拟采用 PPP 模式的项目，均要开展可行性论证。通过可行性论证审查的项目，方可采用 PPP 模式建设实施。特别指出，实行核准制的 PPP 项目，应在核准的同时或单独开展可行性论证和审查。实行备案制的 PPP 项目，应单独开展可行性论证和审查。

由此，核准项目和备案项目在满足 PPP 适用条件的情况下，可以按 PPP 模式实施，也应当通过可行性论证和审查来确认投资规模和实施管控。

94. 存量项目转 PPP 模式的方式有哪些？

答：根据国办发〔2015〕42 号文件精神，鼓励引进社会资本参与地方融资平台公司存量项目改造，争取通过政府和社会资本合作模式减少地方政府债务。

根据《国家发展改革委关于加快运用 PPP 模式盘活基础设施存量资产有关工作的通知》(发改投资〔2017〕1266 号)规定，在操作方式上可根据项目特点和具体情况，通过转让-运营-移交(TOT)、改建-运营-移交(ROT)、转让-拥有-运营(TOO)、委托运营、股权合作等多种方式，将项目的资产所有权、股权、经营权、收费权等转让给社会资本。

此外，在实务中也有保持存量项目资产权属不变的其他方式，如将项目资产使用权以有偿或无偿方式转移由社会资本方在合作期限内享有，或通过项目公司股权转让、置换、改制重组等方式，使得社会资本取得项目资产在合作期限内的必要的使用权。

95. 涉及存量项目转型为 PPP 模式实施的，一定需要作评估报告吗？

答：在将存量项目调整为按 PPP 模式实施的过程中，如果涉及将平台公司持有项目的资产所有权、股权、经营权、收费权等转让给社会资本的，依据国有资产有关规定，必须经过资产评估并出具评估报告。但如果不涉及资产权属转让，而是通过承包合同转让、资产租赁等方式的，则不必进行资产评估。

96. 存量项目转 PPP 模式涉及国有产权转让的，是否需要进场交易？

答：对于由政府平台公司持有的存量项目资产，在性质上为企业国有产权，根据《企业国有资产法》《企业国有资产交易监督管理办法》《企业国有产权转让管理暂行办法》等相关规定，应当遵循等价有偿和公开公平公正的原则，在依法设立的产权交易机构中公开进行。

因此，对于在存量项目转 PPP 过程中，需要将平台公司持有项目的资产所有权、股权、经营权、收费权等转让给社会资本的，首先需要依法在产权交易机构公开转让。

而 PPP 项目政府采购社会资本有公开招标、竞争性磋商、竞争性谈判等公开方式，未规定需要在产权交易机构平台进行，也未规定相关程序要求。

故从目前法律规定的程序来看，企业国有产权转让与社会资本采购是两个程序完成。如此，则有可能企业国有产权交易的受让方与 PPP 项目社会资本中标方或成交方不是同一主体，这就对存量项目转 PPP 模式形成了障碍。能否将两个程序合二为一，还是一个需要进一步探讨和尝试的问题，笔者认为有操作可行性，只是需要相关规范进一步明确。

97. 可转 PPP 模式的存量项目的范围如何界定？

答：可转 PPP 模式的存量项目一般为原由政府平台公司投资承建的存量项目，也包括由政府直接投资形成的存量项目，如此才能起到化解地方政府债务之目的。

另外一个维度是从项目进度上，笔者认为应当侧重于已开工但未完工的在建项目或已投入使用在运营期的项目。之前的未开工的拟建项目，不需要走专门的 PPP 转化程序，但需要调整项目法人或建设单位。对于已开工的在建项目，调整为 PPP 模式的，需要社会资本接盘继续投资建设并完成运营。对于已进入运营的项目，尽量通过委托社会资本运营的方式完成 PPP 模式转化。

而实务中，有部分政府将已完工项目借 PPP 方式转让予社会资本，以提前收回建设投资，甚至附带利息。这种操作实质上构成地方政府变相融资，同时也严重影响项目对社会资本的吸引力，不利于项目全生命周期管理，应谨慎决策。

98. 对于存量项目转 PPP 模式的项目中，存量项目原施工承包单位或者投资人能否参与 PPP 社会资本投标？

答：对于已选定施工承包单位的存量项目，如果要转化按 PPP 模式实施，存量项目原施工承包单位也能够满足 PPP 社会资本采购资格条件的，其参与 PPP 项目社会资本投标，没有违反法律、行政法规的禁止性规定。

对于原采取 BT 或 BOT 模式实施且已选定 BT 或 BOT 投资人的存量项目，在转化按 PPP 模式实施时，原 BT、BOT 合同提前终止，相应投资建设或特许经营权利收回，原 BT 或 BOT 投资人参与 PPP 项目社会资本投标，没有违反法律、行政法规的禁止性规定。

但在实务中，政府方应保证所设置的招标文件公平公正，且对包括原施工单位和 BT 投资人在内的各投标人披露的项目信息应保持一致。

十一、关于 PPP 项目争议解决

99. PPP 项目合同争议该如何选择仲裁与诉讼方式解决？

答：从基本层面讲，合同争议解决方式有诉讼和仲裁，诉讼又分民事诉讼和行政诉讼。

根据《仲裁法》第 2 条和第 3 条规定，平等主体的公民、法人和其他组织之间发生的合同纠纷和其他财产权益纠纷，可以仲裁。而依法应当由行政机关处理的行政争议不能交由仲裁处理。因此，如果合同争议归属于行政法律关系争议，则不在仲裁受理范围之内。

从诉讼而言，需要就具体 PPP 合同争议内容研判其为行政争议还是民事争议。如果是行政争议，依据《行政诉讼法》相关程序处理；如果是民事争议，依据《民事诉讼法》有关程序处理。如果既有行政争议，也有民事争议，根据法释〔2018〕1 号规定，应分别立案。人民法院决定在行政诉讼中一并审理相关民事争议，或者案件当事人一致同意相关民事争议在行政诉讼中一并解决，人民法院准许的，由受理行政案件的人民法院管辖。

100. PPP 项目合同争议除仲裁、诉讼外的其他解决方式有哪些？

答：PPP 项目合同所涉标的额大、关系复杂、主体多，仅依赖仲裁、诉讼解决，成本较高。因此，实务中也鼓励通过政府协调、调解方式处理争议。

对于 PPP 项目中的专业性问题，如造价、审计、项目产出水平评定等可由相关主管部门、专业协会、专业机构、行业专家中立裁判。

当然上述方式需要双方在合同中约定适用条件和范围、程序和期限等。

参考文献

一、著作

1. 达霖·格里姆赛，莫文·K. 刘易斯. PPP 革命——公共服务中的政府和社会资本合作[M]. 济邦咨询公司，译. 北京：中国人民大学出版社，2016.
2. 魏志强. PPP 合同纠纷裁判规则及实务指引[M]. 北京：法律出版社，2018.
3. 黄华珍. 规则与启示—特许经营 PPP 裁判规则解读与适用[M]. 北京：北京大学出版社，2017.
4. 王守清，柯永建. 特许经营项目融资(BOT、PFI 和 PPP)[M]. 北京：清华大学出版社，2008.
5. EU-Asia PPP Network. 基础设施建设公私合伙(PPP)：欧亚案例分析(Public-Private Partnership in Infrastructure Development：Case Studies from Asia and Europe)(中英文对照版)[M]. 王守清，译. 沈阳：北方联合出版传媒集团，2010.
6. E. S. 萨瓦斯. 民营化与公私部门的伙伴关系[M]. 周志忍，译. 北京：中国人民大学出版社，2002.
7. 柯永建，王守清. 特许经营项目融资(PPP)：风险分担管理》[M]. 北京：清华大学出版社，2011.
8. 林华. PPP 与资产证券化[M]. 北京：中信出版社，2016.
9. 王利明. 合同法新问题研究[M]. 北京：中国社会科学出版社，2003.
10. 林蓉年，叶秋华. 外国法制史[M]. 北京：中国人民大学出版社，2008.
11. 保罗·安东尼·萨缪尔森. 经济学[M]. 北京：人民邮电出版社，2008.
12. 唐兰萍. PPP 项目运作实务[M]. 北京：法律出版社，2016.
13. 李亢. PPP 的法律规制：以基础设施特许经营为中心[M]. 北京：法律出版社，2017.
14. 吕汉阳. PPP 模式：全流程指导与案例分析[M]. 北京：中国法制出版

社，2016.
15. E. S. 萨瓦斯. 民营化与 PPP 模式：推动政府和社会资本合作[M]. 周志忍，译. 北京：中国人民大学出版社，2015.
16. 赵洪升. PPP 项目法规及实务范本精要[M]. 北京：九州出版社，2015.
17. 韩志峰. 中国政府和社会资本合作(PPP)项目典型案例》[M]. 北京：中国计划出版社，2018.
18. 李洁，成虎，Patrick X. W. Zou. 基础设施 PPP 项目管理论丛 BOT/PPP 公路项目风险和可变合同条件研究[M]. 南京：东南大学出版社，2015.
19. P. 贝利，J. 安德森. 投资运营的经济分析[M]. 中华人民共和国建设部标准定额研究所，译. 北京：中国计划出版社，2002.
20. 叶宽. PPP 最新政府和社会资本合作政策法规实用大全[M]. 北京：中国经济出版社，2018.
21. 李金升. PPP 项目落地的法律之道—运作实务与法律分析[M]. 北京：中国法制出版社，2016.
22. 傅宏宇，张秀. 政府与社会资本合作 PPP 法律问题国别研究[M]. 北京：中国法制出版社，2016.
23. 马国贤. 政府绩效管理[M]. 上海：复旦大学出版社，2006.
24. 杨伟东. PPP 项目法律实务[M]. 北京：人民法院出版社，2017.
25. 王铁军. 中国地方政府融资 22 种模式[M]. 北京：中国金融出版社，2006.
26. 陈青松. 特色小镇 PPP 法律实务[M]. 北京：法律出版社，2018.
27. 刘春梅. 中国产业投资优化研究[M]. 上海：上海财经大学出版社，2006.
28. 李贵修. 金融风险防范 PPP 法律难点解析[M]. 北京：知识产权出版社，2019.
29. 周红云. 社会资本与社会治理—政府与公民社会的合作伙伴关系[M]. 北京：中国社会出版社，2010.
30. 邢恩深. 基础设施建设项目投融资操作实务[M]. 上海：同济大学出版社，2005.
31. 萨缪尔森. 经济学[M]. 高鸿业，译. 北京：商务印书馆，1979.
32. 小岛丽逸. 发展中国家的城市政策与社会资本建设[M]. 简光沂，译. 北京：中国城市出版社，1998.
33. 曹远征，付晓建. PPP 政府与社会资本合作的制度经济学分析[M]. 北京：对外经贸大学出版社，2016.

34. 黄晓东. 社会资本与政府治理[M]. 北京：社会科学文献出版社，2011.
35. 朱会冲，张燎. 基础设施项目投融资理论与实务[M]. 上海：复旦大学出版社，2002.
36. 欧阳帆. 政府与社会资本合作 PPP 理论、实务与展望[M]. 北京：中国法制出版社，2018.
37. 帕萨·达斯吉普特，伊斯梅尔·撒拉格尔丁. 社会资本——一个多角度的观点[M]. 张慧东，译. 北京：中国人民大学出版社，2005.
38. 劳埃德·雷诺兹. 微观经济学：分析和政策[M]. 马宾，译. 北京：商务印书馆，1989.
39. 李国安. 国际融资担保的创新与借鉴[M]. 北京：北京大学出版社，2005.
40. 中国建筑股份有限公司法律事务部. PPP 全流程运作实务：核心要点图解与疑难问题剖析[M]. 北京：中国法制出版社，2017.
41. 崔德高. PPP 项目执行阶段操作指南：绩效考核实例[M]. 北京：法律出版社，2018.
42. 崔德高. PPP 项目执行阶段操作指南：100 个实务问题深度解析[M]. 北京：法律出版社，2018.
43. 周月萍，周兰萍. PPP 项目困境破解与再谈判[M]. 北京：法律出版社，2019.
44. 罗学富，周勤，蒲明书. PPP 项目财务评价实战指南(第二版)[M]. 北京：中信出版社，2018.
45. 姚海林，梁舰. PPP 核心业务操作指南[M]. 北京：中国建材工业出版社，2018.
46. 李成林. PPP 项目合同操作指引[M]. 北京：法律出版社，2017.
47. 曹珊. PPP 运作重点难点与典型案例解读[M]. 北京：法律出版社，2018.
48. 王庆，张丛萍，刘强. PPP 财税处理实操指南[M]. 北京：中国市场出版社，2018.
49. 财政部政府和社会资本合作中心. PPP 模式融资问题研究[M]. 北京：经济科学出版社，2017.
50. 丁伯康. PPP 模式运用与典型案例分析[M]. 北京：经济日报出版社，2017.
51. 邹晓勇. PPP 项目投资收益率解析[M]. 北京：经济日报出版社，2018.
52. 余文恭. PPP 模式与结构化融资[M]. 北京：经济日报出版社，2017.
53. 张正勤. PPP 项目法律实务解读[M]. 北京：中国建筑工业出版社，2016.

54. 刘飞. PPP 项目合同系列谈[M]. 北京：经济日报出版社，2017.
55. 林立. 项目融资和 PPP 实务运作全程指引[M]. 北京：中国法制出版社，2018.
56. 易欣，邱慧. PPP 轨道交通项目治理机制研究[M]. 北京：化学工业出版社，2019.
57. 傅庆阳，张阿芬，李兵. PPP 项目绩效评价理论与案例[M]. 北京：中国电力出版社，2019.
58. 王天义，刘世坚，罗桂连，邬彩霞. PPP：从理论到实践[M]. 北京：中信出版社，2018.
59. 叶苏东. PPP 模式理论与应用[M]. 北京：北京交通大学出版社，2018.
60. 世界银行集团. PPP 合同条款指南[M]. 北京：经济科学出版社，2018.
61. 德恒律师事务所 PPP 业务中心. PPP 项目实战策略和操盘技巧[M]. 北京：法律出版社，2018.
62. 廖睿. PPP 操作指南：政府和社会资本合作实务[M]. 北京：中国人民大学出版社，2016.
63. 张玉鹏，宋文斐. PPP 法律政策与操作规范使用手册[M]. 北京：知识产权出版社，2016.
64. 卢明明. PPP 项目运作与资产证券化[M]. 北京：中国铁道出版社，2018.
65. 李志生. PPP 项目招投标与热点难点问题[M]. 北京：中国建筑工业出版社，2019.
66. 国福旺. PPP 项目第三方监管实务指南[M]. 北京：中国建筑工业出版社，2018.
67. 赵洪升. PPP 项目争端解决实务操作之一[M]. 北京：法律出版社，2016.
68. 张继峰. PPP 项目融金术：融资结构、模式与工具[M]. 北京：法律出版社，2017.
69. 李丽娜，姜瑞枫，李林，董国云，孙治红. PPP 项目财税策划与操作实务[M]. 南京：江苏科学技术出版社，2018.
70. 宿辉. 政府和社会资本合作(PPP)合同有名化研究[M]. 北京：法律出版社，2019.
71. 许崇伟，郭石林，邓光璞，吴剑鹏. 中国医院投资与运营实务[M]. 广州：广东人民出版社，2014.
72. 刘飞. PPP 项目合同系列谈[M]. 北京：经济日报出版社，2018.
73. 顾功耘. 当代主要国家公私合作法[M]. 北京：北京大学出版社，2017.

74. 中国土地矿产法律事务中心，国土资源部土地争议调处事务中心. 土地矿产典型案例评析与法律实务操作指南[M]. 北京：中国法制出版社，2012.
75. 吴庆宝. 民商事纠纷分类裁判标准规范丛书：公司纠纷裁判标准规范[M]. 北京：人民法院出版社，2009.

二、论文

1. 李佳嵘，王守清. 再融资在国外 PPP 项目中的应用及对我国的启示[M]//杨建华. 民事诉讼法论文选辑(上). 台湾，台湾五南图书出版公司，1984.
2. 刘申亮，刘新平，王守清. 海外基础设施 PPP/BOT 项目的风险评估[J]. 海外投资与出口信贷，2005(2).
3. 张巍巍. 资产证券化与我国基础设施项目融资[J]. 当代经济，2005(1).
4. 李兵. PPP 项目中政府出资代表的身份困惑与厘清建议[OL]. PPP 知乎，2019.
5. 周兰萍，张留语. PPP 项目设置保底量是否意味着固定回报？——以污水处理和垃圾处理 PPP 项目为例[OL]. PPP 知乎，2019.
6. 耿明斋，郑一帆. 转轨时期我国政府投资领域的再界定[J]. 经济动态学，2000(5).
7. 中国对外承包商会. PPP 模式—转型升级的选择[J]. 国际工程与劳务，2011.
8. 洪容. 池州市主城区水处理 PPP 项目案例研究[D]. 清华大学，2016.
9. 李兵. 保险资金投资计划在 PPP 项目融资中的应用[OL]. PPP 知乎，2016.
10. 中国对外承包商会. BOT/PPP 离我们有多远[J]. 国际工程与劳务，2014.
11. 李传和. 存量资产证券化与未来收益证券化比较分析[J]. 世界经济，2002(5).
12. 穆耸. 政府采购法视野下的土地一级开发[OL]. 中伦土地投资团队知识整理成果系列，2010.
13. 刘子诺. PPP 资产证券化当前存在的问题与未来发展路径[D]. 中国人民大学，2017.
14. 李兵. 关于采购 PPP 项目社会资本歧视性条款的认知和规范[OL]. PPP 知乎，2018.
15. 马光. 发展中国家保障房 PPP 项目的关键成功因素与实施难点[D]. 清华大学，2017.
16. 刘婷. PPP 项目收入风险分担机制研究——以收费公路为例[D]. 清华大

学，2017.
17. 许鸣超. 我国政府推进 PPP 项目建设中的角色战略研究[D]. 中央财经大学，2017.
18. 许琦. 基于层次分析法的口岸 PPP 项目风险评价[J]. 住宅与房地产，2017(29).
19. 熊伟. PPP 之中国化思维[D]. 同济大学，2017.
20. 李兵. 由社会资本方承担 PPP 项目用地征拆费用的合规性评析及管控建议[OL]. PPP 知乎，2017.
21. 张水波，何伯森. 工程项目合同双方风险分担问题的探讨[J]. 天津大学学报(社会科学版)，2003，5(3).
22. 吴中兵. PPP 项目支出与政府债务问题研究[J]. 宏观经济管理，2018(7).
23. 蔡昌，王思月. PPP 项目涉税风险探析[J]. 税收经济研究，2018(5).
24. 李兵. 基金股权投资 PPP 项目的路径及社会资本表外融资可行性分析[OL]. PPP 知乎，2019.
25. 刘新平，王守清. 试论 PPP 项目的风险分配原则和框架[J]. 建筑经济，2006(2).
26. 孙祁祥. "PPP"助力全面建成小康社会[J]. 经济科学，2018(1).
27. 温来成，孟巍. 政府与社会资本合作(PPP)项目预算管理及风险控制[J]. 河北大学学报(哲学社会科学版)，2017(6).
28. 柯永建，王守清，陈炳泉. 英法海峡隧道的失败对 PPP 项目风险分担的启示[J]. 土木工程学报，2008(12).
29. 王灏. PPP 的定义和分类研究[J]. 都市快轨交通，2004(5).
30. 林晏平. 居家养老 PPP 模式的可行性和运营机制研究[D]. 清华大学，2017.
31. 李兵. PPP 项目运营要义和运营期法律风险探析[OL]. PPP 知乎，2019.
32. 徐磊. 中国 PPP 项目分布的多维度差异及动因研究[D]. 浙江大学，2019.
33. 王雨萌. 污水处理 PPP 项目发展的法律制度路径探析[D]. 华东政法大学，2017.
34. 张焜. PPP 法律风险防范研究[D]. 西南政法大学，2017.
35. 赵国富，李威，谭鹏程，谢娜，巨鹏，熊雄，王守清. 某 BOT 项目特许权协议关键要素设计[J]. 建筑经济，2007(11).
36. 李兵. PPP 项目社会资本投资回报合理性、合规性及机制设计[OL]. PPP 知乎，2019.

37. 朱亚丽. 我国 PPP 项目的反垄断法规制探究[D]. 浙江大学，2018.
38. 温来成. 政府监管与 PPP 市场治理问题研究[C]. 北京：中国行政体制改革研究会海峡两岸“行政改革与公共治理能力现代化”学术研讨会论文集，2015.
39. 李兵. PPP 项目六种再融资方式实务汇总[OL]. PPP 知乎，2016.
40. 杜劲松. 智慧城市的 PPP 建设模式及风险应对建议[C]. 广州：第四届中国(广州)国际智慧城市发展论坛暨云计算大数据应用大会论文集，2016.
41. 李兵. PPP 项目中政府房主要职责和在实施采购前需要准备的主要文件[OL]. PPP 知乎，2019.
42. 胡华如. 城市基础设施 PPP 项目可持续性后评价研究[D]. 清华大学，2007.
43. 杜静，尚元. 政府支持在 PPP 项目实施中重要性的探讨[C]. 中国城市经济学会学科建设委员会成立暨互联网时代城市经济学科建设与发展研讨会论文集，2015.
44. 满莉. PPP 模式助力海绵城市建设[C]. 中国水生态安全与全球合作大会论文集，2016.
45. 赵国富，王守清. 南亚某国 BOT 项目融资方案设计[J]. 建筑经济，2007(10).
46. 万俊伟，何佰洲. 英、韩 PPP 法律框架及构建我国 PPP 法律框架的建议[C]. 亚太城市建设实务论坛论文集，2016.
47. 李兵. PPP 项目中社会资本方需关注的 14 项法律风险[OL]. PPP 知乎，2019.
48. 王舟. 我国 PPP 法律问题研究——建立法律及政策互动融合的 PPP 法治体系[C]. 面向“一带一路”的律师法律服务——第八届西部律师发展论坛论文集，2016.
49. 孙广阔. PPP 模式与政府购买服务相关法律政策研究[C]. “决策论坛——地方公共决策镜鉴学术研讨会”论文集(上)，2016.
50. 王守清. 项目融资的一种方式—BOT：10 个典型案例比较[J]. 项目管理技术，2003(6).
51. 李兵. PPP 项目运作法律实务[OL]. 智善新媒体，2016.
52. 吴庆玲. 城市基础设施项目融资模式存在的问题及对策[J]. 城市管理与科技，2007(2).
53. 江苏省高级人民法院民一庭课题组，潘军锋. 政府与社会资本合作(PPP)

的法律疑难问题研究[J]. 法律适用，2017(17).
54. 喻文光. PPP 规制中的立法问题研究——基于法政策学的视角[J]. 当代法学，2016(2).
55. 龚鹏程，臧公庆. PPP 模式的交易结构、法律风险及其应对[J]. 经济体制改革，2016(3).
56. 冯建生. 民法典编纂视角下商业特许经营合同的有名化[J]. 法商研究，2019(4).
57. 王刚毅，刘清泉，粤港澳大湾区背景下高速公路特许经营项目实施方案编制要点分析及建议[J]. 中国建设信息化，2019(13).
58. 何代欣. 大国转型下的政府与市场合作机制——中国 PPP 策略与事实[J]. 经济学家，2018(1).

后　记

本书从构思、写作到成稿历时3年有余，是我和我律师团队近5年多来几十单PPP项目提供专项法律服务实务经验的总结和提炼。在为本书画上最后一个句号以后，我再次核查财政PPP中心官网上披露的全国PPP项目月报和季报数据，已在我书中引用的数据上又有更新。尽管从入库项目总个数和投资规模再没有过去几年那样迅猛增长，从量的层面上已趋于稳定，管理库净增项目统计情况在部分地区和部分行业甚至已出现负数，但基于对披露数据的长期观察研究，我们注意到，财政部PPP中心在披露项目口径和侧重点时，一直都在尝试挖掘中国PPP实践的亮点和创新点。如专项归纳“民企参与”项目情况、开工项目情况、消费领域基本公共服务项目情况以及四大经济区域和长江经济带、京津冀区域项目实施情况等，近期也增加了关于通过PPP模式盘活存量资产的情况和财政承受能力指标值在7%预警线和10%红线以上的情况以及各地清退不合规项目的情况。可以讲，当前我国的PPP实践已进入从量变到质变的新阶段，这一阶段的主题是“边规范、边发展”，规范是手段，发展是目的，通过规范提升PPP运作质量，推行PPP长期合作、激励相融之宗旨，摒除前期实施中部分参与主体的短期行为或投机行为，进而实现PPP项目持续顺利实施，相应公共服务得以持续高质量供给。

我国通过PPP模式建设运营的基础设施和公共服务项目总投资已超过14万亿元，成为地方基础设施和公共服务的主流运作模式。这不仅是在进行一个巨大、长期且有潜力的公共服务产业价值积累，也为各地区、尤其是欠发达地经济社会发展提质升级创造和优化基础条件。通过PPP模式向社会资本开放原由政府直接投资的基础设施和公共服务领域，将大大激发市场活力，深化市场资源在这一领域中的整合配置，在原来EPC总承包商基础上，又进一步培育一大批有能力打通投资建设运营全生命周期的项目运营商，同时也在触动和更新各级地方政府的规范和专业管理理念，更大更广地提升行政现代化管理和服务水平，中国的PPP实践还在继续，许多变革还在潜移默化中发生和积聚，还有更多的期待、目标和使命等待实现。

感谢我们的政府方客户，在交流服务过程中我们真切感受到他们殚精竭虑求发展、谋进步的紧迫感和使命感；感谢我们的社会资本客户，我同样也真切感受到他们对专业和细节追求的孜孜不倦、精益求精；感谢我的团队同事，本书的主要素材来自于我们所共同服务、探讨研究的一个个项目；感谢因 PPP 结缘的各位圈内同仁，包括咨询公司、高校教授、工程工艺财会税务等专业人士，在与他们的真诚分享和热烈交流中我们受益匪浅；感谢出版社和帮助我的教授学者们，对于本书谋篇布局和深度提升方面提供了诸多中肯的建议；感谢我的家人，没有他们的理解和支持，我无法完成这本书。

在为本书圈上最后一个句号后，我回顾着这些带着余温的文字，内心无比平和宁静，像于春夏之交的槐榆树荫里伫立在午后池塘半截枝头上的蜻蜓，像壮丽余晖下、浩荡长江上、巨缆弓张、新完成涂装等待通车的超级悬索大桥，还像星月下的万家灯火。

李　兵

2019 年 6 月 6 日